LA PRATIQUE

DES

ESSAIS DE MACHINES

PAR

M. BOYER-GUILLON

Chef de Service Principal
au Laboratoire d'Essais du Conservatoire National des Arts et Métiers
Professeur à l'École Supérieure d'Aéronautique et de Construction Mécanique
Professeur Assistant à l'École Nationale Supérieure des Mines
Lauréat de l'Académie et des Sociétés des Ingénieurs Civils de France
et d'Encouragement à l'Industrie Nationale

PARIS

92, RUE BONAPARTE (VI)

1927

LA PRATIQUE

DES

ESSAIS DE MACHINES

Méc.

PRÉAMBULE

L'objet de ce travail est de mettre entre les mains des ingénieurs chargés de commander ou de recevoir les machines la documentation strictement indispensable pour exécuter les expériences voulues pour atteindre le but qu'ils se sont proposé.

Nous n'avons pas la prétention d'aborder tous les procédés d'essais ; mais surtout de signaler ceux les plus simples, les plus pratiques et quelque fois peu connus, qui nous ont permis de réaliser ce désidérata.

Le sujet est évidemment très vaste ; il faut donc nous limiter en traitant seulement des essais proprement dits ; et en particulier des :

Essais des machines thermiques (Chaudières et machines ainsi que des appareils spéciaux de mesure utilisés dans l'exécution de ces essais).

Ces quelques chapitres auront pour but de familiariser le lecteur avec les principaux organes des machines ou des générateurs de vapeur, ainsi qu'avec les appareils de mesure aptes et indispensables à l'exécution de leurs essais.

Le résultat final de cette étude aura donc pour conséquence de mettre l'ingénieur en mesure de juger, de commander et de recevoir les machines en général, en présence desquelles il se trouvera dans l'exercice de son art.

Qu'est-ce qu'un essai de machine ?

Un essai de machine est la conduite d'une expérience ayant pour objet de recueillir un certain nombre de mesures dont les résultats doivent permettre de comparer des machines analogues et de faire entre elles un choix judicieux et raisonné. Par exemple, entre autres, d'obtenir le chiffre représentant le rapport de l'énergie recueillie à l'énergie dépensée, que l'on appelle le rendement.

Nous nous occuperons en premier lieu (Livre I) des :

Essais des Générateurs de vapeur. — Mesure de l'eau (bâches tonneaux). — Alimentation (cheval ou injecteurs). — Compteur de vapeur. — Vaporisation. — Pressions, manomètres. — Vapeur jaugée au condenseur, ou évacuée à l'atmosphère. — Eau de primage. — Purgeurs. — Séparateurs et détendeurs.

Foyer. — Combustible, sa mesure. — Prise d'échantillon. — Pouvoir calorifique. — Conduite du feu, décrassage. — Températures. — Constitution du foyer. Carneaux. — Cheminées. — Mesure du tirage.

Nous verrons ensuite (Livre II) :

Essais des Machines. — *Machines* à vapeur et principaux appareils nécessaires aux essais. — Dynamomètres de transmission et freins.

Machines hydrauliques. — Mesure des débits d'eau.

Ventilateurs et compresseurs. — Mesure des débits d'air ou des fluides gazeux.

Mesure du rendement d'une transmission. — Essais des courroies de transmission.

Trépidation et vibrations. — Appareils spéciaux pour ces mesures.

Moteurs à essence. — Formules du calcul de la puissance. Conduite des essais.

N. B. — Comme on le voit le sommaire ci-dessus relève seulement de la physique industrielle et de la mécanique alors que l'étude complète de la machine, celle que l'ingénieur doit exécuter pour justifier le choix dont nous venons de parler dans notre préambule, implique aussi la connaissance de la Mécanique, des lois de la résistance des matériaux et enfin la connaissance de la pratique en ce qui concerne l'emploi, la conduite et les prix.

Ces connaissances relèvent donc au total des branches suivantes :

1° *La Physique* qui d'une manière générale enseigne la théorie de l'évolution des fluides dans les machines ; elle enseigne comment la chaleur reçue par l'eau ou autres agents se transforme en travail.

2° *La Mécanique* qui enseigne la transmission des efforts, et les lois du mouvement.

3° *La résistance des matériaux* qui enseigne les formes et dimensions à donner aux pièces.

4° *Enfin la pratique* qui enseigne la construction suivant l'emploi, la conduite et le prix de revient.

LA PRATIQUE
DES ESSAIS DE MACHINES

LIVRE PREMIER
GÉNÉRATEURS DE VAPEUR

CHAPITRE PREMIER
DÉFINITIONS. CLASSIFICATION

Chaudières, accumulateurs et condenseurs. — Une chaudière est un appareil apte à vaporiser un liquide et à le débiter sous pression à un ou plusieurs appareils d'utilisation.

Cette définition comprend les chaudières à hautes ou basses pressions et les chaudières à vapeur pour le chauffage industriel. Elle englobe également les accumulateurs de vapeur dont nous parlerons plus loin. Il convient enfin de signaler que dans ces types d'appareils rentrent aussi les chaudières à eau chaude et notre définition les aurait également comprises si, au lieu d'employer le mot vaporiser nous avions dit :

« élever le potentiel calorifique du fluide ».

Le condenseur, nous le verrons plus loin, ne diffère pas de l'accumulateur qui lui-même, comme nous venons de le dire, ne diffère pas de la chaudière.

Générateurs de vapeur. — Une chaudière se compose d'un récipient principal appelé « *Corps* » où l'on chauffe le fluide. Il est en général constitué par une série d'éléments cylindriques juxtaposés appelés « *Viroles* » qui, rivées entre elles suivant les plans perpendiculaires à l'axe commun, forment ainsi un cylindre plus ou moins grand, dont les bouts sont fermés par des fonds, bombés extérieurement, appelés « *Calottes* ».

Sous le corps principal se trouvent en général deux cylindres d'un diamètre plus petit appelés « *bouilleurs* »; ils sont assemblés au corps principal par l'intermédiaire de « *cuissards* »; ces derniers sont des corps cylindriques, dont les axes sont dans un plan perpendiculaire aux axes des Corps et des bouilleurs. Ces différentes pièces sont assemblées entre elles par des rivets.

Réservoirs d'eau et de vapeur. — On distingue dans la chaudière le « *réservoir d'eau* » et le « *réservoir de vapeur* ». Le premier est la partie constituant le volume d'eau et le second celle constituant le volume de vapeur.

Dôme de vapeur. — On appelle « *dôme de vapeur* » un appendice faisant saillie sur le réservoir de vapeur, dans lequel se rend la vapeur produite et sur lequel on vient piquer les conduites de prise de vapeur et autres organes tels que soupapes de sûreté... etc.

Surface de chauffe. — On nomme « *surface de chauffe* » la partie du générateur en contact avec les flammes du foyer, ou les fumées ou gaz chauds.

*
* *

Tout générateur comporte des appareils de sûreté ou de contrôle de fonctionnement.

a) Manomètres.

b) Indicateurs de niveau.

c) Soupapes de sûreté. Rondelles fusibles. Bouchons fusibles.

d) Clapets de retenue.

Manomètres.. — Les « *manomètres* » sont des appareils de mesure permettant de connaître la pression, évaluée généralement en kilogrammes par centimètre carré, à laquelle est soumise la paroi du générateur. Ils sont métalliques, à mercure ou à colonnes d'eau pour les très basses pressions.

Indicateurs de niveau. — Les « *indicateurs de niveau* » permettent de se rendre compte de la hauteur du niveau de l'eau dans le générateur et de préciser l'instant où l'on doit faire fonctionner les appareils alimentaires.

Les principaux sont : Les indicateurs à tubes de verre ou à glaces, les niveaux magnétiques avec sifflet d'alarme, les robinets de jauge (etc.).

Soupapes de sûreté. — Les « *soupapes de sûreté* » ont pour mission de limiter la pression maxima de fonctionnement du générateur. On les construit soit à poids soit à ressorts ; les premières correspondent en général aux générateurs fixes et les secondes aux générateurs mobiles tels que ceux des locomotives et des locomobiles. Parmi les soupapes spéciales nous citerons : les soupapes équilibrées *Dulac* et *Letellier*, qui ont pour objet de compenser la perte de charge due à l'écoulement de la vapeur en utilisant, pour maintenir la soupape soulevée, la vitesse du courant de sortie de la vapeur, laquelle vient frapper sur un redan faisant partie du clapet de la soupape.

Rondelle fusible. — La « *rondelle fusible* » est un bouchon formé d'un métal ou alliage fusible, qui fond à une température déterminée correspondant à la tension de vapeur choisie ; au moins quand il s'agit de vapeur saturée.

Bouchon fusible. — Le « *bouchon fusible* » est une pièce analogue à la précédente, mais qui est calculée de telle manière qu'elle fond si restant en contact avec le feu elle perd son contact avec l'eau, dans le cas où le générateur viendrait à manquer d'eau.

Clapet de retenue. — Le « *clapet de retenue* » est un organe faisant l'office de soupape automatique, qui fonctionne, en cas de rupture d'une conduite ou d'explosion d'un générateur, pour isoler les autres et éviter ainsi que l'accident d'une unité se propage aux unités voisines.

Prise de vapeur. — La « *prise de vapeur* » est l'amorce de conduite avec sa bride d'attente à laquelle vient se raccorder, l'origine de la conduite de vapeur allant à la machine ou au collecteur général de vapeur.

Enfin tout générateur comporte : des « *organes de vidange* », des « *tampons de nettoyage* », des « *trous d'hommes* », pour vider le générateur, en éliminer les boues ou dépôts et en faire la visite intérieure. Ces organes sont en général montés avec « *bouchons autoclaves* », c'est-à-dire des portes automatiquement appliquées sur leurs sièges par la pression intérieure du générateur.

Alimentation. — Tout générateur comporte des appareils d'alimentation. Ce sont, les « *bouteilles alimentaires* », les « *giffards* » ou les « *pompes d'alimentation* » dites « *chevaux alimentaires* ».

Foyer. Carneaux [et cheminée. — Enfin, nous citerons pour être complet, les constructions ou organes suivants faisant partie intégrante du générateur : Le « *foyer et fourneau* », le « *cendrier* », la « *grille* », le « *pont ou autel* », le « *registre* », les portes de « *foyer ou de chargement* », celles de « *cendrier* », les « *carneaux* » et la « *cheminée* ».

Détermination des dimensions principales d'un générateur. — Nous prendrons comme exemple un générateur à deux bouilleurs.

Soient : S la surface de chauffe totale,

W la quantité de vapeur à produire.

Sachant qu'un générateur de ce type donne de 12 à 18 kilogrammes de vapeur à l'heure par mètre carré de surface de chauffe ; adoptant 15 kilogrammes, on a :

$$S = \frac{W}{15}.$$

Si on néglige les calottes on peut écrire, en désignant par d, D, l et L les diamètres et les longueurs respectives des bouilleurs et du corps cylindrique :

$$S = 2\pi dl + \frac{1}{2}\pi DL$$

et si l'on adopte D $= 2\,d$ et $l = $ L on a finalement

$$S = \frac{3}{2}\pi DL = 4,71 DL.$$

Admettant D $= 1$ mètre la longueur L ressort à $\frac{S}{4,71}$.

Groupe de générateurs. — Il ne faut pas pour un tel générateur dépasser la longueur de 10 mètres ; de sorte que, si l'on arrive à un chiffre supérieur on prend deux ou plusieurs générateurs. On constitue ainsi ce que l'on appelle un « *groupe de générateurs* ».

Exemple chiffré. — Pour W $= 5.000$ K., on aura $S = \frac{5.000}{15} = 333,33$ soit pour L 71 mètres, on constituera un groupe de 8 générateurs de 9 mètres de longueur.

Classement des générateurs de vapeur

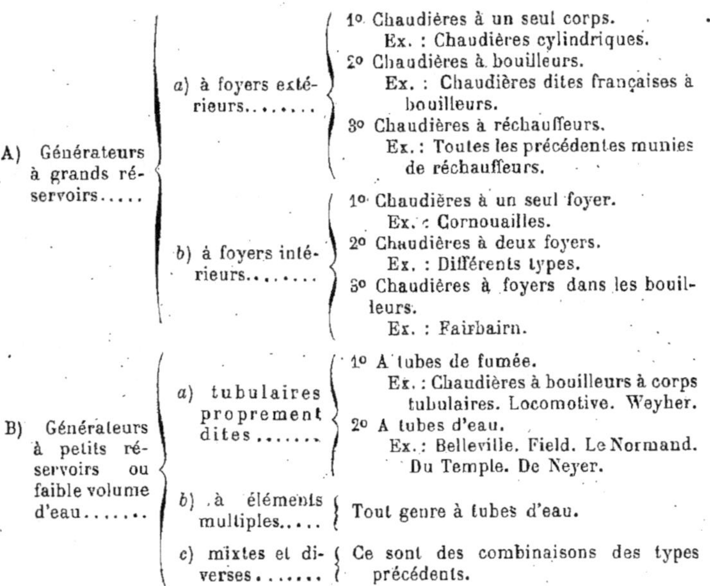

A) Générateurs à grands réservoirs....

   a) à foyers extérieurs........
- 1° Chaudières à un seul corps.
  - Ex. : Chaudières cylindriques.
- 2° Chaudières à bouilleurs.
  - Ex. : Chaudières dites françaises à bouilleurs.
- 3° Chaudières à réchauffeurs.
  - Ex. : Toutes les précédentes munies de réchauffeurs.

   b) à foyers intérieurs........
- 1° Chaudières à un seul foyer.
  - Ex. : Cornouailles.
- 2° Chaudières à deux foyers.
  - Ex. : Différents types.
- 3° Chaudières à foyers dans les bouilleurs.
  - Ex. : Fairbairn.

B) Générateurs à petits réservoirs ou faible volume d'eau.......

   a) tubulaires proprement dites.......
- 1° A tubes de fumée.
  - Ex. : Chaudières à bouilleurs à corps tubulaires. Locomotive. Weyher.
- 2° A tubes d'eau.
  - Ex. : Belleville. Field. Le Normand. Du Temple. De Neyer.

   b) à éléments multiples..... Tout genre à tubes d'eau.

   c) mixtes et diverses....... Ce sont des combinaisons des types précédents.

Ebullition de l'eau. Vaporisation. — La température de l'eau est une fonction de la pression, donc cette dernière peut se mesurer soit avec un manomètre, soit avec un thermomètre, au moins dans le cas où l'on n'atteint pas l'état de surchauffe.

Dans ce dernier cas la température n'est plus fonction de la pression et la vapeur se comporte comme un gaz.

Pression absolue. — La « *pression absolue* » est celle qui est mesurée par une colonne de mercure au-dessus de laquelle agit le vide.

Pression effective. — La « *pression effective* » est celle qui est mesurée par une colonne de mercure au dessus de laquelle agit la pression atmosphérique.

Elles diffèrent donc de 760 millimètres de mercure ou 1 k. 033 en moyenne, si l'on admet que la pression moyenne est de 760 millimètres de mercure.

Les pressions se comptent en « *kilogrammes par centimètre carré*», et quelquefois, surtout en Allemagne, en «*atmosphères*», ou 760 millimètres de mercure, ou encore 10 m. 33 d'eau, quelle que soit la pression barométrique du jour :

$$p_e = (p_a - 1) \times 1^{kg},033$$

donne la relation qui existe entre la pression effective en kilogrammes par centimètre carré et la pression absolue en atmosphères si :

p_e désigne la pression effective en kg/cm².

et p_a désigne la pression absolue en atmosphères.

Ebullition de l'eau. — L'eau sous 760 millimètres de pression bout à 100°, si elle est absolument pure. Si elle contient des sels en dissolution son point d'ébullition est retardé, par exemple :

avec 7,7 °/₀ de chlorure de sodium elle bout à 101°

avec 40 °/₀ de chlorure de sodium elle bout à 108°.

Calorie. — On appelle « *calorie* » ou quelquefois « *grande calorie* », la quantité de chaleur nécessaire pour élever un kilogramme d'eau de 0° à 1° centigrade.

Chaleur nécessaire pour vaporiser l'eau. — La chaleur nécessaire pour transformer un kilogramme d'eau en vapeur est donnée par l'équation ci-dessous avec les symboles suivants

(1) $$\lambda = q + r$$

λ est ce que l'on appelle la chaleur totale

q est ce que l'on appelle la chaleur de l'eau ; c'est-à-dire la chaleur nécessaire pour porter le kilogramme d'eau de 0° à t° centigrades,

r est ce que l'on appelle la chaleur latente de vaporisation ;

c'est-à-dire la chaleur nécessaire pour vaporiser un kilogramme d'eau sans changement de température, c'est-à-dire pour le faire passer de l'état liquide à l'état gazeux.

$$*\ \ *\ *$$

Les expériences si célèbres, si remarquables et si bien exécutées par notre grand physicien « *Regnault* » ont établi que :

$$q = t + 0{,}2\left(\frac{t}{100}\right)^2 + 0{,}3\left(\frac{t}{100}\right)^3 + \ldots$$

ce qui peut s'écrire aussi :

$$q = t + 0{,}00002t^2 + 0{,}0000003t^3 + \ldots \qquad (1)$$

d'où l'on tire la « *chaleur spécifique* » de l'eau qui est ainsi définie : $\left(\frac{dq}{dt}\right)$.

$$c = \frac{dq}{dt} = 1 + 0{,}00004t + 0{,}0000009t^2 + \ldots$$

on prend en général et en conséquence $c = 1$ au moins dans les calculs approchés ; cependant on trouve dans la plupart des volumes des tables calculées, qui tiennent compte de la valeur ci-dessus de (c).

Regnault dans ses remarquables expériences a encore établi que la chaleur totale du kilogramme d'eau transformé en vapeur, que nous avons désignée par λ est égal à :

$$\lambda = 606{,}5 + 0{,}305t$$

qui combinée avec (1) ci-dessus permet de calculer (r) : puisque l'on a :

$$r = \lambda - q$$

d'où

$$r = 606{,}5 - 0{,}695t - 0{,}00002t^2 - 0{,}0000003t^3.$$

ces valeurs de (r) ainsi calculées se trouvent dans toutes les tables [1].

1. Voir *Bulletin Ingénieurs Civils de France*, nº juillet et août 1925.

Etat liquide. — Quand un fluide est incompressible on dit avoir affaire à un liquide.

Etat gazeux. — Quand un fluide est compressible et élastique on dit avoir affaire à un gaz.

Vapeurs. — Beaucoup de liquides exposés à la chaleur émettent des « *vapeurs* ».

Poids spécifique d'un fluide. — Le « *poids spécifique* » d'un fluide c'est le poids de son unité de volume.

Pour les liquides on exprime les unités en kilogrammes et litres ; pour les gaz et les vapeurs en kilogrammes et mètres cubes.

Le poids spécifique des liquides est donné à 0 degré centigrade, celui des fluides élastiques à 0° centigrade et 760 millimètres de pression.

Densité. — La « *densité* » d'un liquide est son poids spécifique à 0 degré centigrade ; la densité d'un fluide élastique, ou mieux sa « *densité tabulaire* », c'est son poids spécifique à 0° et 760 millimètres rapporté à l'air pur et sec.

Volume spécifique d'un fluide. — Le « *volume spécifique* » d'un fluide c'est le volume de son unité de poids ; c'est donc l'inverse de son poids spécifique ; autrement dit le produit du poids spécifique par le volume spécifique est égal à l'unité.

Densité de la vapeur. — En partant de la composition chimique de l'eau on trouve pour la densité tabulaire de la vapeur le chiffre 0,622, qui correspond à peu près aux chiffres expérimentaux trouvés.

La théorie a conduit *Clausius* à la formule

$$r = \mathrm{AT}u\frac{dp}{dt}$$

formule dans laquelle : r est la chaleur latente, et T la température absolue, données par les Tables.

C'est avec cette formule que *Zeuner* a calculé les volumes spécifiques de la vapeur ; il a pris $A = \frac{1}{424}$ pour l'équivalent calorifique du travail.

Quant à $\frac{dp}{dt}$, rapport de l'accroissement de pression à l'accroissement de température, Zeuner le déduit des formules empiriques qui traduisent les résultats des expériences de Regnault.

Enfin u est l'accroissement de volume qu'éprouve un kilogramme d'eau en passant de l'état liquide à l'état de vapeur.

Comme le volume de 1 kilogramme d'eau est sensiblement le même à toutes les températures soit $0^{m3},001$, si on appelle (v) le volume de 1 kilogramme de vapeur on a :

$$v = u + 0^{m3},001$$

et comme $\gamma \times v = 1$ on peut de la valeur de u déduire celle de γ la densité.

Zeuner a donné la formule : (γ poids en kilogramme du mètre cube de vapeur)

$$\gamma = 0{,}6061 p^{0,9393}$$

dans laquelle p est exprimé en atmosphères.

Les chiffres donnés par Zeuner et Clausius sont sensiblement les mêmes.

Zeuner a donné pour le volume en mètre cube du kilogramme de vapeur saturée la formule empirique

$$ps^{1,0646} = 1{,}704$$

dans laquelle p est la pression en atmosphères,

s le volume en mètre cube du kilogramme de vapeur saturée.

Si on exprime p en kilogramme par centimètre carré cette formule devient

$$ps^{1,0646} = 1{,}649 \; (^1)$$

La densité de la vapeur d'eau par rapport à l'air, s'ob-

---

1. Voir, ZEUNER, p. 286, *Théorie mécanique de la chaleur*. Traduction française de Arnthal (Gauthier-Villars 1869).

tient, comme nous l'avons vu ci-dessus, en faisant le rapport des poids de volumes égaux de vapeur d'eau et d'air à la même température et à la même pression, on l'appelle aussi la densité tabulaire ; — (Voir le tableau suivant : page 12).

Cette densité tabulaire est facile à calculer, si on se rappelle que la densité de l'air à t^o et à p est donnée par

$$(a) \qquad d_t(\text{air}) = 1,293 \frac{p}{p_0} \times \frac{1}{1 + \alpha t}$$

dans laquelle

$$\alpha = \frac{1}{T} = \frac{1}{273} = 0,00366$$

de sorte que, pour calculer la densité de la vapeur du tableau A de la page 12, il suffira de faire le quotient des chiffres de la 5ᵉ colonne par (a) dans laquelle $\frac{p}{p_0}$ sera le rapport des pressions en atmosphères divisées par l'unité pour ce tableau A, et pour le tableau B $\frac{p}{p_0}$ sera le rapport des pressions en kilogramme divisées par 1,033 valeur en kilogramme de la pression atmosphérique.

Nous n'avons fait dans ces tableaux qu'un extrait très réduit des tables très détaillées données par ces auteurs (¹); tables auxquelles il convient de se reporter pour tous les calculs à faire ; — notre but étant simplement ici d'indiquer la manière de s'en servir.

Vapeur surchauffée. — Dans le cas de la vapeur surchauffée on admet en pratique qu'elle se comporte comme un gaz. — Pour beaucoup d'applications on admet au moins pour les pressions basses que sa chaleur spécifique à pression constante est constante et égale à :

$$c = 0,4805$$

Nous reviendrons plus loin sur cette question.

---

1. ZEUNER, *Théorie mécanique de la chaleur*, traduction française de Arnthal (Gauthier-Villars 1869).
HIRSCH et DEBIZE. *Leçons sur les machines à vapeur* (Dunod 1885).
DWELSHAUVERS-DERY. *Etude calorimétrique de la machine à vapeur.* Encyclopédie Léauté (Gauthier-Villars).
THURSTON. *Essais ces machines et chaudières à vapeur.* (Béranger 1893).

Tableau A. — Vapeur d'eau saturée, poids du m³ et densité tabulaire [1]

Température en degrés centigrades	Pression de la vapeur			Poids du m³ en kilogrammes	Densité de la vapeur par rapport à l'air
	en atmosph.	en Kgr par m²	en m/m de mercure		
46,21	0,1	1.033,4	76	0,0687	0,621
81,71	0,5	5.167,0	380	0,3153	0,633
100,00	1,0	10.334,0	760	0,6059	0,640
120,60	2,0	20.668,0	1.520	1,1631	0,648
152,22	5,0	51.670,0	3 800	2,7500	0,662
180,31	10,0	103.340,0	7.600	5,2704	0,676

1. Voir ZEUNER, *Théorie mécanique de la chaleur*, traduction Arnthal, page 583. — Voir MARCHIS, *La vapeur d'eau surchauffée*, p. 46 à 54.

Tableau B

Température en degrés centigrades	Pression de la vapeur		Poids du mètre cube en kilogrammes	
	absolue kg. par centimètre carré	vide au cond. en m/m de Hg	Tables de Hirsch [1]	Table de Dwelshauvers-Dery [2]
45,57	0,100	686,4	0,0671	0,0664
80,89	0,500	392,2	0,3059	0,3049
99,08	1,000	24,5	0.5868	0,5860
119,56	2,000	»	1,128	1,1250
150,99	5,000	»	2,667	2,6596
178,89	10,000	»	5,111	5,0953

1. Voir HIRSCH, *Leçons sur les machines à vapeur*. Dunod, 1885, p. 142 à 153. — Voir THURSTON, *Essais de Machines et Chaudières à vapeur*. Bérenger 1893.

2. DWELSHAUVERS-DERY: *Etude calorimétrique de la machine à vapeur*. Gauthier-Villars. Encyclopédie Leauté.

Condenseurs. — Pression dans un condenseur. — Un condenseur, en somme, n'est pas un appareil différent de la chaudière. Si l'on veut bien se rappeler que les chaudières des tramways qui faisaient le service de l'Etoile à Saint-

Germain n'étaient autre chose que des condenseurs de vapeur à pression élevée, on voit quelle analogie nous permet de passer de l'un à l'autre.

Comme appareil de ce genre plus récent et faisant encore mieux ressortir cette analogie il faut citer l'« *Accumulateur Rateau* » qui, lui, fonctionne à pression peu différente de la pression atmosphérique, puisqu'il sert de condenseur de vapeur aux machines dont l'échappement se fait à la pression atmosphérique. Cette chaudière débite ensuite sa vapeur dans une turbine à basse pression, qui fonctionne entre ce « *condenseur-chaudière* » et un autre condenseur à basse pression.

On voit ainsi l'analogie complète entre ces appareils. L'accumulateur, source froide du cycle de Carnot par rapport à la machine à échappement atmosphérique, devient source chaude quand il fonctionne sur la turbine à basse pression ; ceci explique pourquoi nous nous occupons des condenseurs après les chaudières, ainsi que des appareils de mesure qu'ils comportent.

Condenseurs par mélange et par surface. — Les condenseurs sont de deux types : Les « *condenseurs par mélange* » et les « *condenseurs par surface* ». — Dans les premiers l'eau de condensation est mélangée avec la vapeur, alors que dans les seconds l'eau de condensation et la vapeur suivent des circuits séparés.

Dans les premiers la condensation se fait plus facilement, puisque aucune surface intermédiaire ne s'oppose à l'échange des calories entre les deux circuits qui sont confondus, et leur calcul est facile. — Par contre cela présente certains inconvénients dans quelques cas spéciaux, si l'on veut utiliser à nouveau l'eau condensée, par exemple, pour des machines marines ou encore dans le cas d'eaux impures.

Transmission de la chaleur à travers une surface. — Soient (voir figure 1) e l'épaisseur de la surface séparant les deux circuits, q la quantité de chaleur transmise, θ_1 et θ_2 les températures des surfaces en contact avec la vapeur à la température T^o et avec l'eau à la température t^o.

La quantité de chaleur transmise à travers une surface est donnée par la formule :

$$(1) \qquad q = \frac{K(\theta_1 - \theta_2)}{e}$$

c'est-à-dire, l'expérience l'a prouvé, que la chaleur trans-

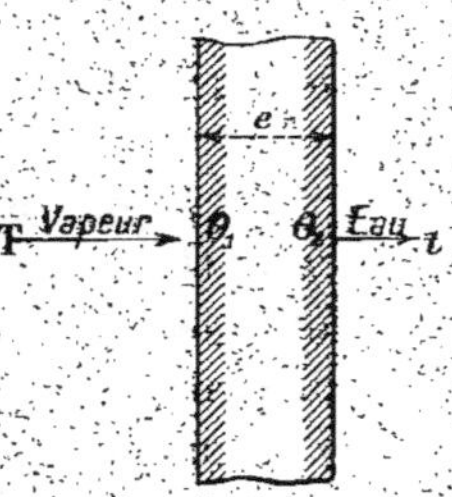

mise est proportionnelle à la diffé-rence des températures, inversement proportionnelle à l'épaisseur de la surface et proportionnelle à un cer-tain coefficient K dépendant de la nature des surfaces.

Alors la quantité de chaleur transmise de la vapeur à l'eau sera donnée par (1) ci-dessus ; mais on peut aussi dire que cette quantité est égale à celle qui traverse la surface de contact vapeur-métal, et encore égale à celle qui tra-verse la surface de sortie métal-eau; lesquelles sont propor-tionnelles aux écarts de températures et à des coefficients A et B dépendant de la nature des contacts entre les fluides et le métal, et l'on peut écrire alors :

$$q = K\frac{\theta_1 - \theta_2}{e} = A(T - \theta_1) = B(\theta_2 - t).$$

K le coefficient de conductibilité pour le cuivre est de 320 à 340 calories par heure, mètre carré de surface et mètre d'épaisseur.

A est un coefficient de transmission de la chaleur de la vapeur au cuivre [1] par mètre carré et par heure.

B est un coefficient de transmission de la chaleur du cuivre à l'eau [1] par mètre carré et par heure.

<hr>

1. *Le fonctionnement économique du chauffage central*, par G. DE GRAHL traduit de l'allemand par A. Schubert, voir p. 211. Edition Dunod, 1914. Voir PECLET, *Physique Industrielle*, 1er volume. Chapitre Convection.

Les trois équations ci-dessus nous permettent de résoudre le problème en éliminant θ_1 et θ_2 on aura alors

$$q = \frac{T - t}{\dfrac{e}{K} + \dfrac{1}{A} + \dfrac{1}{B}}$$

T et t sont connus K, A et B sont des coefficients déterminés expérimentalement. Ce sont ces mêmes formules qui régissent les échanges de chaleur et la perméabilité calorifique des calorifuges et des radiateurs dans les installations de chauffage.

Le coefficient total de transmission de la chaleur Γ ressort ainsi

$$\frac{q}{T - t} = \frac{1}{\dfrac{e}{K} + \dfrac{1}{A} + \dfrac{1}{B}} = \Gamma \, (^1)$$

Les températures des parois seront donc données par :

$$\theta_1 = T - \frac{\Gamma}{A}(T - t) \quad \text{et} \quad \theta_2 = t + \frac{\Gamma}{B}(T - t).$$

Mesure de la pression dans un condenseur. — La figure 2 montre groupées sur le même condenseur les différentes manières possibles de mesurer la pression dans un tel appareil ; elles sont au nombre de cinq.

a) par colonnes de mercure à l'air libre ; montages (1)

1. Voir à ce sujet le formulaire Hutte, page 281 à 285, T, I (Béranger, 15, rue des St-Pères), qui donne pour

$$K \quad \begin{cases} \text{Acier doux} \dotfill 35 \text{ à } 45 \\ \text{Cuivre} \dotfill 335 \\ \text{Ciment} \dotfill 0,06 \\ \text{Carton} \dotfill 0,16 \end{cases}$$

et pour A et B les valeurs $A = B = 1\,000$ pour l'eau bouillante ; 500 pour l'eau chaude au repos ou la vapeur condensée, et mieux :

$$A = B = 300 + 1800\sqrt{\varrho}$$

pour ϱ compris entre 0,05 et 2 m.s.

Pour vapeur surchauffée et air $A = B = 4$ au repos ou $2 + 10\sqrt{\varrho}$ avec ϱ compris entre 1 et 100 m.s.

et (2) sur la figure 2. — Au niveau AB on doit écrire l'équilibre des pressions ainsi :

$$H = v + p_a \times \frac{76}{1^k,033}$$

tout étant exprimé en centimètres de mercure. Si l'on voulait exprimer les pressions en kilogrammes par centimètre carré il faudrait écrire

$$\frac{H}{76} \times 1^k,033 = \frac{v}{76} \times 1^k,033 + p_a$$

d'où

(I) $$p_a = \frac{1,033}{76}(H - v).$$

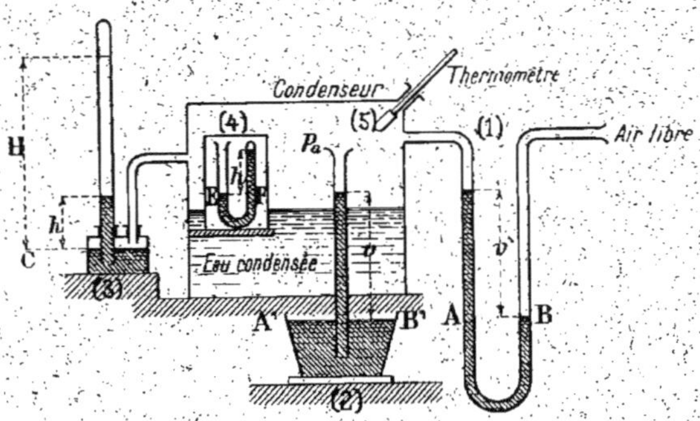

Fig. 2. — Pression dans un condenseur.

v : hauteur de mercure en cm. vide au condenseur ;
H : hauteur barométrique du jour ;
p_a : pression absolue qui règne dans le condenseur en kilogrammes ; en centimètres de mercure, cette pression sera : $\frac{p_a \times 76}{1,033}$. C'est, par définition de la pression absolue, h en poids de mercure ou $\frac{h}{76} \times 1,033 = p_a$.

b) Avec le dispositif (2) on aurait évidemment exactement les mêmes équations d'équilibre des pressions. Ces deux dispositifs sont donc équivalents.

c) Avec le dispositif (3) qui consiste en un baromètre dont la cuve est raccordée au condenseur, on écrit au niveau C l'équation suivante (en prenant comme unité le centimètre de mercure

$$\text{(II)} \qquad h = p_a \times \frac{76}{1,033} \qquad \text{d'où} \qquad p_a = h\left(\frac{1,033}{76}\right)$$

ce qui montre en rapprochant (I) et (II) que :

$$h = H - v.$$

Cela aurait pu se voir directement car h est le complément de H pour avoir la pression atmosphérique et, d'autre part, si à v ou ajoute h on a forcément H.

d) Avec le dispositif (4) qui consiste à introduire dans le condenseur un tube recourbé en U plein de mercure et ayant l'une de ses deux branches fermée, l'autre restant ouverte on a au niveau EF :

$$h = p_a \frac{76}{1,033}$$

en centimètres de mercure comme pour le dispositif (3) ; il y a donc équivalence, c'était évident *à priori*.

e) Le dispositif (5) consiste à mesurer la pression absolue p_a par la mesure de la température, or nous savons que les tables donnent la tension de vapeur correspondant à cette température. Un thermomètre placé dans le *condenseur* suffira donc.

Vide au condenseur. — On donne très souvent, quand il s'agit de la pression régnant dans un condenseur, le vide exprimé « *en pour cent de la pression atmosphérique* » du jour ; c'est-à-dire la hauteur de mercure v appelée « *vide au condenseur* » rapportée à la pression du jour H. C'est le dispositif (1) ou (2) de la figure (2).

Exemple. — Le vide au condenseur rapporté à H en $^o/_o$ est exprimé par $\frac{v}{H} \times 100$. — Si le vide v est de 65 centimètres et si H ce jour est de 75 centimètres on aura au condenseur un vide de :

$$(I) \qquad \frac{65 \times 100}{75} = 86{,}6\ \%.$$

N. B. — Si au vide au condenseur on ajoute la pression absolue en centimètres de mercure on obtient la pression du jour, cela est évident en vertu de l'équation (I) ci-dessus.

CHAPITRE II

MANOMÈTRES. ALIMENTATION. APPAREILS ACCESSOIRES.

Manomètres. — Ces appareils, destinés à mesurer les pressions, sont de deux sortes :

    a) Les manomètres à liquides,

    b) Les manomètres métalliques.

Les premiers sont presque toujours à mercure, parce que ce métal liquide est très dense et peut se conserver relativement assez pur. Nous en avons déjà dit un mot dans ce qui précède, et nous n'y revenons ici que pour signaler que, s'ils donnent la pression avec beaucoup plus d'exactitude que les manomètres métalliques, ils deviennent presque inutilisables dès que les pressions atteignent des chiffres un peu élevés.

Ils sont construits à branches ouvertes à l'air libre et quelquefois à branches fermées de manière à en diminuer l'encombrement.

En fait, ils ne sont guère employés que dans des cas spéciaux ou alors pour étalonner les manomètres métalliques sous des charges peu élevées.

Ces étalonnages se font, en général, sur une colonne de mercure à l'air libre.

Nous avons vu que 1 atmosphère correspond à 760 millimètres de mercure, c'est-à-dire $1^k,033296$ par centimètre carré ou $1^{gr},3596$ par millimètre de mercure (Densité du mercure à zéro degré : 13, 596)

1 kilogramme correspond donc à une colonne de mercure de $735^{m/m}5104$ à la température de zéro degré.

N. B. Souvent, à cause des impuretés contenues dans le mercure et de la température à laquelle on opère, (15 à 20° [1] par exemple) pour mesurer les pressions de refoulement dans les essais de pompes, on prend uniformément 75 centimètres pour 1 kilogramme par centimètre carré.

En fin de compte on voit que :

10 kilogrammes exigent une colonne de mercure de 7 m. 355.

100 kilogrammes exigent une colonne de mercure de 73 m. 55.

ceci soit dit pour montrer la limite d'emploi de la colonne de mercure dans les étalonnages des manomètres, très vite atteinte avec ce genre d'appareils.

En conséquence, pour les étalonnages on se sert presque toujours de la « *balance de Bourdon* », qui découle de la presse de tarage inventée par M. *Georges Marié* [2], ainsi que de celle de Mr Amagat qui est analogue comme principe.

Presse de Georges Marié (fig. 3). — La presse de « *Georges*

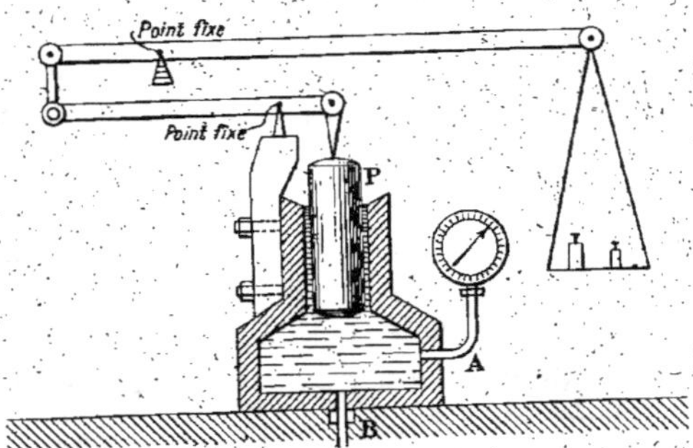

Fig. 3. — Presse Marié.

Marié » est un appareil constitué par un cylindre de presse, dans lequel on introduit un liquide par B à l'aide d'une

(1) Coefficient de dilatation cubique du mercure :
$$\text{absolu entre 0 et 100}° = \frac{1}{5\,550} = 0{,}000180180$$
$$\text{apparent dans le verre} = \frac{1}{6\,480} = 0{,}0001544.$$

(2) Voir *Annales des Mines*, 1re série. Année 1881, page 104.

pompe de compression, de manière à compenser la fuite très légère autour du piston P. Cette fuite a pour objet de diminuer, autant que possible, les frottements du piston sur les parois du cylindre. En A on raccorde le manomètre à étalonner, et la pression est donnée sur le piston P par un système de leviers et un plateau portant les poids, comme le montre la figure 3.

Presse de Amagat. — La presse d' « Amagat » ne diffère de la précédente que par le procédé adopté pour diminuer les frottements, résultat obtenu par un mouvement circulaire rapide du piston.

Manomètre de Richard. — Parmi les manomètres à mercure il convient de décrire l'appareil fort ingénieux cons-

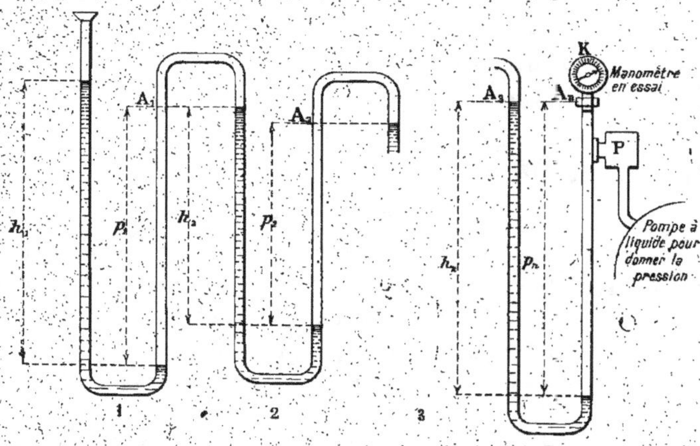

Fig. 4. — Manomètre à mercure de Richard, de Lyon.

truit par Richard à Lyon, qui a pour objet de parer au grave inconvénient des manomètres à mercure, l'encombrement en hauteur.

Ce manomètre (fig. 4) dispose en un alignement horizontal une série de tubes en U verticaux d'environ un mètre de haut. Chaque tube en U est à demi rempli de mercure. Ils sont raccordés entre eux à la partie supérieure, et entre les colonnes de mercure on intercale un liquide, en général du pétrole. On monte le manomètre à étalonner en An et à l'aide d'une pompe P on donne la pression sous le manomètre en refoulant le liquide, ici du pétrole ; immédiatement toutes les colonnes de mercure se déplacent, il suffit de lire au catétomètre les hauteurs $h_1, h_2, \ldots h_n$ et les hauteurs $p_1, p_2, \ldots p_n$ et connaissant les densités D et d des deux liquides on écrit les pressions comme suit :

en A_1 on a évidemment $h_1D - p_1d$

en A_2 « $h_1D - p_1d + h_2D - p_2d$

en A_3 « $h_1D - p_1d + h_2D - p_2d + h_3D - p_3d$

en A_n on a donc : $h_1D - p_1d + h_2D - p_2d + h_3D - p_3d \ldots + h_nD - p_nd$

mettant en facteur on a :

$$D(h_1 + h_2 + h_3 + \ldots + h_n) - d(p_1 + p_2 + p_3 \ldots + p_n)$$

pour la pression totale en A_n.

Si par construction on réalise

$$h_1 = h_2 = \ldots = h_n = p_1 = p_2 = \ldots = p_n = h$$

on aura finalement :

$$\text{Pression en } A_n = nh(D - d).$$

Mais en réalité il est à peu près impossible pratiquement de réaliser l'égalité des colonnes, car cela implique des tubes en U de sections rigoureusement calibrées et constantes. Enfin, de nombreuses précautions sont à prendre pour que cet appareil fonctionne correctement, il faut éviter les ménisques, donc avoir de gros diamètres à l'endroit où l'on fait les mesures, avoir des tubes en verre transparent à cet endroit pour faire les visées, éviter les fuites, toutes choses qui sont très compliquées surtout quand il s'agit de pressions très élevées, de sorte que cet appareil, très séduisant en théorie à première vue, est d'un emploi courant très difficile.

L'appareil industriel vraiment pratique pour le tarage des manomètres est la *balance de Bourdon*.

Balance de Bourdon. — La balance de Bourdon, qui permet le contrôle des manomètres pour les pressions les plus élevées, est en réalité le seul appareil employé aujourd'hui. Nous décrirons une balance de 5oo kilogrammes et l'on conçoit qu'on puisse atteindre n'importe quelle pression à la condition d'obvier aux fuites.

La balance de Bourdon (fig. 5) se compose d'un bâti en fonte supportant à sa partie supérieure un levier NCAB

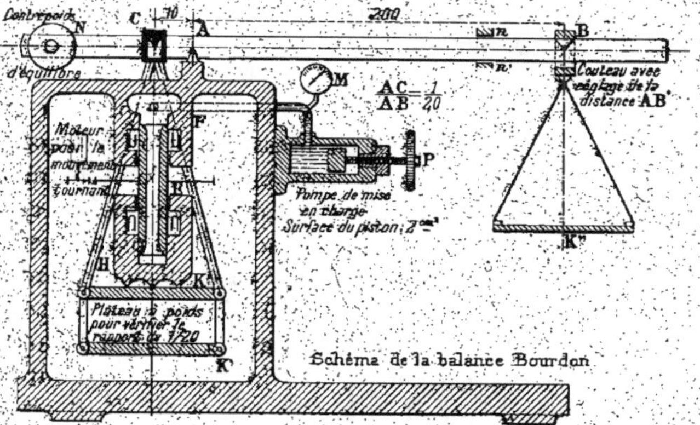

Fig. 5 — Schéma de la balance Bourdon.

amplificateur au $\frac{1}{20}$; à l'intérieur est disposé un piston E, dont la section est de 2 centimètres carrés, qui peut se déplacer dans un cylindre supérieur F fixé au bâti, l'étanchéité étant obtenue par un cuir embouti. — Le cylindre inférieur H, monté de même sur le piston, peut se déplacer et venir s'appuyer par sa base sur le plateau K, qui actionne ainsi en C le levier AB. Un contre plateau K' permet de placer des poids pour vérifier expérimentalement le rapport : $\frac{AC}{AB} = \frac{1}{20}$.

En vue d'opérer le réglage du rapport des bras de levier, le couteau B peut se déplacer sur le levier à l'aide d'une vis micrométrique.

Un contrepoids N permet d'équilibrer l'ensemble de l'équipement quand le réglage est terminé. Evidemment cette opération doit se faire par tâtonnements successifs.

La presse une fois réglée, on donne la pression sur le piston à l'aide de pompes telles que P, qui permettent de refouler de l'huile ou de l'eau dans les cylindres F et H par une conduite de raccord, qui porte le manomètre à étalonner M.

Un mouvement circulaire rapide est communiqué au piston E par engrenages et moteur électrique, afin d'éviter les frottements.

Pour vérifier un manomètre on met sur le plateau K' la charge voulue pour obtenir la pression. Si on y place, par exemple, 10 kilogrammes on aura en C 200 kilogrammes et, comme la surface du piston est de deux centimètres carrés, on aura finalement dans la presse 100 kilogrammes par centimètre carré (^{1}). La balance, ainsi disposée, amplifie donc dans la proportion de 1 à 10 comme une bascule de Quentenz. Alors, si on place sur le plateau K" 50 kilogrammes, on lira sur le manomètre M 500 kilogrammes. Pour faire cette lecture, quand les poids sont placés en K", il est bien évident qu'il faut mettre en fonction la pompe P pour mettre en équilibre le levier AB, alors le manomètre supportera la pression correspondant à la charge que porte le plateau K".

Le levier A B oscille entre deux butées n et n' permettant de se rendre compte que l'équilibre est bien obtenu.

Pompes. — Une balance de 500 kilogrammes comporte en réalité deux pompes de compression appelées compresseurs :

1º Une pompe de 50 kilogrammes pour mise en pression rapide, dont les dimensions principales sont :

---

1. Peut se montrer comme suit : soit p la pression par cm² dans la presse, s la section du piston, l'équilibre s'écrit : $p \times s = P \times 20$ si P représente les poids placés en K".

Filet de la vis du piston : pas de 2 millimètres.

Section du piston : $\dfrac{\pi \times 2,5^2}{4} = 4,906$ centimètres carrés.

2° Un deuxième compresseur pour atteindre 500 kilogrammes, dont les dimensions principales sont :

Filet de la vis du piston : pas de 2 millimètres.

Diamètre du piston : 2 centimètres.

Section du piston : 3,142 centimètres carrés.

Les volants de mise en action de ces pompes ont 245 millimètres de diamètre.

Séparateur de liquide. — On sait que l'étalonnage de certains manomètres, par exemple ceux destinés à être montés sur des récipients d'oxygène, doit se faire sur l'eau et jamais sur un liquide gras sous peine d'accident grave ; d'autre part, pour son bon fonctionnement la balance de Bourdon doit fonctionner dans l'huile ou la glycérine ; c'est pourquoi on interpose en pratique entre les pompes qui fonctionnent à l'eau et la balance qui fonctionne à l'huile, un séparateur de liquide (fig. 6). Ce séparateur

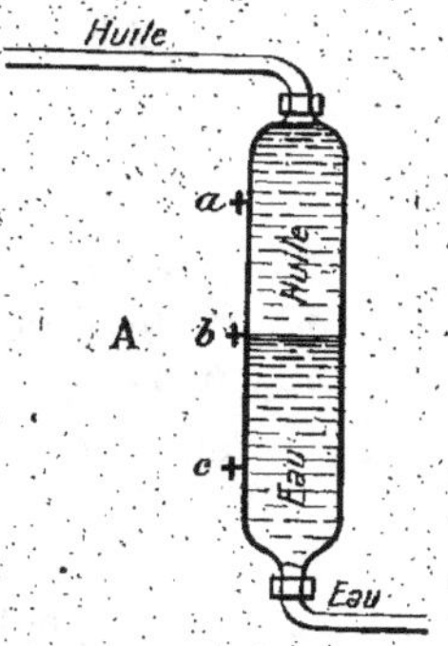

Fig. 6.

est un simple réservoir A de peu de largeur ayant la forme d'une bouteille, à la base de laquelle sont reliés les compresseurs alors que sa partie supérieure est en communication avec la balance ; trois robinets a, b, c, permettent de se rendre compte de l'endroit où se trouve le niveau de l'huile ; (a) doit toujours donner de l'huile et (c) toujours de l'eau, (b) doit se trouver à la séparation des deux liquides.

Bien entendu la balance ainsi utilisée a pour objet d'étalonner des appareils de haute précision, qui serviront eux d'étalons non seulement pour la graduation des appareils

en construction, mais encore pour la vérification continue
des appareils en service. Pour cette comparaison des manomètres métalliques entre eux on utilise une simple pompe C,
(fig. 7) de mise en pression analogue à la pompe de compression P de la balance de Bourdon, c'est sur cette pompe
que l'on monte le manomètre étalon servant à contrôler les
manomètres à vérifier qui, eux, sont montés sur une rampe
en communication avec le cylindre de la pompe.

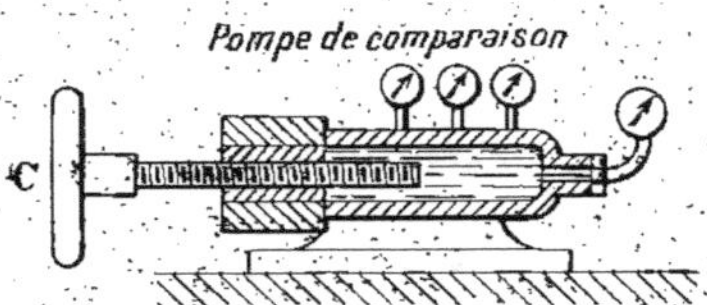

Fig. 7. — Pompe de comparaison.

Manomètres à mercure. — Comme nous l'avons dit au
début, les manomètres à mercure sont peu employés sauf
dans le cas où l'on a besoin de lectures très précises et si l'on
a affaire à des pressions peu élevées.

Il est évident, qu'un appareil comme celui de Richard
pour des pressions élevées n'est pas industriellement acceptable; il ne peut servir que pour des opérations d'étalonnage.

Le manomètre à mercure à branche fermée a le grave
inconvénient de manquer de précision dès que la pression
s'élève, car les lectures se font sur une graduation dont les
dimensions unitaires diminuent très rapidement du fait
de la compression de l'air emprisonné dans la branche fermée.

En réalité on n'utilise industriellement que les manomètres métalliques, les manomètres à mercure restant, sauf
quelques exceptions, des appareils de laboratoire; mais les
manomètres métalliques exigent des vérifications fréquentes.

Manomètres métalliques. — Ces appareils sont d'excellents
manomètres à la condition de les construire avec soin et de

les vérifier souvent sur les balances de tarage ou les pompes de compression, dont nous venons de parler.

Pour vérifier des manomètres compris entre 4 kilogramme et 500 kilogrammes, il faut une série de manomètres étalons déterminés par les considérations suivantes :

1° La tolérance admise pour les manomètres courants est de 2 °/₀ de la pression maximum indiquée par ce manomètre.

2° Elle peut être de 0, 5 °/₀ pour les manomètres de grande précision.

3° L'erreur possible (exprimée en pression) pour le manomètre étalon, doit être inférieure à la tolérance en pression sur le manomètre à vérifier.

Construction des manomètres métalliques. — Un manomètre métallique est constitué par un tube métallique enroulé sur lui-même, à l'intérieur duquel agit la pression qui l'oblige à se dérouler. Ce phénomène se produit si le tube a une section elliptique, car l'action de la pression intérieure déforme le tube en l'incitant à prendre la forme circulaire dans sa section.

Les tubes manométriques sont fabriqués en bronze phosphoreux convenablement écroui par étirage à travers des filières sur matrices elliptiques. L'écrouissage a pour objet de donner au tube une certaine élasticité ; en outre, l'écrouissage d'un métal augmente sa limite élastique ; quand un manomètre fonctionne, la déformation du tube ne peut atteindre cette limite, car si on la dépassait, la déformation resterait permanente et le manomètre serait mis hors de service. Ceci montre l'intérêt qu'il y a dans la construction à reculer le plus possible cette limite élastique par écrouissage.

Les constructeurs de manomètres, admettent en France, que la graduation de ces appareils doit être prolongée au-delà de la limite d'emploi d'environ la moitié de la valeur de cette limite. En Allemagne on admet qu'il faut doubler cette limite.

Un constructeur consciencieux, dans une construction en série, éprouve toujours les tubes employés jusqu'à une certaine pression dépassant notablement la pression d'emploi, avant d'opérer la graduation, s'il veut être certain de la qualité de sa fabrication.

Enfin, il y a avantage à réduire les déplacements du tube en amplifiant les lectures de l'aiguille par des engrenages multiplicateurs.

Pour les étalons on n'admet en général que les attaques directes de l'aiguille sans engrenages, mais, bien entendu, toujours avec des leviers multiplicateurs.

Dans la construction des manomètres destinés à mesurer les pressions de 1 000 kilogrammes et de plusieurs tonnes, on exécute le tube manométrique en acier spécial.

Perturbations des manomètres. — Les parties susceptibles de perturbations sont : *a*) le tube élastique ; *b*) les organes mécaniques.

a) Le tube élastique est influencé par les différences de température, qui provoquent des variations de longueur par suite de la dilatation, et surtout des variations dans l'élasticité.

Les manomètres présentent à un degré plus ou moins élevé le phénomène d' « *hystérésis* » (très important) ; il est accusé par le fait, que les graduations pour une même pression ne se recouvrent pas si elles sont prises en montant et en descendant. Les lectures sont plus élevées à la descente qu'à la montée. L'écart maximum a lieu pour la moitié de la graduation. Le zéro revient au zéro statique après un temps plus ou moins long.

b) Les organes mécaniques donnent des frottements comparables à la viscosité. Il y a lieu, dans la construction, de rendre ces frottements aussi petits que possible. Le jeu dans les articulations entraîne des erreurs de lectures ; il est mauvais d'y obvier par un ressort antagoniste car celui-ci augmente la viscosité.

Précautions dans le montage. — Il ne faut jamais mettre le tube manométrique en contact direct avec la vapeur ou un liquide chaud. Pour éviter ce contact, il suffit d'interposer, entre le manomètre et la prise à la chaudière, un tube en U, formant point bas, dans lequel se condense la vapeur.

Il faut veiller au danger que présente la présence de corps gras dans les manomètres destinés à être employés sur l'oxygène.

Manomètres différentiels. — Les manomètres différentiels sont constamment utilisés dans les appareils de jaugeage de débits d'air, d'eau ou de fluides en général, comme nous le verrons plus loin ; nous n'examinerons ici que ces appareils eux-mêmes.

Ils sont à colonnes d'eau ou de mercure, ou métalliques.

Les premiers, à colonnes d'eau, sont employés quand on a à mesurer de très faibles pressions, par exemple dans le cas des vitesses de vent, pour l'aération des mines ; quelquefois aussi pour des essais de pompes pour de très faibles aspirations.

Dans le premier cas on emploie tout simplement un tube de verre recourbé en forme d'U, dans lequel on met de l'eau et entre les deux branches on place une graduation. On fait les lectures avec une équerre métallique à chapeau de manière à éviter la parallaxe. Dans certains de ces appareils, pour des mesures de très grande précision, on mesure la dénivellation avec une vis micrométrique au 1/100e de mm.

Le manomètre à mercure est construit de même, il correspond à des mesures de pressions un peu plus élevées, mais également de grande précision.

Pour raccorder un manomètre différentiel à mercure avec l'air ou l'eau, aucune précaution n'est à prendre. S'il s'agit du manomètre à eau à employer sur les pompes, comme l'air seul peut agir sur l'eau du manomètre, il y a lieu d'établir entre le manomètre et la pompe un « *relai* », constitué en général par un flacon de verre ou un récipient, séparant l'eau de l'air et dans lequel il est facile de contrôler la charge d'eau. La conduite de la pompe au récipient étant pleine d'eau et celle du récipient au manomètre pleine d'air, avec une petite pompe à air à main placée sur le récipient on règle à volonté ces niveaux.

Je citerai pour mémoire les manomètres à deux liquides de densités très différentes, le manomètre à liquide de M. Henry consistant à déplacer une bulle d'air dans un tube capillaire horizontal, communiquant avec deux récipients plus larges pleins d'un liquide.

En somme tous ces manomètres sont des différentiels, puisque sur une branche agit la pression à mesurer et sur l'autre la pression atmosphérique. Il en est de même des manomètres métalliques ordinaires.

Manomètres différentiels métalliques. — Un manomètre métallique fonctionne également comme un différentiel

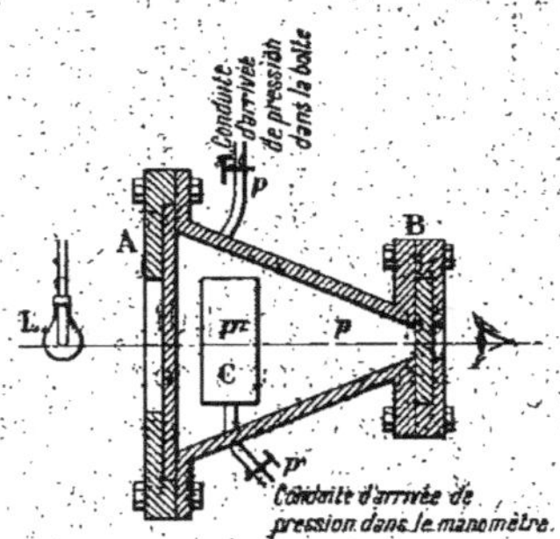

Fig. 8. — Manomètre différentiel métallique.

entre la pression atmosphérique et celle qu'il mesure ; de sorte que, si l'on enferme l'appareil dans une boîte étanche où règne (fig. 8) une pression (p) et si le manomètre est en communication avec une enceinte où règne la pression (p'), le dit manomètre fonctionnera en différentiel et donnera $p' - p$. Ce dispositif est quelquefois employé et notamment, comme nous le verrons plus loin, pour des compteurs de débit de vapeur.

Le dispositif est alors le suivant : une boîte A B dont les 2 faces A et B sont terminées par des glaces épaisses ; la face A est éclairée par la lampe L et l'observateur regarde par la glace B, il voit le manomètre C dont l'aiguille se meut sur une graduation tracée sur une glace également transparente, formant le fond de la boîte manométrique C. Nous avons fait exécuter des manomètres de ce genre gradués de 100 en 100 grammes pour une graduation totale pouvant atteindre 1 kilogramme. Ces appareils fonctionnent très bien si l'on a soin de les maintenir pleins d'eau de condensation, ce qui est très facile.

*

Nous allons maintenant nous occuper de quelques appareils accessoires indispensables au fonctionnement des chaudières.

Alimentation. — Nous avons déjà énuméré les 2 procédés d'alimentation : 1° Les pompes et 2° la bouteille alimentaire ; le 3e est le Giffard ou Injecteur.

Proportions à donner aux injecteurs. — Les injecteurs sont des appareils destinés à alimenter les chaudières ; ils utilisent la vapeur vive qui est amenée par une tuyère dans un cône convergent appelé cheminée ; *ce convergent* aspire aussi l'eau d'alimentation pour la refouler *à travers* un divergent, qui alimente la chaudière en y refoulant l'eau aspirée.

Le schéma ci-contre (fig. 9) donne les proportions relatives à donner à ce genre d'appareils, en prenant comme unité le diamètre du col de la tuyère divergente, pour des injecteurs destinés à alimenter des chaudières dont la pression est comprise entre 3,5 et 10 atmosphères ; au-dessus de 10 atmosphères les proportions sont un peu différentes.

Le débit d'un injecteur est donné par la formule empirique

$$Q = 28d^2\sqrt{n-1}$$

ou sensiblement

$$Q = 28d^2\sqrt{p}$$

puisque l'atmosphère ne diffère du kilogramme que de 33 grammes.

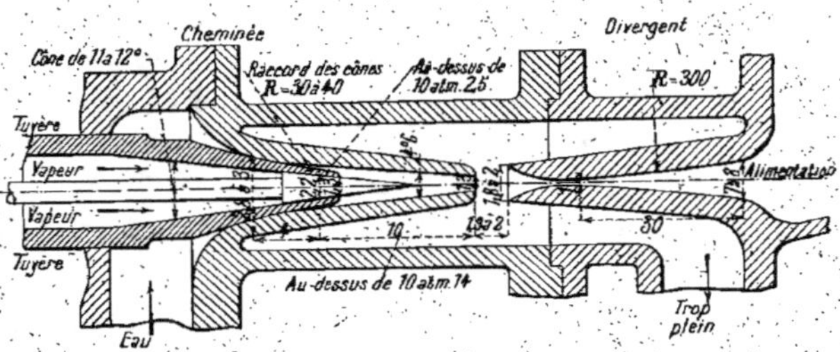

Fig. 9. — Injecteur Giffard pour moyennes pressions (3,5 à 10 atmosphères).

Dans cette formule :

Q est le volume d'eau aspiré en litres par heure,

d est le diamètre minimum du divergent en millimètres (ou le diamètre du col de la tuyère divergente),

n est la pression absolue en atmosphères,

p est la pression effective en kilogrammes par centimètre carré.

Les résultats de cette formule sont bien vérifiés par la pratique.

Chaque kilogramme de vapeur entraîne environ 20 kilogrammes d'eau froide aux basses pressions (1 à 2 kilogrammes par centimètre carré) et 12 à 13 kilogrammes aux pressions élevées (8 à 10 kilogrammes par centimètre carré).

Nous citons pour mémoire comme appareils alimentaires les pompes à main, la pompe à vapeur dite cheval alimentaire et la bouteille d'alimentation qui n'est plus employée.

Théorie du Giffard. — La théorie de l'injecteur est difficile, en raison de l'ignorance où l'on se trouve en ce qui concerne l'état réel du fluide pendant son trajet à travers l'appareil :

Soient p la pression à la chaudière,

p' celle qui règne au débouché de la tuyère,

ϖ le poids spécifique correspondant.

En assimilant cet écoulement à celui d'un liquide dans lequel la pesanteur n'intervient pas d'une manière appréciable on a : (Equation de Bernoulli)

$$(1) \qquad v = \sqrt{2g\frac{p - p'}{\varpi}}$$

v étant la vitesse de l'écoulement (sortie tuyère).

$$\text{En effet :} \quad \frac{v^2}{2g} + \frac{p'}{\varpi} + Z = C^{te} \quad \text{donne bien} \quad (1).$$

Soit m le poids de vapeur qui passe pendant un temps quelconque en entraînant le poids d'eau M et prenant avec lui la vitesse commune w. La quantité de mouvement de l'ensemble sera la même à la sortie tuyère et à la rentrée du convergent, puisque aucune force extérieure n'exerce une action sensible dans le parcours.

On a donc :

$$(2) \qquad mv = (M + m)w.$$

Le mélange rentre dans la chaudière en passant de la vitesse w à une vitesse nulle et de la pression p' à p en surmontant pour cela un travail négatif, on a donc ici :

$$(3) \qquad w = \sqrt{2g\frac{p - p'}{\varpi'}}$$

De (1) (2) et (3) on déduit en divisant membre à membre

$$\sqrt{\frac{\varpi'}{\varpi}} = \frac{v}{w} = \frac{M + m}{m}.$$

et par suite :

$$\frac{M}{m} = \sqrt{\frac{\varpi'}{\varpi}} - 1.$$

Soient θ la température de l'eau froide, θ' celle du mélange, l'échauffement du liquide a demandé :

$$(4) \qquad M(\theta' - \theta) \text{ calories}$$

la vapeur correspondante m contenait $m\lambda$ calories, après le mélange elle ne possède plus que :

$$(5) \qquad m(\lambda - \theta') \text{ calories}$$

La chaleur perdue par la vapeur correspond évidemment à la chaleur gagnée par l'eau $(4) = (5)$ donc :

$$M(\theta' - \theta) = m(\lambda - \theta')$$

d'où

$$\frac{M}{m} = \frac{\lambda - \theta'}{\theta' - \theta}$$

qui peut s'écrire,

$$\frac{M}{m} = \frac{\lambda - \theta}{\theta' - \theta} - 1$$

ou encore,

$$\sqrt{\frac{\varpi'}{\varpi}} = \frac{\lambda - \theta}{\theta' - \theta}.$$

Dans la formule,

$$\frac{M}{m} = \frac{\lambda - \theta'}{\theta' - \theta}$$

en divisant par θ' on a :

$$\frac{M}{m} = \frac{\lambda - 1}{1 - \dfrac{\theta}{\theta'}}$$

cela montre que plus θ est petit, c'est-à-dire plus la température de l'eau d'alimentation est basse, plus grand est le rapport $\dfrac{M}{m}$ et, partant, mieux fonctionne l'injecteur et cela montre encore, puisque λ varie très peu avec la pression alors que la température varie beaucoup plus vite (de 1 kilogramme absolu à 20 kilogrammes, λ gagne 34,3 calories, alors que la température passant de 100 à 211°,3 gagne plus de 111°), que pour rendre $\frac{M}{m}$ grand, il y a avantage à rendre petit le dénominateur de la fraction, donc à rendre autant que possible $\frac{\theta}{\theta'}$ voisin de l'unité, c'est-à-dire à avoir la température θ' aussi près que possible de la température d'alimentation, ce qui aura lieu d'autant plus facilement que l'on alimente des chaudières à basse pression.

On peut aussi raisonner comme suit sur l'équation :

$$(6) \qquad \sqrt{\frac{\varpi'}{\varpi}} = \frac{\lambda - \theta}{\theta' - \theta} \quad \text{ou} \quad = \frac{\lambda - \theta'}{\theta' - \theta} + 1 ;$$

en réalité ϖ' et θ' sont inconnus mais nous pouvons affirmer 1° que ϖ' est < 1000, parce que le mélange ne saurait s'identifier à l'eau que par une condensation complète ; 2° que θ' est < 100, attendu que la masse liquide traverse une enceinte où règne la pression atmosphèrique sans se transformer en vapeur.

Portant ces valeurs dans (6) on a :

$$\sqrt{\frac{1.000}{\varpi}} > \frac{\lambda - 100}{100 - \theta} + 1 ;$$

or λ varie peu avec p alors que ϖ varie beaucoup : 0 kg. 6 à 10 kilogrammes entre 1 kilogramme absolu et 20 kilogrammes.

Dans ces conditions l'inégalité ci-dessus est d'autant plus facile à satisfaire que la température de l'eau d'alimentation θ est faible et la pression à la chaudière moins élevée. Ce que l'expérience confirme pleinement.

* *

Malheureusement le fait que la veine n'est pas entièrement liquide ne justifie pas dans ce cas l'application de l'équation de Bernoulli, de sorte qu'on n'est pas en droit d'écrire les équations (1) et (3) : l'équation (2) seule relative aux quantités de mouvement est légitime.

Et l'expérience montre bien, que la veine qui sort de la cheminée pour entrer dans le divergent n'est pas entièrement liquide, car si l'on calcule avec l'équation de Bernoulli la vitesse de la veine en multipliant cette vitesse par la section du col du divergent on devrait trouver le débit de l'injecteur or il n'en est rien.

En effet : Un divergent de 10 millimètres de diamètre au col fonctionnant à 10 kilogrammes de pression devrait d'après le calcul donner au moins un débit de 208 litres par minute : alors que l'expérience faite sur un Giffard a donné de 73 à 137 litres seulement ; et sur un Friedmann 96 à 192 litres ([1]).

Ceci montre bien que la veine est formée d'eau et de vapeur entraînant de l'air en proportion variable.

Essai des injecteurs. — Ces essais se font en refoulant dans un réservoir jaugé en communication avec la chaudière : on mesure dans ce réservoir la somme de l'eau refoulée et de la vapeur consommée ; d'autre part dans le réservoir d'aspiration on mesure l'eau d'alimentation.

Prenant également les températures des différents circuits on aura tous les éléments de l'essai d'un tel appareil.

Si l'injecteur est monté sur la chaudière, l'essai qui seul est possible consiste à mesurer m et M de la formule ci-dessous :

$$\frac{M}{m} = \frac{\lambda - \theta'}{\theta' - 0}.$$

Ce qui ne peut guère se faire qu'avec des compteurs de vapeur et d'eau genre Venturi, dont nous parlerons plus loin. est facile à mesurer, θ' est plus difficile.

---

1. Voir SAUVAGE. *La Machine à vapeur*, tome II, page 455.

Accessoires divers indispensables aux essais. — — Il est indispensable, dans les essais de machines, générateurs de calories ou transformateurs de calories en travail, de mesurer des forces ou des pressions, de fournir soit de la vapeur, soit une émulsion de vapeur et d'eau de qualités connues et mesurées.

Pour avoir de la vapeur saturée sèche il faut sur son trajet entre le générateur et la machine la libérer de l'eau de condensation, qui se forme sans cesse ; d'où la nécessité de monter des séparateurs et des purgeurs automatiques.

Dans le cas du générateur, un séparateur sera installé pour arrêter l'eau entraînée, qui devra faire retour à la chaudière. Nous décrirons donc quelques-uns de ces appareils.

Dynamomètres à ressorts et à liquides. — Ces appareils sont destinés à mesurer les forces ; ils se composent, en principe, d'un ressort étalonné dont la flexion mesure la force. (Voir l'Indicateur de Watt Chap. VI p. 123).

Un dynamomètre particulièrement intéressant est le dynamomètre à liquide, qui n'est autre qu'une petite presse à liquide, dont le cylindre, mis en communication avec un manomètre (enregistreur ou pas), mesure l'intensité de la force par la mesure de la pression du liquide. — Ces appareils se tarent expérimentalement et ils ont surtout le grand avantage de pouvoir mesurer des forces très variables dans le temps, par l'étranglement du liquide dans la conduite de jonction de la presse au manomètre, qui permet tout l'amortissement qu'on veut. —

Purgeur à flotteur. — Ce purgeur automatique (fig. 10) se compose d'un récipient A dans lequel arrivent les eaux des purges par la conduite (a). Un flotteur B convenablement équilibré par un contrepoids C, commande par pignon et crémaillère un tiroir T, qui évacue l'eau de condensation dès qu'elle a atteint un niveau capable d'actionner le tiroir.

Le réglage doit être tel qu'il reste toujours un peu d'eau au-dessus de l'orifice d'évacuation (*b*).

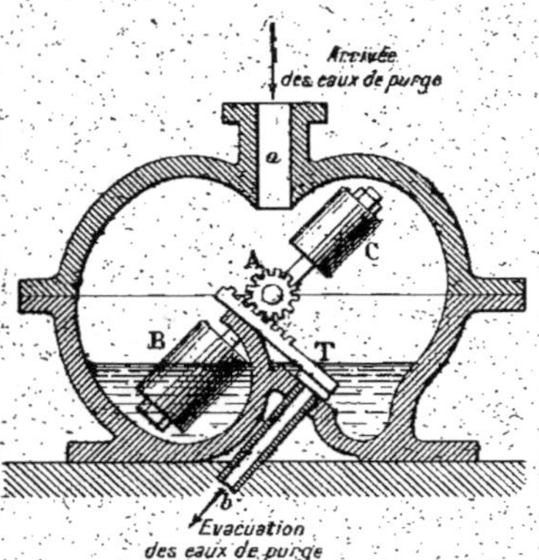

Fig. 10. — Purgeur à flotteur.

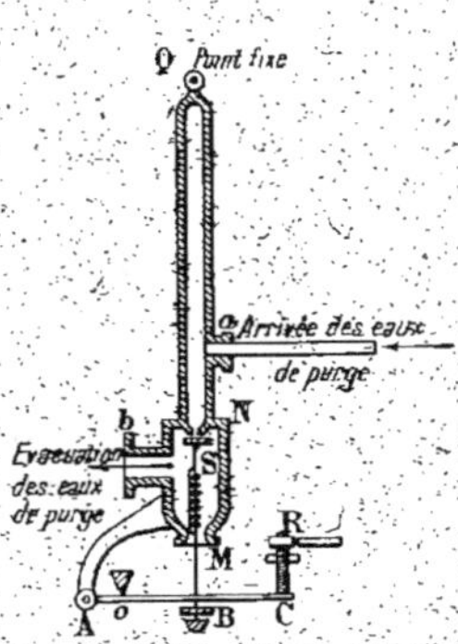

Fig. 11. — Purgeur Cleuet.

Purgeur Cleuet. — Un autre appareil automatique de ce genre, très commode, est l'appareil Cleuet (fig. 11). Il se règle avec une précision parfaite ; il est basé sur la dilatation des métaux. On l'a même quelquefois employé pour réaliser l'alimentaton automatique des générateurs. Il se compose d'un élément de conduite en bronze N Q attaché à un point fixe en Q à sa partie supérieure, libre à sa partie inférieure M et terminé par une sorte de boîte N M dans laquelle peut se mouvoir une soupape S pressée sur son siège par un ressort réglable. L'ouverture et la fermeture de cette soupape sont commandées par le levier réglable A B C, fixé d'une part en A à la boîte mobile et venant d'autre part rencontrer le point fixe ou butée O. Les eaux de purge arrivent par la conduite (*a*) et elles sont évacuées par (*b*).

Pour régler l'appareil on agit sur la vis R, de faible pas, jusqu'à ce que AC vienne en contact avec le point fixe O; puis on règle la vis B de manière que la vapeur sorte très légèrement en (*b*) pour dilater au maximum l'appareil. On ferme alors la soupape de manière à obturer le passage de la vapeur ; l'eau de condensation s'accumulant dans l'appareil le refroidit ; il se contracte, le point A remonte ce qui provoque l'ouverture de la soupape ; l'eau évacuée et la vapeur arrivant, l'appareil s'échauffe, et par suite de la dilatation du tube Q N le point A s'abaisse et la soupape se referme, pour se rouvrir, dès qu'un peu d'eau de condensation aura provoqué à nouveau le refroidissement de l'appareil, sa contraction et la remontée du point A et ainsi de suite (voir fig. 11).

Cet appareil est d'un fonctionnement très sûr et d'une grande sensibilité ; en effet si nous prenons un bronze de composition :

Cuivre	70 à 80 %
Étain	20 à 10 %
Zinc	10 %
Total	100

son coefficient de dilatation linéaire est de 0,00002 par unité de longueur et degré de température.

Or nous savons que pour un solide on a pour la dilatation linéaire :

$$l_2 - l_1 = l_1(t_2 - t_1) \times 0,00002.$$

De sorte que, si on admet entre la vapeur et l'eau un écart de température de 110° à 40° soit 70°, si on prend

l_1 longueur initiale = 38 centimètres

l'allongement = 0 m. 38 × 70 × 0,00002 = 0 mm. 5

prenant alors le rapport $\dfrac{AO}{OB} = \dfrac{1}{10}$ on obtiendra 5 millimètres pour la levée de la soupape.

Sécheurs de vapeur ou séparateurs d'eau entraînée. — Ce sont des réservoirs disposés de telle manière que la vapeur y abandonne les gouttelettes d'eau qu'elle entraîne. Ils sont de deux types :

1° Ceux à parois perpendiculaires au courant de vapeur, dits séparateurs cloisonnés.

2° Ceux agissant par mouvement giratoire de la vapeur.

Séparateurs cloisonnés. — Ce sont (fig. 12 et 13) des récipients dans lesquels on force la vapeur à suivre un chemin déterminé, de manière à briser son courant contre une paroi perpendiculaire à sa direction. Les gouttelettes d'eau, entraînées en vertu de leur inertie, vont ainsi se coller contre ces parois d'où elles ruissellent et s'écoulent par le tuyau de purge ménagé au bas de l'appareil. La conduite de purge est raccordée avec un purgeur automatique.

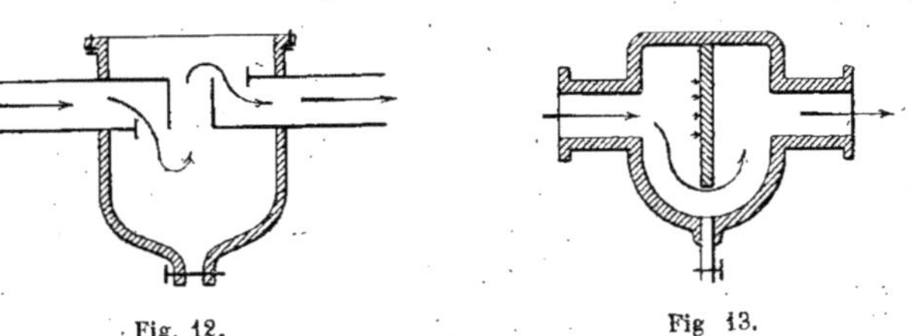

<table>
<tr><td>Fig. 12.</td><td>Fig 13.</td></tr>
</table>

Séparateurs centrifuges. — Ces appareils sont des séparateurs (fig. 14 et 15) dans lesquels on force la vapeur à prendre un

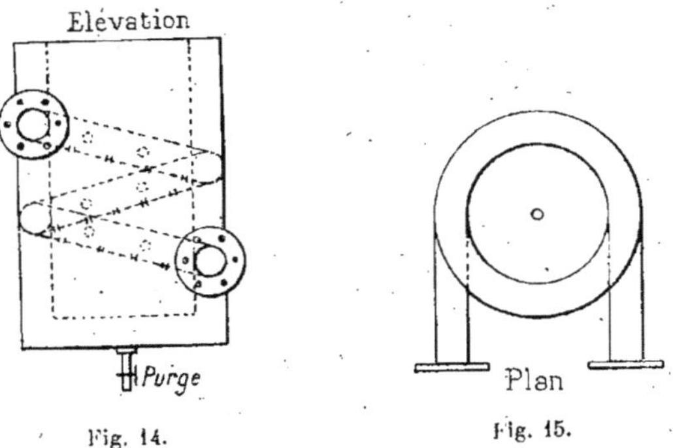

<table>
<tr><td>Fig. 14.</td><td>Fig. 15.</td></tr>
</table>

mouvement giratoire et l'on utilise alors la force centrifuge pour séparer les gouttelettes d'eau entraînées.

Enfin comme appareil souvent utilisé dans les essais de machines nous donnerons le principe du détendeur.

Détendeur. — Le détendeur de vapeur ou autre fluide est un appareil auquel on donne un fluide à pression élevée constante ou variable, qu'il est chargé de détendre à une pression constante et réglable à volonté. Il se compose (fig. 16) d'un réservoir B dans lequel arrive le fluide à pression variable. Cette capacité est fermée haut et bas par deux

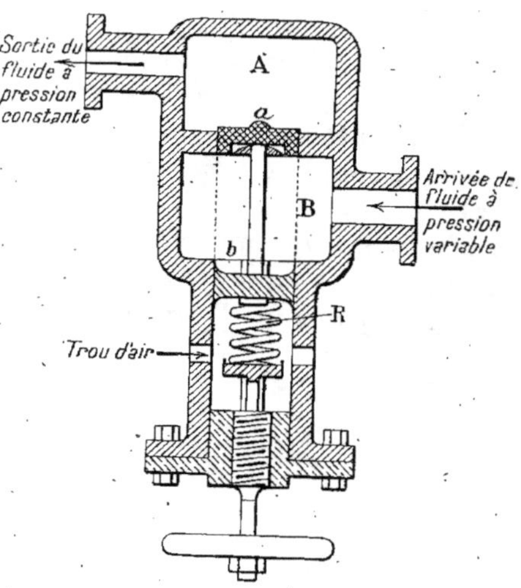

Fig. 16. — Détendeur.

soupapes ab de surface égale et liées entre elles par une tige rigide. Un ressort R, dont on peut régler à volonté la pression à l'aide d'un volant commandant une vis, vient appuyer sur l'équipement $a\ b$. L'équilibre du système impose que la la pression du fluide qui a passé en A vienne équilibrer la tension du ressort. On pourra donc, quelle que soit la pression en B, avoir en A la pression que l'on voudra suivant la compression qu'on donnera au ressort R.

On aura toujours d'après ce que nous venons de dire ci-dessus :

Tension R = Surface a × la pression par cm² en A.

Cela quelle que soit la pression en B constante ou variable.

Ces appareils détendeurs sont couramment employés pour détendre à pression constante de l'air pour actionner des moteurs à air comprimé, lorsque à l'origine le magasin ou accumulateur d'air est à une pression supérieure à celle que doit utiliser le moteur. On les rencontre aussi souvent à la sortie des chaudières ou générateurs de vapeur produisant de la vapeur à une pression plus élevée que celle à laquelle doit fonctionner la machine.

Cet appareil ainsi employé a l'avantage d'assécher la vapeur par simple détente, comme nous le verrons plus loin dans la description du « *calorimètre par détente* » destiné à mesurer le titre d'une vapeur.

Sur ce principe on a quelquefois exécuté des vannes de prise de vapeur, ayant pour objet de séparer l'eau entraînée par retour au générateur et d'assécher la vapeur par une légère détente.

CHAPITRE III
QUALITÉ D'UNE VAPEUR

Eau de primage. — Dans un essai de machine il importe de connaître, surtout s'il s'agit de mesure de consommation ou de production de vapeur, la qualité de cette vapeur.

La vapeur est surchauffée ou non ; dans le 1er cas, connaissant sa température et sa pression elle est complètement définie ; mais si l'on a affaire à de la vapeur qui n'est pas surchauffée elle n'est que rarement saturée sèche, elle contient en général une certaine quantité d'eau vésiculaire, qu'il faut pouvoir chiffrer, c'est ce que l'on appelle mesurer le titre d'une vapeur.

Cette eau entraînée s'appelle aussi « *eau de primage* » surtout dans le cas d'un essai de générateur. En effet, quand la vapeur produite est très humide, c'est-à-dire quand elle contient beaucoup d'eau, on dit que la chaudière « *prime* ». C'est en effet une prime à la vaporisation si on compte cette eau comme vapeur produite ; mais c'est justement ce qu'il ne faut pas faire.

Titre d'une vapeur. — On appelle titre d'une vapeur le rapport $\frac{m}{M}$ du poids de vapeur saturée sèche (m) au poids total du mélange M.

Si nous désignons par x le poids d'eau contenue dans l'unité de mélange, $(1 - x)$ sera le poids de vapeur saturée sèche et le titre sera $\frac{1 - x}{1}$ ou $(1 - x)$.

En effet, c'est bien le poids de vapeur saturée sèche contenue ramené à l'unité.

Procédés de mesure. — Si dans un générateur de vapeur on dissout certains sels ou colorants, on conçoit que l'on puisse déterminer le titre de la vapeur produite en examinant soit à l'analyse chimique, soit au colorimètre, la proportion de sel ou de colorant entraîné par litre de vapeur condensée, d'où le titre en le rapportant à la quantité dissoute par litre dans le générateur ; ce sont des procédés quelquefois employés. Enfin la calorimétrie permet de faire cette détermination d'une manière plus rapide.

Alors les procédés de mesure de l'eau de primage se classent comme suit :

1° *Méthode chimique* : Sulfate de soude, sel marin ou autres sels.

2° *Méthode colorimétrique* : fluorescéine.

3° *Méthode calorimétrique* : Baril, Hirn, Détente, Rateau.

Les deux premières méthodes consistent à dissoudre un sel dans le générateur, à condenser la vapeur et à analyser un volume égal d'eau condensée et d'eau prise au générateur.

Si l'eau du générateur contenait 1 gramme par litre et que l'on trouve dans la vapeur 0 gr. 001 par litre le titre sera 0, 999. En effet $1 - x$ c'est ici $1 - 0, 001 = 0, 999$.

La troisième méthode est de beaucoup la plus intéressante, elle conduit à des opérations plus simples, plus pratiques et plus exactes.

Calorimètre à Baril. — Le calorimètre à baril est un calorimètre ordinaire ; le procédé consiste à condenser un certain poids de vapeur dans un récipient de très grande dimension. On prend en général un tonneau défoncé par un bout d'où le nom de « *Baril* ».

Le tonneau est placé (fig. 17) sur une bascule, qui donne avant la condensation le poids d'eau Q, qu'il contient par une première pesée, une deuxième pesée donne par différence l'eau de condensation P, qui provient d'une conduite de vapeur A. En admettant qu'il n'y ait aucune perte de chaleur et connaissant le poids du calorimètre réduit en eau, on écrira facilement l'équation suivante :

Chaleur venue de la chaudière = augmentation de chaleur du Baril.

Soit x le poids d'eau contenu dans l'unité de mélange

$$[(1 - x)\lambda_p + xq_p]P = (Q + P)q_t - Qq_{t_0}$$

résolvant par rapport à x on a pour l'eau entraînée :

$$x = \frac{\lambda_p - q_t - \dfrac{Q}{P}(q_t - q_{t_0})}{\lambda_p - q_p} = \frac{\lambda_p - q_t - \dfrac{Q}{P}(q_t - q_{t_0})}{r_p}$$

le titre sera $1 - x$.

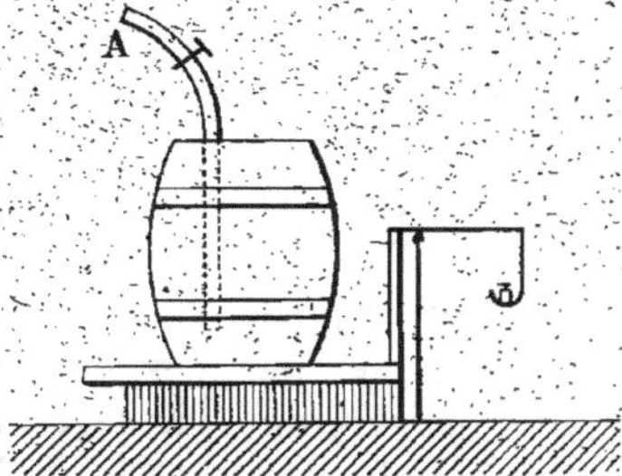

Fig. 17. — Calorimètre à baril.

Cette mesure implique donc les déterminations suivantes :

λ_p chaleur totale à la pression p.

q_p chaleur de l'eau à t_p degrés c'est-à-dire à la pression p.

q_{t_0} chaleur de l'eau à la température ambiante.

q_t cette même quantité à la fin de l'expérience.

r_p la chaleur de vaporisation à p.

Toutes ces quantités se trouvent dans les tables. p est mesuré à l'aide d'un manomètre et t et t_0 avec des thermomètres. Q et P sont mesurés par pesées avant et après l'expérience.

Calorimètre de Hirn. — Le calorimètre de Hirn (fig. 18) est un calorimètre analogue au précédent ; cependant il en diffère par deux points essentiels :

1º Toute perte de chaleur y est évitée par une disposition judicieuse de l'eau de refroidissement.

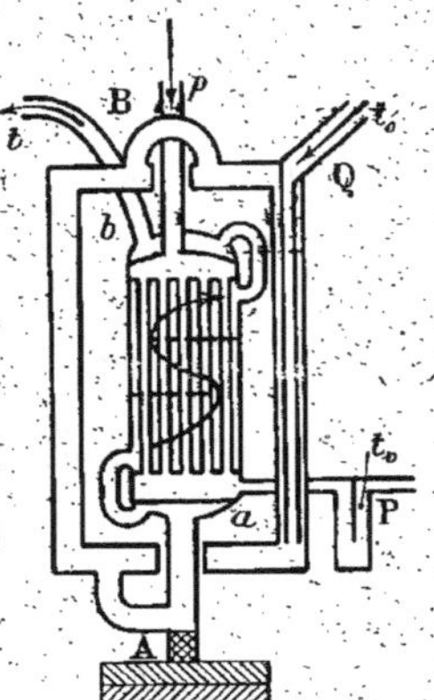

Fig. 18. — Calorimètre de Hirn.

2º Les eaux de refroidissement et de condensation y restent séparées ; c'est un condenseur par surface.

La vapeur à condenser arrive par la partie supérieure de l'appareil, elle pénètre dans un réseau de tubes droits parallèles, comme dans un condenseur par surface et elle s'écoule en P où un thermomètre donne sa température t_v.

L'eau de refroidissement arrive en Q au bas du demi-cylindre de droite, enveloppant ainsi le condenseur puis, après avoir gagné la partie supérieure, passe dans le demi-cylindre de gauche en arrivant par le haut ; elle gagne le bas d'où elle passe dans le pied en A et de là dans la calotte (*a*), puis autour des tubes condenseurs où des chicanes la forcent à suivre le trajet indiqué par la flèche, de là dans la calotte supérieure (*b*) et elle sort finalement en B à la température t. Elle était entrée dans le calorimètre à la température t_0.

Les équations d'équilibre s'écriront donc ainsi, suivant la qualité de la vapeur :

a) Si la vapeur est saturée sèche on a :

soient Q : le poids d'eau froide

P : le poids de vapeur

q_t et q_{t_0} les chaleurs de l'eau de circulation à t et t_0 c'est-à-dire à la fin et au commencement de l'expérience

λ_p la chaleur totale de la vapeur à la pression p.

q_{w} la chaleur de l'eau provenant de la vapeur condensée qui sort de l'appareil à la température t_v.

$$Q(q_i - q_{i_0}) = P(\lambda_p - q_{w})$$

c'est-à-dire :

$$\frac{\text{chaleur emportée}}{\text{par l'eau de réfrigération}} = \frac{\text{chaleur apportée}}{\text{par la vapeur condensée}}$$

b) Si la vapeur est humide il faudra écrire :

$$Q(q_i - q_{i_0}) = P[(1 - x)\lambda_p - (1 - x)q_{w} + x(q_p - q_{w})]$$

équation qui résolue donne le poids de l'eau de primage :

$$x = \frac{\lambda_p - q_{w} - \dfrac{Q}{P}(q_i - q_{i_0})}{r_p}$$

c'est le même résultat que pour le calorimètre à Baril, sauf qu'il ne s'y produit pas le mélange des eaux Q et P, qui sortent à des températures différentes i et t_v.

Cet appareil peut servir de compteur de débit, par exemple dans le cas (a), si on est certain d'y admettre de la vapeur sèche et dans le cas (b), si l'on connaît le titre de la vapeur admise.

Cet appareil est en somme dérivé des appareils Barrus et Linde, que nous allons voir maintenant ; mais il comporte certains perfectionnements importants, en ce sens qu'il évite toute perte calorifique.

Il est couramment utilisé pour mesurer le nombre de calories véhiculées dans le circuit chaud d'une chaudière de chauffage à vapeur, cas (a), ou d'une chaudière à eau chaude et l'équation s'écrit alors :

$$Q(q_i - q_{i_0}) = P(q_p - q_{w})$$

les deux membres de cette équation mesurent les calories produites par la chaudière.

Appareil de Linde. — Cet appareil se compose d'un récipient (fig. 19) contenant de l'eau froide dans lequel un serpentin condense la vapeur à étudier.

L'on mesure les températures et le débit de l'eau froide, le débit de la vapeur condensée et les températures ou encore la pression de la vapeur ; les mesures doivent se faire lorsque l'appareil est en régime stable.

L'équation à poser est la même que la précédente si l'on suppose, ce qui n'est pas le cas, qu'il n'y a pas de pertes de chaleur.

$$Q(q_i - q_{t_0}) = P[(1 - x)\lambda_p + x q_p - [1] q_{t_0}]$$

$$\left.\begin{array}{c}\text{Chaleur emportée par}\\ \text{l'eau de réfrigération}\end{array}\right\} = \left\{\begin{array}{c}\text{Chaleur apportée par le poids P de}\\ \text{vapeur humide au titre } (1 - x)\end{array}\right.$$

qui résolue donne encore

$$x = \frac{\lambda_p - q_{t_0} - \frac{Q}{P}(q_i - q_{t_0})}{r_p}$$

d'où le titre

$$1 - x = \frac{q_{t_0} - q_p + \frac{Q}{P}(q_i - q_{t_0})}{r_p}$$

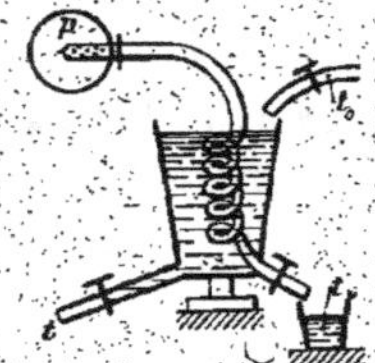

Fig. 19. — Appareil de Linde.

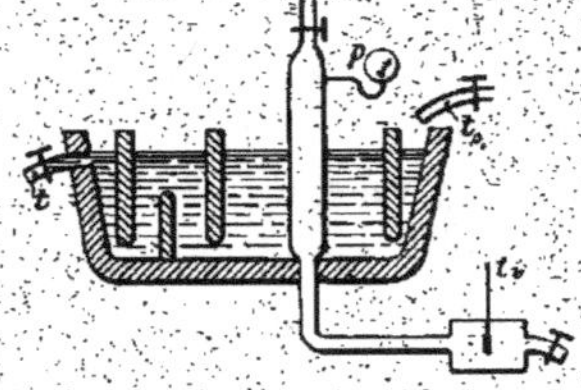

Fig. 20. — Appareil de Barrus.

Appareil de Barrus. — L'appareil de Barrus (fig. 20) est analogue au précédent sauf en ses dispositions principales, qui ont pour objet de mieux régulariser le courant d'eau de réfrigération, et d'éviter un peu les pertes de chaleur en vue de supprimer les corrections, un peu aléatoires, qui sont indispensables avec l'appareil de Linde.

Les pertes seront d'autant mieux évitées que la quantité d'eau de refroidissement sera telle, que la moyenne $\frac{t_0 + t}{2}$ des températures de l'eau à l'entrée et à la sortie se rapprocheront le plus possible de la température de l'air ambiant. La formule qui donne le titre est la même que ci-dessus :

$$1 - x = \frac{q_w - q_p + \frac{Q}{P}(q_t - q_{t_0})}{r_p}$$

Calorimètre par détente. — Le « calorimètre par détente » est un appareil d'un emploi commode et rapide ; c'est celui qui est le plus employé pour déterminer le titre d'une vapeur ; mais il présente l'inconvénient de ne plus fonctionner si la teneur en eau dépasse une certaine quantité, il faut alors avoir recours à un autre appareil qui lui, fonctionne dans tous les cas : c'est l'appareil « *Rateau* ».

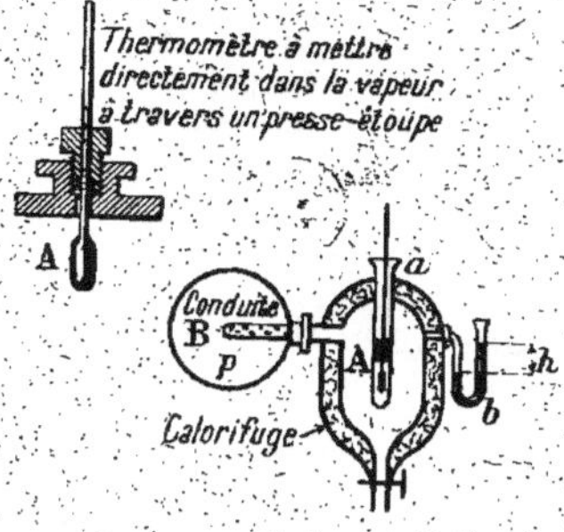

Fig. 21.

Le calorimètre par détente (fig. 21) quelquefois désigné à tort sous le nom de Barrus, se compose d'un récipient A dans lequel on détend la vapeur dont on cherche le titre. Le fait de détendre la vapeur d'eau, sans lui faire fournir un travail extérieur, donne de la surchauffe. Un thermomètre (*a*) placé dans le récipient mesure la température et un manomètre à mercure (*b*) la pression qui y règne. Soient :

p la pression dans la conduite B où l'on prélève l'échantillon de vapeur.

h la pression dans le calorimètre.

λ_p et λ_h les chaleurs totales aux pressions p et h.

t_h et θ les températures de la vapeur à la pression h et de cette même vapeur une fois surchauffée.

q_p la chaleur de l'eau à la pression p.

r_p la chaleur latente de vaporisation à la pression p.

α la chaleur spécifique moyenne à pression constante de la vapeur surchauffée entre t_h et θ.

On suppose toujours qu'il n'y a aucune perte extérieure et dans ce but l'appareil est convenablement calorifugé.

Il suffit pour déterminer le titre de la vapeur d'écrire, lorsque le régime est établi, que :

$$\begin{array}{c} \text{La chaleur apportée par unité} \\ \text{de mélange pris dans la conduite} \end{array} \Bigg\} = \begin{array}{c} \text{La chaleur qu'on trouve} \\ \text{dans le calorimètre} \end{array}$$

$$(1 - x)\lambda_p + x q_p = \lambda_h + \alpha(\theta - t_h)$$

résolvant on a :

$$x = \frac{\lambda_p - \lambda_h - \alpha(\theta - t_h)}{r_p}.$$

d'où le titre $(1 - x)$.

Exemple. — Pour une chaudière à 10 kilogrammes absolus on a :

$$r_p = 479{,}81 \qquad \lambda_p = 661{,}06 \qquad \lambda_h = 638{,}29$$

ce qui correspond à $h = 0$ kg. 200 soit $104^\circ,23$.

Faisant le calcul on a :

$$x = \frac{661{,}06 - 638{,}29 - 0{,}5(\theta - 104^\circ 23)}{479{,}81}$$

Il est évident qu'au mieux on pourra lire : $\theta - 104{,}23 = 1^\circ$; effectuant les calculs on a :

$$\frac{22{,}27}{479{,}81} = 0{,}046.$$

A la limite, c'est-à-dire pour $\theta - 104^\circ 23 = 0$ on a :
$x = 0{,}047$ donc pour 10 kilogrammes absolus, s'il y a 5 °/₀ d'eau entraînée, l'appareil ne fonctionne plus.

Appareil de M. Rateau. — Comme nous venons de le voir, le calorimètre par détente devient très rapidement inapte à donner le titre d'une vapeur dès que la teneur en eau est un peu forte ; l'appareil à surchauffe de M. Rateau permet cette détermination dans tous les cas.

Il se compose (fig. 22 et 23) d'un récipient A appelé mélangeur, dans lequel on fait arriver deux courants de vapeur pris sur la conduite B, dans laquelle circule la vapeur dont on veut déterminer le titre. La prise d'échantillon unique au départ, se divise en deux parties : l'une arrive directement au mélangeur, sans subir en route aucune transformation, tandis que l'autre passe dans un serpentin surchauffeur.

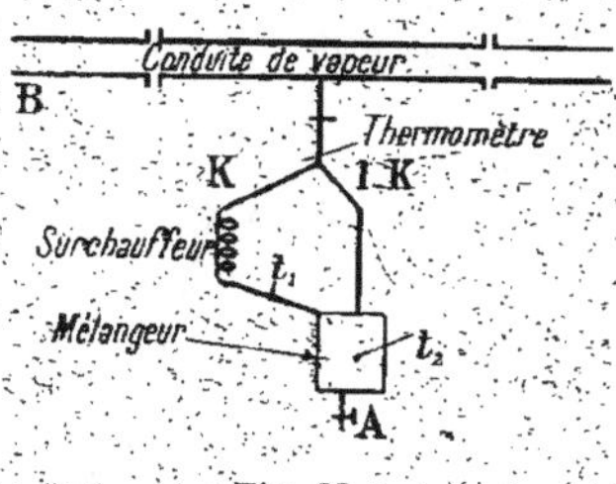

Fig. 22.

Un manomètre donne la pression de la vapeur dans la conduite générale et des thermomètres placés à l'origine de la prise, après le serpentin et dans le mélangeur, donnent les températures. Si nous raisonnons sur l'unité de prise d'échantillon, il passera dans le circuit surchauffé le poids K et dans le circuit direct le poids $(1 - K)$.

Soient : p la pression de la vapeur dont il faut mesurer le titre ou t sa température, l'une de ces 2 mesures suffit ; θ_1 le degré de surchauffe donné à la vapeur K, dont la température est t_1 alors $\theta_1 = t_1 - t$.

θ_2 le degré de surchauffe acquise dans le mélangeur où règne la température t_2 et désignons, comme toujours, par $(1 - x)$ le poids de vapeur sèche contenue dans l'unité de prise d'échantillon et x le poids d'eau.

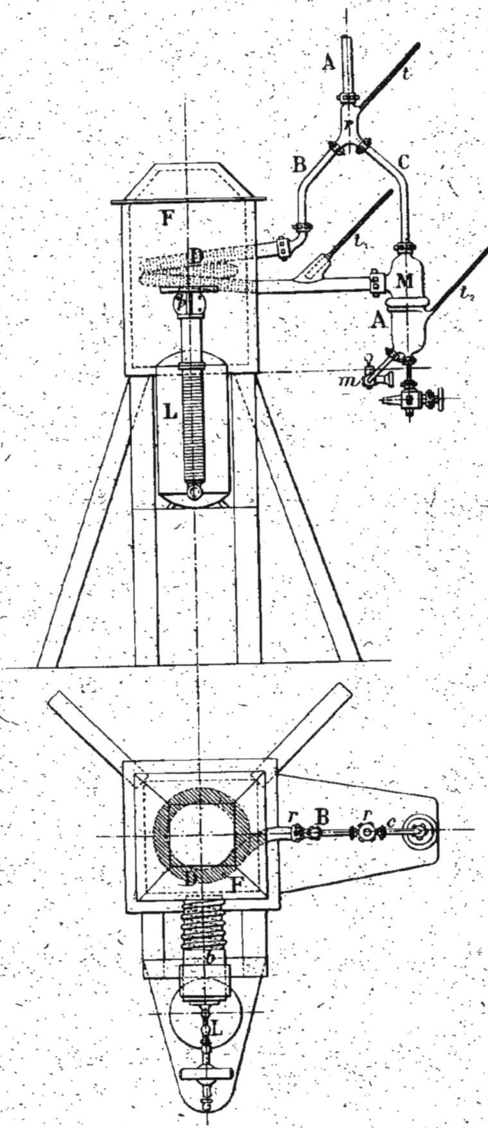

Fig. 23. — Appareil Rateau dont le surchauffeur est chauffé avec une lampe
à souder de très gros modèle.

Il est évident, que la quantité de chaleur perdue par le poids K dans le mélangeur est égale à la quantité de chaleur recueillie par le poids $(1 - K)$ arrivant directement au mélangeur.

En admettant, bien entendu comme pour les autres appareils, que le calorifugeage est tel qu'il ne se produit aucune perte extérieure, on écrira l'équation suivante en raisonnant sur l'unité :

$$\left.\begin{array}{c}\text{Chaleur perdue par le poids K} \\ \text{arrivé au mélangeur}\end{array}\right\} = \left\{\begin{array}{c}\text{Chaleur prise par le poids } (1 - K) \\ \text{arrivant directement au mélangeur}\end{array}\right.$$

$$(a) \qquad \alpha K(\theta_1 - \theta_2) = \underbrace{(1 - K)\underbrace{[x\lambda_p - xq_p]}_{xr_p} + \underbrace{\alpha(1 - K)\theta_2}_{2}}_{(1)}$$

$\alpha K (\theta_1 - \theta_2)$ c'est la quantité de chaleur perdue par la quantité K de vapeur dans le mélangeur et venant du surchauffeur ; le terme (1) représente la quantité de chaleur absorbée par l'eau contenue dans la quantité $(1 - K)$ pour passer de q_p à λ_p ; le terme (2) est la quantité de chaleur nécessaire pour porter l'ensemble $(1 - K)$ d'eau vaporisée (x) et de vapeur $(1 - x)$ à t_2, c'est-à-dire pour le surchauffer de θ_2.

Résolvant cette équation par rapport à x on a :

$$(3) \qquad x = \frac{\alpha(K\theta_1 - \theta_2)}{r_p(1 - K)} .$$

Si par construction on réalise $K = 1 - K$, c'est-à-dire $K = \frac{1}{2}$, soit le partage en parties égales de l'échantillon de vapeur à soumettre à la mesure on a :

$$(4) \qquad x = \frac{\alpha}{r_p}(\theta_1 - 2\theta_2).$$

On aurait pu également écrire l'équation d'équilibre de cet appareil de la manière suivante :

$$\left.\begin{array}{c}\text{Quantité de chaleur} \\ \text{venant côté surchauffé}\end{array}\right\} + \left\{\begin{array}{c}\text{Quantité de chaleur} \\ \text{venant côté direct}\end{array}\right\} = \begin{array}{c}\text{Quantité de chaleur} \\ \text{trouvée dans le mélangeur}\end{array}$$

$$(2) \qquad \alpha K\theta_1 + K\lambda_p + (1 - K)(1 - x)\lambda_p + (1 - K)xq_p = \alpha\theta_2 + \lambda_p$$

mais cette équation est plus compliquée puisqu'on s'embarrasse inutilement de λ_p d'un côté et de l'autre de $K\lambda_p + (1 - K)\lambda_p$, qui disparaissent dans les deux membres de l'équation ; et cela était évident, puisque λ_p, chaleur totale unitaire apportée par la vapeur sèche dans le mélangeur, est égale à celle qui y est apportée par la vapeur sèche provenant de la somme des deux courants K et $(1 - K)$; et ceci supprimé dans l'équation (2). nous retrouvons l'équation (a) et sa solution (3)

Exemple. — Pour une chaudière fonctionnant à la pression de régime de 5 kilogrammes soit $t = 150°,99$; cherchons dans les tables et nous trouvons $r_p = 500,08$; prenant $\alpha = 0,5$ on a, en appliquant la formule (4)

$$x = \frac{0,5 \times (\theta_1 - 2\theta_2)}{500} = \frac{1}{1\,000}(\theta_1 - 2\theta_2).$$

En réglant l'appareil pour avoir $300°$ à la surchauffe, θ_1 vaut $149°,01$, et si dans le mélangeur on trouve $180°$, on aura $\theta_2 = 29,01$, d'où une proportion d'eau entraînée de $0,091$ soit $9,1$ °/o, soit un titre $(1 - x)$ de $0,909$.

Etalonnage de l'appareil. — L'étalonnage de cet appareil peut se faire de deux manières différentes :
1° Par condensation directe.
2°) Par l'emploi de la vapeur surchauffée.
1°) *Par condensation directe.* — Ce procédé consiste à obturer alternativement l'un des deux passages de la vapeur et à condenser la vapeur passant par l'autre ; on obtient ainsi la valeur de la quantité K par simple pesée de l'eau de condensation.

A ce procédé on peut faire un reproche sérieux : c'est que le fait de fermer l'un des passages met l'appareil dans des conditions d'écoulement très différentes de son fonctionnement en régime et cette objection est loin d'être sans valeur.

2°) *Par l'emploi de la vapeur surchauffée,* — C'est pour lever cette objection qui nous a été faite souvent que nous avons, mon collaborateur M. Auclair et moi, appliqué le procédé par surchauffe qui permet de déterminer la valeur de K sans modifier en quoi que ce soit l'emploi normal de l'appareil.

La méthode consiste (fig. 24) à alimenter le Rateau avec de la vapeur surchauffée. Supposons que le degré de surchauffe de cette vapeur soit θ_0, quantité que nous déterminons par la mesure de la température t dans la conduite générale et de la pression p qui règne dans cette conduite. θ_0 sera égal à t moins la température correspondant à la pression p qui est donnée par les tables.

Une partie K de l'échantillon de vapeur passe dans le surchauffeur pour en sortir après avoir acquis un degré de surchauffe θ_1 ; l'autre partie (1 — K) arrive directement

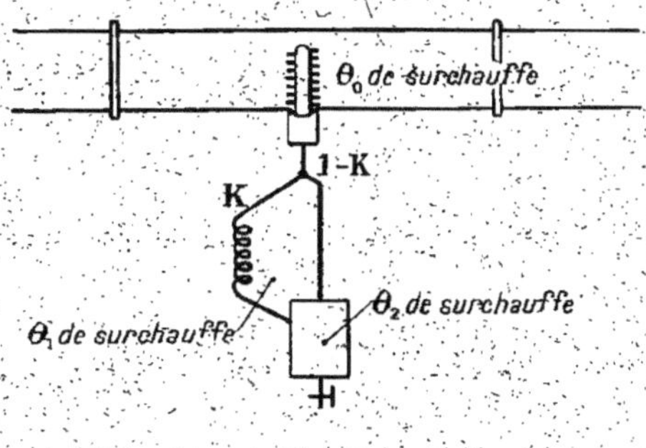

Fig. 24.

au mélangeur dans lequel on mesure une certaine température permettant de déduire son degré de surchauffe θ_2.

Si nous désignons par α_1 la chaleur spécifique à pression constante de la vapeur entre θ_2 et θ_1 et par α_2 cette même chaleur spécifique entre θ_0 et θ_2, on aura à écrire l'égalité suivante :

$$\alpha_1 K(\theta_1 - \theta_2) = \alpha_2 (1 - K)(\theta_2 - \theta_0).$$

Résolvant on a :

$$K = \frac{\theta_2 - \theta_0}{\dfrac{\alpha_1}{\alpha_2}(\theta_1 - \theta_2) + (\theta_2 - \theta_0)}.$$

et comme α_1 est en réalité très voisin de α_2 on peut admettre au moins pour une première approximation :

$$K = \frac{\theta_2 - \theta_0}{\theta_1 - \theta_0}.$$

CHAPITRE IV

ECOULEMENT DES FLUIDES

———

Écoulement de la vapeur. — Dans de nombreux essais il est indispensable de mesurer une consommation de vapeur par le jaugeage de la vapeur débitée dans une conduite sans créer par cette mesure une chute de pression trop forte. Cette nécessité se présente par exemple dans le cas où l'on veut chiffrer la consommation de vapeur d'un souffleur de foyer de chaudière ; dans le cas de la mesure de la consommation de vapeur d'un injecteur (etc., etc). On utilise dans ce but des appareils appelés « compteurs de vapeur ».

Pour bien comprendre le fonctionnement de ces appareils nous examinerons tout d'abord l'étude expérimentale, faite par M. Rateau en 1895 et 1896 et publiée dans les Annales des Mines en 1902, relative à l'écoulement de la vapeur à travers des tuyères et des orifices en mince paroi.

Si nous appelons :

Q : le débit en volume d'un fluide dans une section s

V : la vitesse d'écoulement en ce point.

s : la section transversale de la tuyère en ce point.

ϖ : le poids spécifique moyen du fluide à l'état où il se trouve (homogène ou non) en traversant la section s, on a pour le débit en volume :

$$Q = Vs$$

et pour le débit en poids :

$$I = \varpi Vs.$$

Pour les liquides ϖ est constant, alors la quantité s est inversement proportionnelle à V.

Avec les fluides élastiques il en est tout autrement.

Quand la pression s'abaisse, ϖ décroît pendant que V croît en sorte que ϖV d'abord croissant passe par un maximum pour décroître ensuite.

Pour les gaz, ce maximum a lieu pour $\frac{p}{P} = 0,52$; pour la vapeur, il a lieu pour $\frac{p}{P} = 0,58$ quelle que soit la valeur de la pression amont P. Cependant M. Rateau croit que $\frac{p}{P}$ qui rend ϖV maximum semble un peu dépendre de la valeur P dans le cas de la vapeur, mais si ses expériences ont permis de soupçonner le fait, elle ne l'ont pas établi d'une manière positive.

Débit dans le cas des tuyères. — Ainsi dans une tuyère, lorsque la pression d'aval p est plus petite que 0,58 P, P étant la pression d'amont, il est nécessaire que la tuyère d'abord convergente, devienne divergente si l'on veut que la vapeur continue à s'y détendre de manière à atteindre la vitesse correspondant à la chute de pression de P à p.

Dans le col de la tuyère la pression est toujours égale à 0,58 P et la vitesse, qui ne dépend que de P, ne diffère pas de la vitesse du son dans le fluide à l'état où il se trouve (Voir Académie des Sciences : Hugoniot). De sorte qu'une tuyère établie pour abaisser la pression de P à p_1 correspondant au rapport $\frac{s_1}{s_c}$ (section de sortie à section du col) si à la sortie la pression tombe à $p_0 < p_1$ le fluide fait explosion pour passer brusquement de la pression p_1 à p_0.

Quant au débit de vapeur il est indépendant de p (pression aval) dès que cette dernière est plus petite que 0,58 P et au contraire ce débit en dépend dès que p est plus grand que 0,58 P.

Donc, en ce qui concerne le débit des tuyères, deux cas sont à considérer :

1er *cas* : Le calcul ne dépend que de P si $p < 0,58$ P ; la formule dans ce cas est simple.

2e *cas* : Le calcul dépend de P et p si $p > 0{,}58$ P ; dans ce cas on introduit un *facteur correctif* K dépendant du rapport des pressions $\frac{p}{P}$, qui ramène le calcul du premier cas (débit maximum) au débit réel.

Dans le cas des orifices en mince paroi le coefficient de correction K varie beaucoup avec le rapport $\frac{p}{P}$ et le débit ne devient pas maximum pour $p = 0{,}58$ P, il croît constamment à mesure que p s'abaisse ; mais il croît faiblement pour les petites valeurs de p.

Formules de la vitesse. — Il s'agit donc, pour mesurer un débit, de calculer d'abord la vitesse de la vapeur, on peut y parvenir de deux manières différentes que nous allons exposer :

1re *méthode* [1]. — La formule dite de « *Weisbach* » (déjà indiquée par Wantzel et de Saint-Venant en 1839) est la suivante : la variation de la demi-force vive est égale à la somme des travaux accomplis, ce qui s'écrit :

$$(1) \qquad \frac{V^2 - V_0^2}{2g} = \int_p^P v\,dp$$

comme le fluide part du repos, $V_0^2 = 0$ et il reste :

$$V^2 = 2g \int_p^P v\,dp$$

dans laquelle V est la vitesse à la fin de la détente et v le volume spécifique du fluide à la pression p.

Dans les tuyères et les orifices en mince paroi on suppose toujours la détente adiabatique, car le fluide reste très peu de temps en contact avec les parois de l'orifice. On peut l'estimer à quelques dix millièmes de seconde.

Or dans le cas de la détente adiabatique de la vapeur d'eau initialement saturante, Zeuner a montré (théorie mécanique

1. Voir aussi plus loin en chapitre VIII.

de la chaleur, traduction Arnthal page 331) qu'on avait approximativement :

$$pv^\gamma = \text{constante},$$
$$\gamma = 1,135 \text{ pour la vapeur d'eau},$$
$$\gamma = 1,41 \text{ pour les gaz permanents } [1]$$

en éliminant v dans (1) et tenant compte de la formule empirique indiquée par Zeuner,

$$\varpi = 0,587 p^{0,94}$$

qui donne le poids spécifique de la vapeur en fonction de la pression, on a pour le débit de vapeur en grammes par seconde et par centimètre carré d'orifice lorsque $p = 0,58\,P$ c'est-à-dire pour le débit maximum :

$$I_m = 15,26\,P^{0,97}$$

(formule donnée par le Dr Grashof : Theoretische Maschinenlehre t. I § 111).

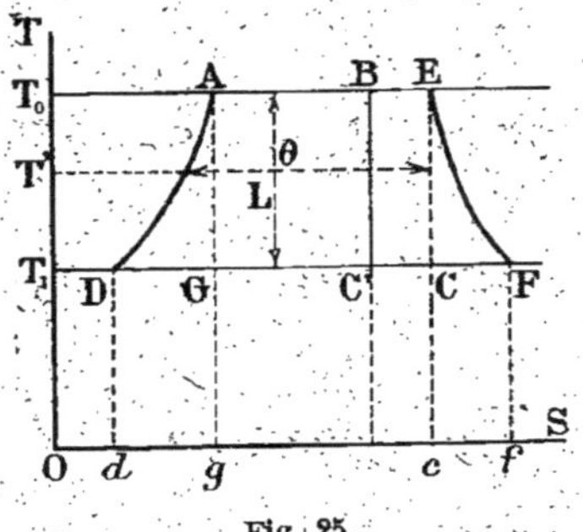

Fig. 25.

2e *méthode*. — Cette méthode, développée par Zeuner, est basée sur le fait que l'énergie cinétique $1/2\,mV^2$ où $\dfrac{V^2}{2g}$ de l'unité de poids du fluide doit, quand la détente dynamique s'est effectuée de P à p, (ou T_0 à T_1), être égale à l'énergie représentée par le diagramme entropique figure 25 ce qui s'écrit :

$$(1) \qquad \frac{V^2}{2g} = E \times \theta L.$$

1. Voir Zeuner, *théorie mécanique de la chaleur* (traduction Arnthal) page 110.

E est l'équivalent mécanique de la chaleur,

θL est la surface du trapèze donnant la quantité de chaleur correspondant à l'énergie cinétique de l'unité de poids,

AD est la courbe d'entropie de l'eau, EF celle de la vapeur saturante.

Si la vapeur n'est pas initialement saturante, $\frac{V^2}{2g}$ est égal à E $\times$ surface DABC', c'est le cas général et la position du point B nous donne, comme on le sait, le titre de la vapeur.

Dans le cas où la vapeur est initialement saturante le point B se confond avec E et (1) doit s'écrire comme (4) en évaluant L :

$$L = AE + \frac{DG}{2}.$$

On admet que pour θ petit, DA est très sensiblement une ligne droite,

$$(2) \qquad AE = \frac{r}{T_0}$$

mais DG $\times$ T' est égal à la surface du trapèze dDAg, qui, lui, est la quantité de chaleur $CT_0 - CT_1$ ou $C\theta$, si on appelle C la chaleur spécifique du liquide, on a donc :

$$(3) \qquad \frac{DG}{2} = \frac{C\theta}{2T'}$$

Si on porte (2) et (3) dans (1) on a :

$$(4) \qquad V^2 = 2g E\theta \left[\frac{r}{T_0} + \frac{C\theta}{2T'} \right]$$

où comme on le voit sur le diagramme : $T' = T_0 - \frac{\theta}{2}$. Telle est la formule qui sert à calculer la vitesse d'écoulement de la vapeur. On voit qu'elle suppose la connaissance :

1º des températures correspondant aux pressions,

2º des chaleurs de vaporisation du liquide,

3º de la chaleur spécifique du liquide.

Toutes choses données par les tables de Regnault.

Débit en poids. — Pour calculer le débit en poids il faut avoir la vitesse, le poids spécifique et la section de la tuyère s au point considéré et enfin tenir compte de la quantité de liquide qui s'est formée pendant la détente adiabatique et qui est entraînée par la vapeur.

Nous avons vu comment on calculait V ; ϖ est donné par les tables ; quant à la quantité de liquide formée, il faut la calculer d'après le diagramme entropique.

Détermination du titre de la vapeur. — Soient, figure 26 : x la quantité de vapeur et $1 - x$ la quantité d'eau.

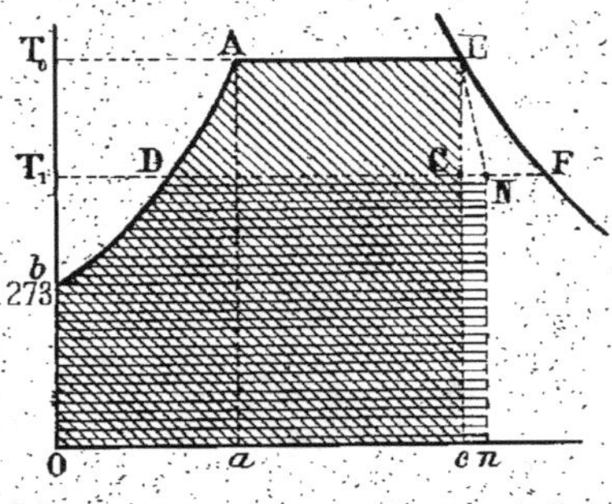

Fig. 26.

Pour tenir compte du liquide, si x est le titre de la vapeur dans la section d'écoulement, M. Rateau majore le débit en poids dans le rapport de 1 à $\dfrac{1}{x}$.

En effet, ce qui s'écoule à la vitesse V c'est un mélange de x vapeur et $1-x$ d'eau qui ne tient pas de place, donc pour faire passer le poids d'un volume 1 il suffit d'un volume x.

Le titre s'obtient en écrivant :

$$(a) \qquad \int_0^{T_0} cdt + r = \int_0^{T_1} cdt + r'x$$

On prend dans les tables $\int cdt$, r et r' et l'on calcule x.

L'équation (a) ci-dessus se voit sur le diagramme entropique.

$$\int_0^{T_0} c\,dt + r$$

c'est la partie hachurée inclinée $(ObAEc)$ et

$$\int_0^{T_1} c\,dt + r'x$$

c'est la partie hachurée horizontalement $(ObDNn)$.

Donc les surfaces DAEC et CNnc doivent être égales, bien entendu dans le cas de la détente sans travail externe, cela donne donc le point N d'où x le titre, puisque $x = \dfrac{DN}{DF}$; DN est déterminé et $DF = \dfrac{r'}{T_1}$.

Si on néglige le volume spécifique du liquide vis-à-vis de celui de la vapeur (qui est plusieurs centaines de fois plus grand) on aura pour le débit en poids :

$$I = \frac{\varpi s V}{x} \Big\{ \ x \text{ étant la quantité de vapeur ou le titre.}$$

Inversement, connaissant I on peut évidemment calculer par cette formule la section transversale de la tuyère. Voir à ce sujet l'étude de M. Rateau (Annales des Mines, 1902).

Calcul du débit d'une tuyère convergente à vapeur. — Nous avons vu ci-dessus, que lorsque $p = 0{,}58$ P, on obtenait le débit maximum par la formule :

$$I_m = 15{,}26 P^{0,97}$$

c'est la formule de Grashof qui, comme nous le savons, puisque le rapport $\dfrac{0{,}97}{15{,}26}$ est petit, peut se mettre sous la forme :

$$(1) \qquad I_m = P[15{,}26 - 0{,}96 \ \text{Log} \ P]$$

quand p est plus grand que $0,58$ P, on corrige I_m en le multipliant par un certain facteur $K = \dfrac{I}{I_m}$ pour avoir le débit réel.

Nous donnons sur la figure (27) la courbe AB tracée en portant en ordonnées les rapports $\frac{I}{I_m} = K$, c'est-à-dire le quotient du débit total donné par la formule, au débit maximum, qui a lieu pour $p = 0{,}58\ P$.

La courbe CD donne le rapport $\frac{I}{I_m}$ du débit réel observé d'une tuyère au débit maximum théorique.

La courbe EF comme nous le verrons plus loin donne aussi $\frac{I}{I_m}$ pour l'orifice en mince paroi.

Si on fait le quotient des ordonnées (b) de la courbe CD, qui représente $\frac{\text{I observé réel}}{\text{I max. théo.}}$ par les ordonnées (a) de la courbe AB, qui représente comme nous venons de le voir $\frac{\text{I théorique}}{\text{I max. théo.}}$, on a bien le coefficient de dépense de la tuyère, en effet :

$$\frac{\dfrac{\text{I observé réel}}{\text{I max. théo.}}}{\dfrac{\text{I théorique}}{\text{I max. théo.}}} = \frac{b}{a}\ \text{coefficient de débit}$$

puisque l'égalité donne : I observé réel $= \dfrac{b}{a} - $ I théorique ou :

$$\text{Débit réel} = \varphi \times \text{formule théorique.}$$

Ce sont les chiffres qui sont inscrits le long des courbes [1] aussi bien pour les tuyères, que pour les orifices en mince paroi.

Enfin, sur la figure on voit la droite GH qui représente le coefficient de débit (ou de dépense comme l'appelle M. Rateau) des orifices en mince paroi par rapport aux tuyères convergentes ; et la droite IJ qui donne les coefficients de débit des orifices en mince paroi, c'est-à-dire le rapport des ordonnées des courbes EF et AB.

La courbe CD nous donne donc le coefficient K, par lequel il faut multiplier la formule (1) pour obtenir le débit réel.

Calcul du débit en vapeur d'un orifice en mince paroi. — Ce calcul s'opère de la même façon et par la même formule

---

1. Rateau dit : pour orifices en mince paroi de 0,61 à 0,87 et pour tuyères convergentes de 13° de 0,94 à 1.

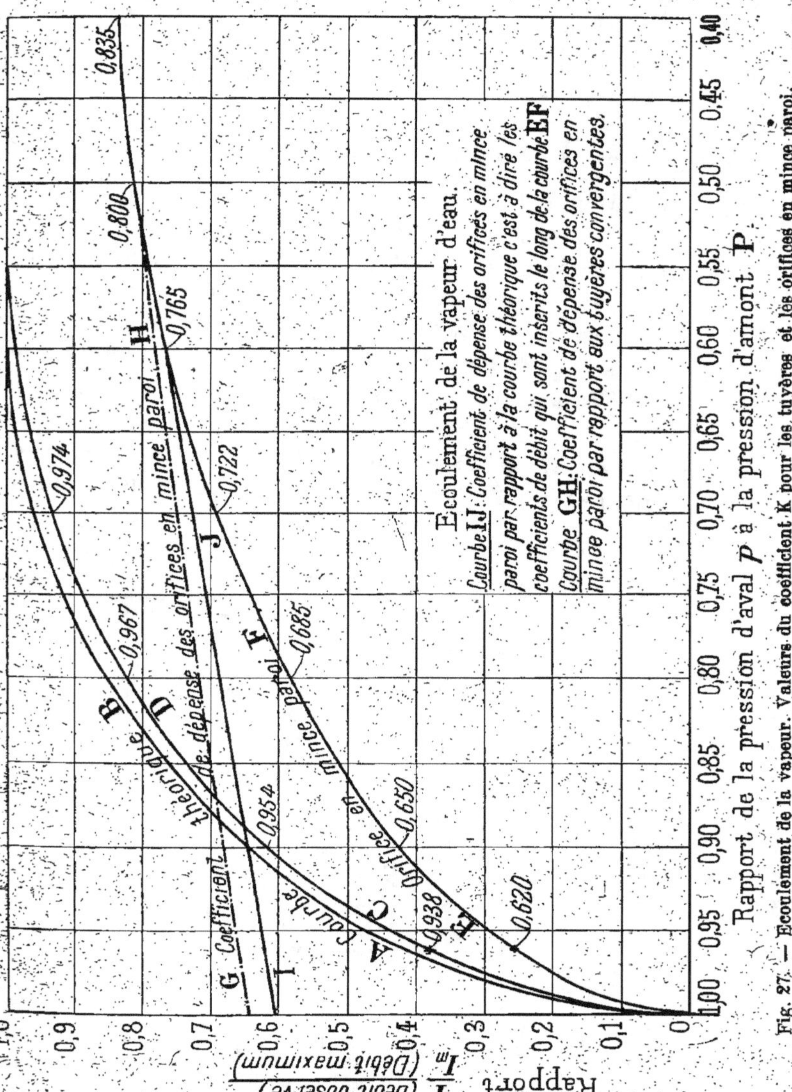

Fig. 27. — Écoulement de la vapeur. Valeurs du coefficient K pour les tuyères et les orifices en mince paroi.

que pour la tuyère convergente, en multipliant toujours le débit maximum par le facteur K qui, cette fois-ci est donné par la courbe EF.

On remarquera que, si pour les tuyères le facteur K devient égal à l'unité, pour les orifices en mince paroi il se rapproche constamment de l'unité sans l'atteindre, même pour un rapport $\frac{p}{P}$ très petit.

Compteur de vapeur. — Pour réaliser un compteur de vapeur avec une tuyère ou un orifice en mince paroi il faudra donc : mesurer les quantités P, p ou la différence P—p avec l'une des deux pressions. C'est ce que l'on fait avec le manomètre différentiel métallique décrit (chapitre II page 30).

Compteur de vapeur du Laboratoire d'Essais des Arts et Métiers. — Cet appareil (fig. 28) se compose d'un élément de conduite

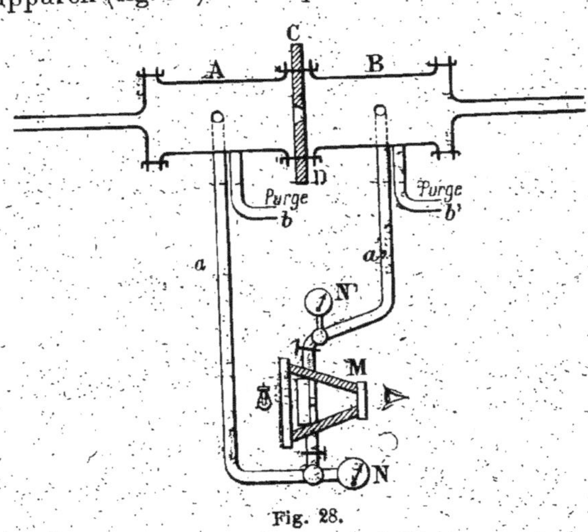

Fig. 28.

de gros diamètre AB, partagé en deux parties par une cloison perpendiculaire à son axe, constituée par l'orifice en mince paroi CD. Les dimensions de l'élément AB ont pour objet de créer des chambres de repos, dans lesquelles on prend les pressions et où l'on opère les purges par les conduites *aa'* et *bb'*.

Les prises de pression sont raccordées au manomètre différentiel M, que nous avons déjà décrit. Il peut mesurer au maximum une différence de pression de 1 kilogramme par centimètre carré, il est gradué de 10 en 10 grammes. Un manomètre étalon ordinaire, placé sur la bride de la conduite (*a*), donne la pression en A.

Il faut prendre grand soin de ne mettre le différentiel en circuit, que lorsque les manomètres N et N' indiquent une différence inférieure à 1 kilogramme.

Il ne reste plus qu'à appliquer la formule que nous avons précédemment donnée :

$$I_m = P(15,26 - 0,96 \, \text{Log} \, P)$$

laquelle nous donne le débit maximum dans le cas où p est plus petit que 0, 58 P ; mais, comme dans ce compteur on ne peut pas consentir une perte de charge aussi grande, on fait intervenir le coefficient K.

Connaissant le rapport des pressions $\frac{p}{P}$ mesuré par les deux lectures des manomètres qui donnent leur différence et l'une d'elles on se reporte au graphique donné par la courbe de la figure (27), laquelle donne la valeur du coefficient K par lequel il faut multiplier le débit maximum I_m pour avoir le débit réel I.

$$I = KP(15,26 - 0,96 \, \text{Log} \, P).$$

Bien entendu, l'orifice en mince paroi CD doit être changé et choisi en correspondance avec le débit que l'on doit faire, sans occasionner une perte de pression trop élevée. On peut avoir plusieurs dimensions de compteurs suivant l'importance des débits.

On conçoit également, que ces appareils puissent au lieu d'être disposés avec des orifices en mince paroi l'être avec des tuyères ou même le compteur tout entier affecter la forme d'un venturi, comme l'appareil Piette que nous décrirons plus loin.

Enfin ce genre de compteur nous sert également à faire des déterminations de débit d'air atmosphérique ou autres fluides.

Ecoulement de l'air. — Calcul du débit d'un orifice avec l'air. — S'il s'agit de l'air atmosphérique ou d'un gaz parfait l'étude de M. *Rateau* nous conduit à la formule :

$$Q_m = 1{,}164\sqrt{T}$$

pour le débit maximum théorique en litres par seconde et centimètres carrés d'orifice, dans laquelle T est la température absolue à l'amont.

Cette formule est établie en prenant la formule de l'écou-

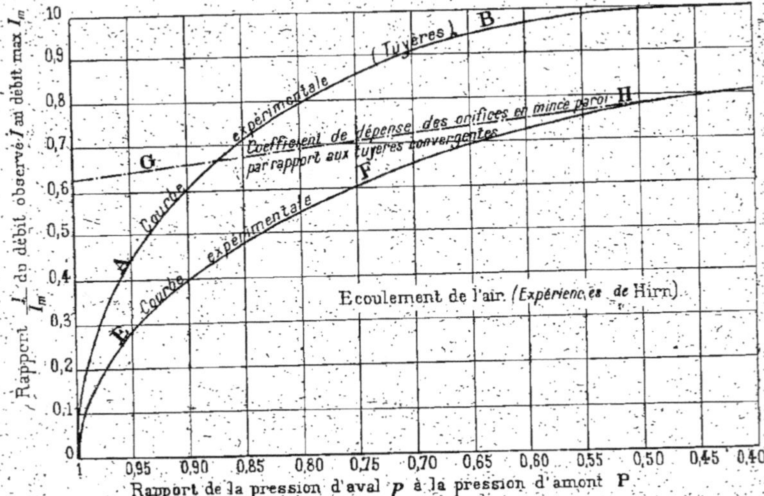

Fig. 29. — Ecoulement de l'air. Coefficient K pour les tuyères (courbe AB) et pour les orifices en mince paroi (courbe EF).
Voir les courbes complètes au chapitre VII, p. 162.

lement *adiabatique* et en cherchant, comme pour la vapeur, le maximum de la fonction, qui a lieu pour $\frac{p}{P} = 0{,}5267$ (voir page 160).

Comme pour la vapeur on passe du débit maximum Q_m au débit réel Q en multipliant Q_m par un certain facteur K, qui est donné par une courbe (fig. 29) résultant des expériences de Hirn étudiées et discutées par M. Rateau dans son étude sur les débits de fluides. (Cette courbe donne les valeurs de $\frac{Q}{Q_m}$ portées en ordonnées en fonction de $\frac{p}{P}$ en abscisses).

La figure 29 nous montre, que pour les buses convergentes étudiées 9° et 13° le coefficient de débit varie de 0,97 à 0,99, que pour les orifices en mince paroi de 12 mm²,5 et 25 mm²,5 étudiés le coefficient de débit varie de 0, 63 à 0, 86 (voir aussi chapitre VII).

Compteur de M. Piette. — Comme application industrielle de ce genre de compteurs nous décrirons le principe du compteur de M. Piette. Comme nous l'avons dit plus haut,

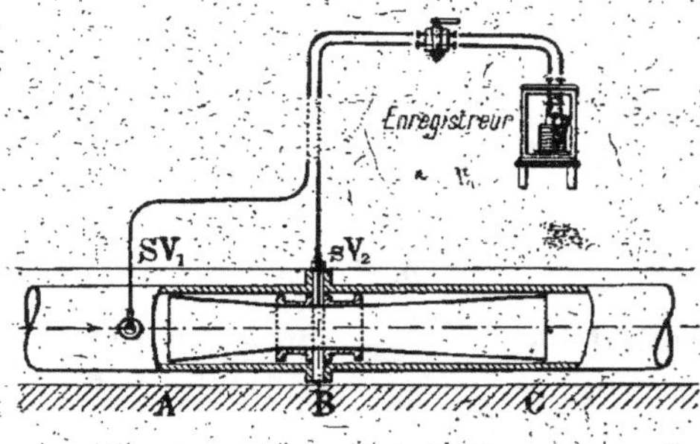

Fig. 30.

ces compteurs ne sont industriellement applicables, que s'ils n'introduisent dans la distribution de vapeur qu'une très légère perte de charge. C'est précisément le cas du tube venturi; si, par son convergent il crée une perte de charge utilisée pour la mesure, par son divergent il restitue au moins en partie cette perte.

Un tel compteur se compose donc (fig. 30) d'un convergent AB et d'un divergent BC. On connaît exactement les sections en S et s et la perte de charge entre ces deux points, qui est mesurée à l'aide d'un manomètre fort ingénieux que nous allons décrire.

Mesure des débits. — Ces appareils sont destinés à mesurer les débits des fluides liquides ou gazeux. Si nous désignons par :

S et s les sections

h la perte de charge

Q le débit par seconde

ϖ le poids spécifique (voir tables de Regnault pour la vapeur).

On pourra d'une manière générale appliquer à ces appareils le théorème de Bernouilli et écrire, si V_1 et V_2 sont les vitesses en S et s :

$$(1) \qquad \frac{V_1^2}{2g} + h_1 = \frac{V_2^2}{2g} + h_2$$

la condition de continuité donne

$$(2) \qquad V_1 S = V_2 s = Q$$

tirant V_1 et V_2 de (2) et portant dans (1) on a :

$$\frac{Q^2}{2gS^2} + h_1 = \frac{Q^2}{2gs^2} + h_2 \quad \text{d'où} \quad \frac{Q^2}{2g}\left[\frac{1}{s^2} - \frac{1}{S^2}\right] = h_1 - h_2 = h$$

$$h = \frac{1}{2g}\left(\frac{S^2 - s^2}{S^2 s^2}\right)\frac{Q^2}{\varpi}$$

si on y introduit le poids spécifique ; de là on tire la valeur de Q

$$Q = \frac{Ss\sqrt{2g\varpi h}}{\sqrt{S^2 - s^2}} \text{ en kilogrammes par seconde}$$

S et s étant exprimés en mètres carrés, g en mètres, ϖ en kilogrammes par mètre cube et h en kilogrammes par mètre carré.

Évidemment de tels appareils ont besoin d'être tarés, car il y a lieu de déterminer, avant tout, le coefficient de débit auquel ils correspondent.

Deux d'entre eux, que le Laboratoire d'Essais des Arts et Métiers a eu l'occasion d'étalonner sur la vapeur, ont donné les formules pratiques suivantes :

$$Q = 13{,}6\sqrt{\varpi h} \quad \text{et} \quad 8{,}5\sqrt{\varpi h}.$$

Il y a lieu de mesurer et même d'enregistrer la pression

h, c'est dans ce but que M. Piette a imaginé l'appareil fort
ingénieux suivant :

Manomètre donnant la valeur de *h*. — Ce manomètre
(fig. 31) est raccordé avec les deux prises de pression du
venturi placé dans la conduite de vapeur, la vapeur se condense dans ces raccordements de sorte que les charges
d'eau s'équilibrent comme dans le compteur de vapeur.

L'eau agit sur un secteur de mercure enfermé dans un
tube en U métallique, dont la courbure inférieure est en
forme de tore ; au-dessus du mercure flotte dans chaque

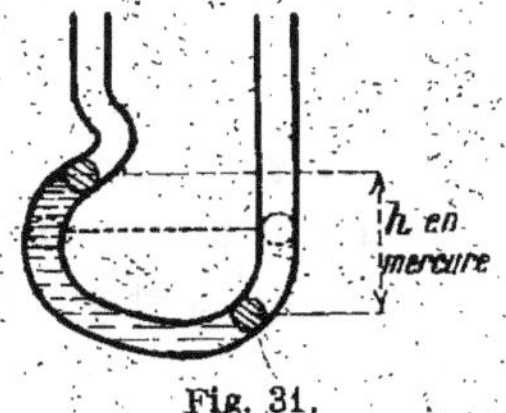

Fig. 31.

branche une bille de fer. Un aimant en forme de double
fourche est mobile autour de l'axe du tore, il suit exactement
les moindres déplacements des billes. Il porte soit une aiguille indicatrice, soit une aiguille qui sert à l'enregistrement.

Cet appareil comporte les avantages suivants :
Résistance aux fortes pressions (jusqu'à 30 kilogrammes),
sensibilité constante malgré les variations de pression dans
la conduite générale et impossibilité de déréglage en cas de
surcharge.

*
* *

Il existe beaucoup d'autres appareils de ce genre, qu'il
serait trop long de décrire ici ; ils sont, du reste, tous basés
sur les mêmes principes de l'écoulement des fluides que nous
venons d'étudier.

CHAPITRE V

LA COMBUSTION
(FOYERS, CARNEAUX, CHEMINÉES ET COMBUSTIBLES)

Le générateur ainsi étudié en ce qui concerne l'eau et la vapeur, il reste à examiner les organes de la combustion c'est-à-dire le foyer et les parties qui le constituent.

Le foyer. — Le foyer se compose d'une chambre divisée en général en deux parties par une grille à travers laquelle arrive l'air, qui doit brûler le combustible par oxydation, la partie inférieure porte le nom de cendrier et la partie supérieure celui de chambre de combustion ou foyer. Le combustible est répandu sur la grille en couches plus ou moins épaisses. A l'extrémité de la grille se trouve l'autel, qui est terminé par le registre, sorte de porte que l'on peut ouvrir, entr'ouvrir ou fermer à volonté pour régler le tirage, donc l'appel d'air sous la grille en vue de doser l'intensité de la combustion.

Le foyer et le cendrier comportent des portes.

Carneaux. — Les carneaux font suite au foyer, ils font le tour de la chaudière et raccordent le massif de la chaudière à la cheminée, après un parcours plus ou moins compliqué autour du corps de la chaudière suivant son type.

Parmi les types, qui se différencient le plus nettement les uns des autres, nous citons pour mémoire sans les décrire en détail :

Le foyer ordinaire, avec cendrier et grille ordinaire.

Le foyer de locomotive, type tout particulier adapté à un engin de construction toute spéciale.

Les foyers spéciaux pour houilles collantes, qui doivent être munis de barreaux tournants ou au moins mobiles par cames, afin de casser la croûte qui se forme.

Les foyers pour coke menu dont les grilles sont à barreaux tournants et à cendrier soufflé.

Les foyers pour sciure de bois et tannée, qui sont très volumineux et forment souvent une chambre de combustion voisine accolée, mais distincte de la chaudière.

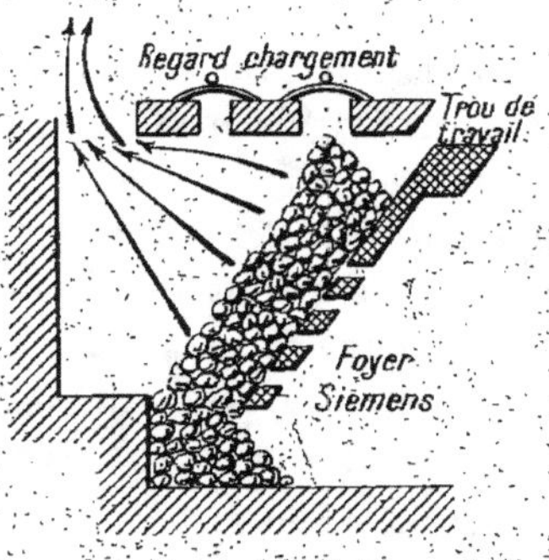

Fig. 32.

Les foyers à combustibles liquides ou gazeux, qui sont alimentés par des injecteurs utilisant la vapeur ou l'air comprimé pour entraîner le liquide et quelquefois la simple vaporisation du combustible, comme dans la lampe à souder, ou encore la force centrifuge, ou l'injection sous pression du combustible liquide.

Enfin le foyer Siemens (fig. 32) souvent désigné sous le nom de gazogène Siemens, qui est disposé de manière à distiller et à commencer la combustion des produits gazeux de la houille avant d'amener les flammes sous le générateur. La grille est fortement inclinée comme le montre la figure, un trou de chargement permet de faire l'alimentation en combustible, un trou de regard permet d'observer comment se comporte la combustion et un trou de travail permet de ringarder et de faire glisser le combustible. Les cendres s'accumulent au bas de la grille; elles passent dans le cendrier d'où on les retire à mesure.

Des carneaux, rien à dire, car ils sont spéciaux suivant le type de générateur et dans la partie où ils servent de raccord avec la cheminée, ce sont de simples conduits en maçonnerie ou autres matériaux devant surtout satisfaire à des conditions de dimensions.

De la combustion. — La combustion de la houille dans un foyer se fait à un régime plus ou moins intense, que l'on chiffre en poids de combustible brûlé à l'heure et par M^2 de grille.

Une *combustion est dite lente*, si l'on brûle 15 à 30 kilogrammes de houille par heure et mètre carré de grille.

Une *combustion moyenne* correspond à 40 à 80 kilogrammes.

Une *combustion vive* est une combustion dépassant 100 kilogrammes de houille par heure et mètre carré de grille.

Il est bon de remarquer que, dans un foyer ordinaire une bonne allure est celle qui correspond à 40 à 60 kilogrammes de houille avec tirage naturel. Des allures de 120 à 140 kilogrammes exigent le tirage forcé.

Proportions des carneaux. — Dans une cheminée ainsi que dans les carneaux, la vitesse des gaz chauds ne doit pas dépasser 4 mètres par seconde ; cela correspond par heure et décimètre carré de section à 5 kilogrammes de houille et à 70 M^3 d'air froid ; alors au-dessus de 7 à 8 kilogrammes de houille il faut avoir recours au tirage forcé.

Le tirage forcé s'opère en soufflant sous les grilles par ventilateurs, ou en provoquant un appel d'air sous la grille par ventilateur aspirant.

Le tirage des locomotives s'opère par souffleurs de vapeur, souffleurs Kœrting et divers (etc.).

Nous ne décrirons ici aucun de ces appareils spéciaux, car cela nous entraînerait hors de notre sujet.

Nous allons simplement nous occuper des dimensions à donner aux cheminées en calculant la dépression.

Calcul de la dépression d'une cheminée. — Soit H la hauteur d'une cheminée, δ le poids spécifique de l'air extérieur, δ_1 celui des gaz chauds de la cheminée et ε la dépression à la base de la cheminée.

On a évidemment :

$$\varepsilon = H(\delta - \delta_1)$$

posons $T = 273 + t$ température extérieure et $T_1 = 273 + t_1$ température des gaz chauds.

On sait que, ramenés aux mêmes conditions de température et de pression, les gaz de la fumée ont sensiblement la même densité que l'air, alors :

$$(1) \qquad \delta T = \delta_1 T_1$$

et en remplaçant dans la valeur de ε ci-dessus δ et δ_1 par les valeurs de δ et δ_1 tirées de cette égalité, nous obtenons :

$$\varepsilon = H\delta\left(\frac{T_1 - T}{T_1}\right) = H\delta\left(\frac{t_1 - t}{273 + t_1}\right)$$

en fonction de δ et

$$\varepsilon = H\delta_1\left(\frac{T_1 - T}{T}\right) = H\delta_1\left(\frac{t_1 - t}{273 + t}\right)$$

en fonction de δ_1.

Application. — Soit une cheminée de 20 mètres, des gaz à 250° et une température extérieure de 15°.

Le poids spécifique des gaz chauds δ_1 est d'après (1)

$$\delta_1 = \frac{\delta_0 T_0}{T_1} \quad \text{ou} \quad 1,293 \times \frac{273}{273 + 250} = 0,675.$$

$$\delta = 1,293 \times \frac{273}{273 + 15} = 1,226$$

$$\delta - \delta_1 = 0,551.$$

N. B. — $\delta_1 = \dfrac{\delta_0 T_0}{T_1}$ n'est pas une autre expression que

$$\delta_1 = \frac{\delta_0}{1 + \alpha t_1} = 1,293 \times \frac{273}{273 + t_1}$$

Donc $\varepsilon = 20 \times 0{,}551 = 11^{k}{,}02$ de pression par mètre carré, charge qui est représentée par une colonne d'eau de $11^{mm}{,}02$ de hauteur.

Si on l'exprime en colonne d'air froid on a :

$$\text{dépression en colonne d'air froid à } 15° = \frac{11{,}02}{1{,}226} = 8^{m}{,}99$$

$$\text{dépression en colonne d'air chaud à } 250° = \frac{11{,}02}{0{,}673} = 16^{m}{,}32.$$

N. B. — Le travail de cette force est dépensé à imprimer le mouvement aux gaz et à vaincre les frottements.

Tirage réglé par le registre. — Étant donnée la manière dont le registre fonctionne, il est évident que c'est à cet endroit, qu'est localisée presque toute la résistance au passage des gaz brûlés.

Le calcul suivant va nous donner une idée de la puissance de régulation dans la combustion que l'on peut attendre de la manœuvre du registre.

Nous avons vu, ci-dessus, que la dépression motrice est donnée par :

$$\varepsilon = H\delta_1 \left(\frac{t_1 - t}{273 + t} \right) \text{ en fonction de } \delta_1$$

admettons qu'au passage du registre la température t_1 soit conservée, la densité sera δ_1 ; de sorte que la dépression exprimée en colonne de gaz chauds sera comme nous venons de le voir :

$$\frac{\varepsilon}{\delta_1} = H \left(\frac{t_1 - t}{273 + t} \right) \quad \text{ou encore} \quad H \left(\frac{\delta - \delta_1}{\delta_1} \right) = 16^{m}{,}32$$

c'est la quantité h de la formule bien connue $v = \sqrt{2gh}$, c'est la perte de pression due à la vitesse des gaz ; donc la vitesse V des gaz au registre est donnée par :

$$V = \sqrt{2gH \left(\frac{t_1 - t}{273 + t} \right)}$$

Si on désigne par Ω la section libre de passage et m le coefficient de contraction, le débit Q s'exprimera par :

$$(1) \qquad Q = m\Omega \sqrt{2gH \frac{t_1 - t}{273 + t}}$$

Le volume d'air froid correspondant s'obtiendra en multipliant (1) par $\frac{T}{T_1}$ d'où :

$$Q \text{ en air froid} = m\Omega \frac{273 + t}{273 + t_1} \sqrt{2gH \frac{t_1 - t}{273 + t}}.$$

Application à l'exemple déjà donné. — $H = 20^m$; $t = 15°$; $t_1 = 250°$.

Vitesse au registre $= \sqrt{2g \times 16^m,32} = 17^m,89$ par seconde.

Donc chaque mètre carré de section contractée du registre laissera passer par seconde, $17^{m3},89$ de gaz chauds ; soit en gaz froids :

$$17,89 \times \frac{T}{T_1} = 9^{m3},86.$$

Ces formules ne sont évidemment qu'approchées, mais elles montrent bien l'influence du registre sur la conduite et la régulation du feu ([1]).

Types de foyers. — Voir à ce sujet le volume de M. Turin sur « *Les installations des foyers* » ; on y trouvera les dispositions à adopter dans le cas des foyers à bois, à tannée, pour poussier de charbon (avec trémies d'air soufflé, avec brosse projetant le poussier etc.). Foyers mécaniques. Les foyers à poussoirs. Proctor. Meldron. Grille Parsons à poussoirs. Underfeed Stocker ou foyer à chargement renversé, (etc.).

Types de cheminées. — 1° On fait beaucoup de cheminées en tôle. Elles sont cylindriques et les différents tronçons sont assemblés par pénétration les uns dans les autres. Si l'assemblage se fait comme en (*a*) fig. 33 cela évite la pénétration de l'eau de pluie dans le joint, mais cette disposition a le très grave inconvénient de laisser passer le bistre qui vient très rapidement détériorer le joint. La disposition (*b*)

---

1. BIBLIOGRAPHIE. — « *La chaufferie moderne, les foyers de chaudières*, par TURINING. E.C.P. Dunod et Pinat 1913. *Foyers à poussières. Poussoirs. Calcul des cheminées.*

Foyers fumivores. Voir *Revue de Mécanique* 31 juillet 1913.

fig. 34 est celle qu'il faut adopter; le bistre ne peut plus détériorer le joint et la poussière a vite fait de le rendre étanche
à l'eau.

Fig. 33 et 34. — Demi-coupes par un plan vertical par l'axe de la cheminée.

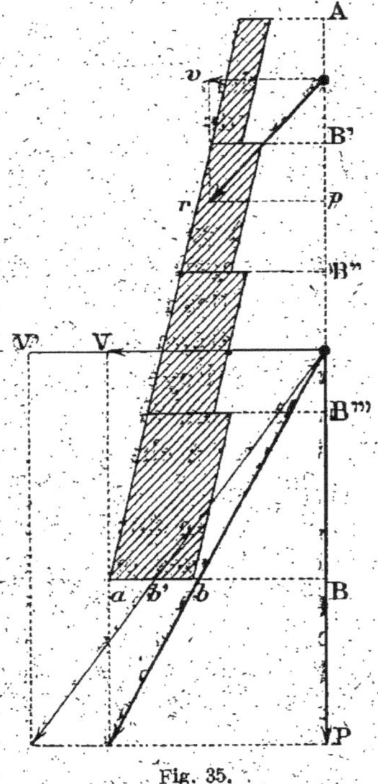

Fig. 35.

2º La cheminée normale est en briques (fig. 35). Le fruit
extérieur varie entre 15 et 30 millimètres par mètre et la
résultante du poids et du vent sur une assise quelconque

AB doit passer à l'intérieur de la base B, à une distance ab convenable de la paroi extérieure. Cette position de la résultante doit se vérifier pour toutes les assises : AB' et sa base B' ; AB'' et sa base B'' (etc.).

3° On fait actuellement et presque exclusivement des cheminées en béton armé soit monolite, mais surtout par assemblage comme, par exemple, les claveaux Maunoyer (fig. 36).

4° Dans bien des circonstances on tend aujourd'hui à remplacer les coûteuses cheminées par des souffleurs aspirateurs, qui sont en principe constitués par une énorme boîte à fumée terminée par un convergent dans lequel on place

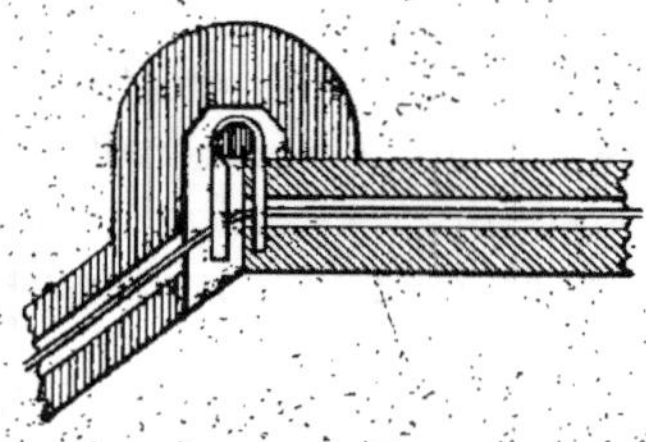

Fig. 36. — Cheminée Maunoyer. Détail de la jonction des claveaux.

à la partie rétrécie, un ventilateur déplaceur d'air lequel est terminé par un divergent récupérateur.

Combustibles. — On produit de la chaleur en brûlant des substances appelées « *combustibles* » au moyen de l'oxygène de l'air.

Les combustibles usuels sont composés de carbone et d'hydrogène, ils comprennent en outre des matières inertes.

Pouvoir calorifique. — On appelle pouvoir calorifique d'un combustible la quantité de chaleur que dégage la combustion de 1 kilogramme de ce combustible, s'effectuant comme suit :

1° La combustion est complète.

2° Elle se produit sous pression constante.

3° Le combustible, ainsi que l'oxygène ou l'air qui sert à le brûler, est pris à 0° et à la pression de 760 millimètres.

4° Les produits de la combustion sont ramenés à la même température de 0° et à la pression de 760.

Conditions qu'il n'est pas nécessaire de réaliser dans la conception des appareils propres à déterminer le pouvoir calorifique, il suffit de pouvoir les ramener par le calcul aux conditions ci-dessus énoncées.

Dans l'opération qui consiste à brûler le combustible, il y a toujours formation de vapeur d'eau ; si on ramène à 0° et 760, cette eau se condense et l'on recueille ainsi un certain nombre de calories, qui dans le foyer où l'on brûle la houille ne seraient pas recueillies et étant donnée la température cette vapeur d'eau serait entraînée par les gaz brûlés ; d'où deux pouvoirs calorifiques distincts suivant que l'on tient compte ou pas des calories, correspondant à la vapeur formée :

Le « *pouvoir supérieur* » c'est-à-dire eau de condensation comprise et le *pouvoir inférieur* c'est-à-dire eau de condensation déduite.

Les pouvoirs calorifiques se mesurent pour les solides et les liquides avec la bombe de Mahler : pour les gaz on emploie souvent le calorimètre de Junkers.

Bombe de Mahler. — C'est un récipient très résistant dans lequel on introduit 1 gramme du combustible à essayer ; on y introduit également de l'oxygène pour en opérer la combustion, que l'on produit à l'aide d'une étincelle électrique. La combustion complète opérée, on introduit l'appareil tout entier dans un calorimètre pour faire la mesure des calories développées, d'où le calcul du pouvoir calorifique dans le détail duquel nous n'entrerons pas ici.

Quelquefois dans un calcul d'avant-projet on a besoin de connaître approximativement le pouvoir calorifique d'un combustible, il existe une formule empirique approchée pour le calcul du pouvoir calorifique qui donne d'assez bons résultats, c'est celle de *Cornut* :

$$Q = 8\,080\,C^{\text{fixe}} + 11\,214\,C^{\text{vol.}} + 34\,462\,H$$

dans laquelle :

Q est le pouvoir calorifique,
C^{fixe} le poids de carbone fixe,
$C^{\text{vol.}}$ le poids du carbone volatile,
H le poids d'hydrogène.

Calorimètre de Junkers. — Cet appareil est en principe un calorimètre à circulation d'eau analogue à celui que nous avons décrit sous le nom de calorimètre de Hirn (au moins pour le circuit froid) ; il est disposé de manière à éviter toute perte de température ; mais le circuit chaud du calorimètre de Hirn est ici remplacé par un appareil de combustion pour brûler le gaz à essayer, par exemple un Bunsen. Le gaz en brûlant produit de l'eau qui s'écoule de l'appareil et que l'on pèse à part. Les calories de la combustion du gaz en expérience sont données par la quantité d'eau de circulation et les températures d'entrée et de sortie ; la quantité de gaz brûlé est mesurée au compteur.

Appareil d'Orsat. — Enfin une mesure indispensable est le dosage des produits de la combustion. Cette opération se fait avec l'appareil d'Orsat, qui a pour objet de prélever un échantillon des gaz brûlés, d'en mesurer le volume et de le faire passer successivement dans une dissolution de potasse pour absorber l'acide carbonique, dans une dissolution d'acide pyrogallique pour absorber l'oxygène, puis dans une dissolution d'oxychlorure de cuivre ammoniacal pour absorber l'oxyde de carbone ; après chaque opération on fait une nouvelle mesure du volume et l'on détermine ainsi en pour cent la proportion de CO_2, d'oxygène et de CO contenue dans les produits de la combustion.

N. B. Formule commode pour le calcul de CO : (formule basée sur la composition moyenne de l'air atmosphérique) :

$$CO = 1,66[20 - (m + n)]$$

où

$$m = \% \text{ en } CO^2$$
$$n = \% \text{ en } O.$$

La formule admet pour la composition de l'air atmosphérique
$$O : 20 \% ; \qquad Az : 80 \%.$$

Burette de Bunte. — Cet appareil, qui est une simple éprouvette graduée, fait les mêmes opérations que l'appareil d'Orsat avec cette différence, que toutes les opérations se font dans l'éprouvette graduée en y introduisant successivement les réactifs voulus. On a ainsi le grand avantage d'opérer avec des solutions toujours fraîches, contrairement à ce qui se passe dans l'appareil d'Orsat.

Analyses des combustibles. — Pour discuter de la qualité de la combustion il faut aussi connaître par le détail les éléments constitutifs du combustible : on le soumet dans ce but aux deux analyses suivantes :

1º *Analyse industrielle.* — Cette analyse a pour objet de déterminer : l'humidité par dessication pendant 48 heures dans une étuve à 105º, les matières volatiles en brûlant le combustible dans la flamme d'un bunzen réducteur ; les cendres par combustion au moufle et enfin le carbone fixe, lequel s'obtient par différence.

2º *Analyse élémentaire.* — Elle consiste à déterminer les éléments principaux suivants, qu'il faut connaître pour établir un bilan calorifique : le carbone, l'hydrogène, l'oxygène et l'azote (c'est une analyse chimique du combustible).

Enfin, pour mémoire, nous rappellerons les mesures de températures qui doivent se faire aux pyromètre, thermomètre, couples thermo-électriques ; ainsi que les mesures de l'intensité du tirage qui se font en général avec des manomètres à eau.

Étude de la combustion. — Pour se rendre compte de la manière dont fonctionne un générateur et en particulier son foyer, le meilleur critérium est d'en établir le bilan calorifique.

On appelle ainsi le décompte, qui permet de chiffrer les pertes calorifiques réparties entre les différentes parties du générateur.

Les calculs qui permettent d'arriver à ce résultat sont basés sur les diverses analyses et déterminations que nous venons de voir, ainsi que sur les données numériques physicochimiques que nous allons exposer.

Ces données sont d'un usage fréquent dans tous les calculs de chauffe.

Un combustible brûle par suite de la combinaison de ses éléments constitutifs avec l'oxygène, et l'oxygène nécessaire à cette combustion se trouve dans l'air atmosphérique.

On est convenu d'admettre pour la composition de l'air atmosphérique les proportions suivantes :

	En poids	En volume	
Azote	76,81	79,04	
Oxygène	23,19	20,96	Voir tableau I
Total	100,00	100,00	

Ce qui permet de calculer (voir tableau I) les quantités d'azote et d'air en poids et en volume correspondant à un kilogramme d'oxygène, en supposant l'air atmosphérique ramené à 0° et à la pression de 760 millimètres et en admettant les densités tabulaires et poids du mètre cube donnés au tableau pour ces différents gaz.

Dans les calculs on a admis pour le poids du M³ d'air 1 k. 2932 et pour celui de l'oxygène 1 k. 4290.

Combustibles élémentaires. — Nous savons que la chimie nous enseigne, que l'hydrogène donne par sa combustion de l'eau et que dans ces conditions (voir tableau I), 1 kilogramme d'hydrogène se combine avec 8 kilogrammes d'oxygène pour donner 9 kilogrammes d'eau en abandonnant par cette combinaison : 34.462 calories.

TABLEAU I.

Les renseignements inscrits dans ce tableau sont calculés en partant de la composition ci-dessus admise pour l'air atmosphérique.

Éléments des fumées	Densités tabulaires	Poids du M³	Chaleurs spécifiques moyennes [2]
Azote	0,972	1,2570	0,242 à 1 atmosphère de 20° à 440°
Acide carbonique..	1,529	1,9774	0,231 » 25° à 200°
Oxyde de carbone.	0,967	1,2505	0,242 » 10° à 200°
Oxygène..........	1,105	1,4290	0,218 »
Vapeur d'eau ...	0,6235 (1)	0,8060	0,4805 (0,435 à 100° vapeur saturée)
Air atmosphérique..	1	1,2932	0,2375 à 1 atmosphère de 20° à 400°

1. 0,6235 est d'après Gay-Lussac la densité de la vapeur rapportée à l'air à 0° et 760 d'où le poids du mètre cube 0,8060 et le volume 1240 litres. Le volume de la vapeur est donné par la formule

$$s = 0,001 + \dfrac{r}{AT\frac{dp}{du}}$$

facile à établir (voir Hirsch, page 224).

2. Pour les chaleurs spécifiques, Hirsch, page 138, donne : air = 0,2375 ; H = 3,409 ; O = 0,2175 ; Az = 0,2438 ; CO² = 0,2169 ; CO = 0,245 ; c'est avec ces chiffres que les tableaux II, III et IV ont été établis.

Des renseignements ci-dessus on déduit par le calcul les chiffres suivants.

1 kilogramme d'oxygène pris dans l'air correspond à :

un poids d'azote de	3k,3122
» d'air atmosphérique de	4k,3122
un volume d'oxygène de	0mc,6993
» d'azote de	2mc,6350
» d'air atmosphérique de	3mc,3337

Enfin la chimie nous enseigne que :

1^k d'Hydrogène avec 8^k d'Oxygène forment 9^k d'eau en abandonnant 34.462 cal.
1^k C » $2^k,667$ » » $3^k,667$ de CO^2 » 8.080 cal.
1^k C » $1^k,333$ » » $2^k,333$ de CO » 2.473 cal.
1^k CO » $C^k,572$ » » $1^k,572$ CO^2 » 2.403 cal.
1^k C » $3^k,667$ CO^2 » $4^k,667$ CO en absorbant 3.134 cal.

que le carbone en se combinant avec l'oxygène donne : soit de l'acide carbonique, soit de l'oxyde de carbone et alors que :

1 kilogramme de carbone se combine avec 2 k. 667 d'oxygène pour donner 3 k. 667 d'acide carbonique en dégageant 8080 calories.

1 kilogramme de carbone se combine avec 1 k. 333 d'oxygène pour donner 2 k. 333 d'oxyde de carbone en dégageant 2473 calories ;

que, 1 kilogramme d'oxyde de carbone se combinant avec 0 k. 572 d'oxygène donne 1 k. 572 d'acide carbonique en dégageant 2403 calories ;

que, 1 kilogramme de carbone se combinant avec 3 k. 667 d'acide carbonique donne 4 k. 667 d'oxyde de carbone *en absorbant* 3134 calories.

On voit que, la combinaison de l'oxygène avec l'oxyde de carbone dégage de la chaleur ; mais que la combinaison du carbone avec l'acide carbonique absorbe de la chaleur ; ce fait est intéressant à signaler, car c'est une marche de la combustion qu'il faut éviter.

Les combinaisons physicochimiques, que nous venons de donner, permettent d'établir par le calcul le tableau II de la page (88) ; dans lequel sont données les combinaisons de ces corps en supposant :

1° que la combustion est complète,

2° qu'elle a lieu avec la quantité d'air strictement nécessaire,

3° que l'air, les combustibles gazeux et les produits de la combustion sont ramenés à 0 degré et à 760 millimètres de mercure de pression.

Et à l'aide du tableau II de la page 88 il est facile de calculer les divers nombres utiles à connaître dans la combustion industrielle, en s'aidant des renseignements contenus dans le tableau I, qui donne les densités, les poids du mètre cube des différents gaz et les chaleurs spécifiques des produits entrant dans la composition des fumées.

Les considérations qui précèdent se trouvent appliquées au calcul du tableau III de la page 89 à un certain nombre de combustibles de compositions moyennes, qui y sont indiquées et il convient de signaler que les résultats correspondent à une *combustion théorique*, c'est-à-dire avec l'air strictement-indispensable ; ce qui n'a jamais lieu en pratique.

Il importe de remarquer, que les poids du mètre cube et les volumes du kilogramme des différents gaz de la combustion sont peu différents de ceux de l'air atmosphérique.

Enfin, puisque les hypothèses faites ne sont pas réalisées en pratique, il faut en réalité avoir égard non pas à la composition moyenne, mais à la composition exacte donnée par les analyses élémentaires du combustible utilisé ; il faut également tenir compte des cendres, de l'humidité du combustible, de la pression atmosphérique, de la température et des impuretés de l'air et des produits de la combustion et, enfin, du grand excès d'air qu'il faut introduire sous la grille pour obtenir une bonne combustion.

Dans le cas de la combustion pratique industrielle le calcul se conduit comme dans le cas de la combustion théorique. C'est ainsi que l'on a dressé le tableau IV de la page 90 calculé comme le tableau III, mais en supposant que l'air en excès est de 50 % de la quantité théoriquement nécessaire.

Ce chiffre de 50 % de majoration est très près de la vérité, sauf, bien entendu, dans le cas d'installations fonctionnant suivant un régime exceptionnel. On peut très bien s'en contenter dans l'établissement d'un bilan calorifique, cependant, comme nous allons le voir plus loin, il est préférable de l'établir en se basant sur l'analyse des fumées à la condition qu'elle soit bien faite et surtout faite d'une manière continue, de façon à avoir une moyenne exacte correspondant à toute la durée de l'essai. Et c'est ainsi qu'il faut conduire un essai bien exécuté.

Dans le tableau IV on a donné les chaleurs emportées par les fumées, c'est-à-dire le poids de ces fumées ou celui de leurs éléments multiplié par la chaleur spécifique et l'écart des températures. On a choisi les températures de 150 et 300° mais il est bien évident que dans un essai réel, ces températures ayant été mesurées, c'est avec les nombres obtenus expérimentalement que l'on doit faire le calcul.

Dans le tableau IV on voit, en particulier, que le volume moyen des fumées pour la houille est de 24 m³, 634 par heure à 300° et par kilogramme de houille ; or si l'on se rappelle, nous avons dit que l'on pouvait brûler 5 kilogrammes de houille par décimètre carré de section de carneau ; cela correspondrait donc par heure à :

$$24^{m^3},634 \times 5 = 123^{m^3},17$$

soit pour un mètre carré de carneau franchi à la vitesse V mètres par seconde à une vitesse de :

$$V = \frac{123,17}{3600} = 0,034214 \text{ mètre par seconde}$$

et par section de 1 décimètre carré, c'est-à-dire cent fois plus petite, à une vitesse de 3 m, 42 ; or nous avions dit qu'il était bon de ne pas dépasser la vitesse de 4 mètres par seconde. Comme on le voit ce chiffre est vérifié.

Si nous faisons le même calcul en ce qui concerne le pétrole, dont les données se trouvent également au tableau IV, cela nous conduirait à 5m, 20 de vitesse par seconde. Donc pour les foyers destinés à brûler du pétrole, il est bon de prévoir des carneaux un peu plus grands, que pour les foyers destinés à brûler de la houille.

Tableau II. — Combustion théorique des combustibles élémentaires

1 kilogramme des combustibles élémentaires ci-contre...............	Hydrogène	Carbone		Oxyde de carbone
donnant par leur combustion les produits ci-contre............... Imposent :	Eau	Acide carbonique	Oxyde de carbone	Acide carbonique
Pouvoirs calorifiques en calories.........	34.462	8.080	2.473	2.403
Air nécessaire à la combustion :				
en Poids... { Oxygène en kgr.....	8,000	2,667	1,333	0,572
Azote en kgr.........	26,498	8,834	4,415	1,894
Totaux air eu kgr..	34.498	11,501	5,748	2,466
en Volumes. { Oxygène en m³.....	5,594	1,865	0,932	0,400
Azote en m³........	21.097	7,033	3,515	1,508
Totaux air eu m³..	26.691	8,898	4,447	1,908
Produits de la combustion :	kg.	kg.	kg.	kg.
Poids..... { Acide carbonique..	»	3,667	»	1,572
Oxyde de carbone..	»	»	2,333	»
Eau...............	9,000	»	»	»
Azote.............	26,498	8,834	4,415	1,894
Totaux..........	35,498	12,501	6,748	3,466
	m³	m³	m³	m³
Volumes... { Acide carbonique :.	»	1,855	»	0,795
Oxyde de carbone..	»	»	1,866	»
Vapeur d'eau (1)...	11,166	»	»	»
Azote.............	21,097	7,033	3,515	1,508
Totaux..........	32,263	8,888	5,381	2,303
Poids du mètre cube en kilog....	1,100	1,4065	1,254	1,505
Volume du kilogramme..........	0,9089	0,7110	0,7974	0,6644
Valeurs en eau (2). { Acide carbonique en kg.	»	0,795	»	0,341
Oxyde de carbone......	»	»	0,571	»
Vapeur d'eau (3)........	4,324	»	»	»
Azote.................	6,460	2,154	1,076	0,462
Totaux............	10,784	2,949	1,647	0,803
Chaleurs spécifiques moyennes (4)	0,3038	0,2359	0,2441	0,2317

1. La vapeur est supposée diluée dans le mélange ; avec densité tabulaire 0,6235 et poids du mètre cube à 0° et 760 millimètres : 0^k,8060.

2. Produit des poids par les chaleurs spécifiques.

3. Chaleur spécifique de la vapeur d'eau : 0,4805 (celles prises pour le calcul du tableau sont pour les autres gaz un peu différentes de celles données dans le tableau I).

4. Valeurs en eau divisées par les poids totaux. Voir Hirsch, page 360.

Désignation des combustibles	Pouvoir calorifique moyen	pour 100 kilogrammes				pour 1 kg de combustible		Produits de la combustion					
		Carbone	Hydrogène	Oxygène	Azote	Poids	Volume	Poids	Volume	Poids du M³	Volume du kg	Valeur en eau	Chaleur spécifique moyenne
	calories	kg	kg	kg	kg	kg	m³	kg	m³	kg	m³	kg	calories
Cellulose	3.622	44,44	6,17	49,39		5,110	3,95	6,11	4,64	1,316	0,759	1,578	0,2589
Bois	3.900	51	6,2	42,0	0,8	6,18	4,78	7,18	5,43	1,322	0,756	88	0,255
Bois fossile et tourbe	5.300	60,5	5,5	33,0	1,0	7,42	5,74	8,42	6,28	1,340	0,746	2,11	0,251
Lignites proprement dits	6.800	70	5,0	24,0	1	8,73	6,75	9,73	7,20	1,351	0,740	2,41	0,248
Lignites gras	7.500	75	7,0	17,0	1	10,30	7,97	11,30	8,48	1,332	0,750	2,83	0,250
Houilles :													
Sèches flambantes	8.300	77	5,0	17,0	1	9,84	7,61	10,84	8,01	1,353	0,789	2,67	0,246
Grasses flambantes (charbon à gaz)	8.700	82	5,4	11,6	1	10,78	8,34	11,78	8,72	1,350	0,740	2,91	0,247
Grasses (charbons de forge)	9.000	86	5,2	7,8	1	11,34	8,77	12,34	9,12	1,353	0,739	3,03	0,246
Grasses à courte flamme (charbon à coke)	9.500	89	5,0	5,0	1	11,74	9,08	12,74	9,89	1,288	0,776	3,12	0,245
Maigres ou demi-maigres anthraciteuses	9.300	91	4,2	3,8	1	11,74	9,08	12,90	9,34	1,381	0,724	3,11	0,244
Anthracites	9.100	94	3,0	2,5	0,5	11,73	9,07	12,73	9,26	1,375	0,727	3,08	0,242
Pétroles	10.000	83	15,0	2,0	»	14,64	11,82	15,64	12,17	1,285	0,778	4,05	0,259

Observations. — On a admis que : 1° Le combustible est privé de cendres et desséché ; 2° L'air est pur et sec ; 3° La combustion est complète sans production d'oxyde de carbone ni de produits imparfaitement brûlés, mais sans excédent d'air.

Les données relatives au pouvoir calorifique et à la composition des combustibles sont des moyennes, sur lesquelles sont établis les calculs des colonnes suivantes.

Les volumes des gaz sont réduits à 0° et à la pression 0ᵐ,760.

On admet que la vapeur d'eau ne se condense pas, que sa densité tabulaire est de 0,6235 et son poids spécifique de 0ᵏᵍ,8050, que sa chaleur spécifique est de 0,4805.

TABLEAU IV. — Combustion industrielle avec 50 pour cent d'excédent d'air.

Désignation des combustibles	Composition pour 100			Pouvoir calorifique	Pour 1 kilogramme de combustible					
	Combustible pur	Cendres	Humidité		Volume d'air (1) à 0 et 760	Fumées à 150°		Fumées à 300°		
						Volume des produits	Chaleur emportée (2)	Volume des produits	Chaleur emportée	
	%	%	%	Calories	m³	m³	Calories	m³	Calories	
Bois	78,6	1,4	20,0	3.065	5,64	9,91	720	13,42	1.042	
Bois fossile et tourbe	78,0	7,0	25,0	4.134	6,72	11,54	761	15,63	1.129	
Lignites proprement dits	82,0	10,0	8,0	5.576	8,30	13,60	712	18,41	1.142	
Lignites gras	94,0	5,0	1,0	7.050	11,24	18,18	955	24,62	1.528	
Houilles :										
Sèches flambantes	88,0	8,0	4,0	7.304	10,05	16,19	785	21,93	1.295	
Grasses flambantes (charbons à gaz)	88,0	10,0	2,0	7.656	11,01	17,62	839	23,86	1.393	
Grasses (charbons de forge)	88,0	10,0	2,0	7.920	11,58	18,46	853	25,00	1.332	
Grasses à courte flamme (charbons à coke)	88,0	10,0	2,0	8.360	11,99	19,72	861	26,71	1.459	
Maigres ou demi-maigres anthraciteuses	88,0	10,0	2,0	8.184	11,99	18,97	820	25,69	1.416	
Anthracites	94,0	4,0	2,0	8.554	12,79	20,10	806	27,22	1.438	
Pétroles	100,0	»	»	10.000	16,98	27,64	1.728	37,43	2.597	
Coke	90,0	8,0	2,0	7.272	12,01	18,64	596	25,25	1.180	

Observations : 1° Le volume d'air est calculé en ajoutant 50 % à celui nécessaire à la combustion théorique. Cet excédent d'air est celui qui donne le résultat économique le plus favorable pour une allure moyenne.

2° Y compris l'eau provenant de l'humidité du combustible et de la combustion de l'hydrogène. Cette vapeur reste à l'état gazeux au-dessus de 100°, avec une chaleur spécifique de 0,4805.

* *

Comme nous l'avons dit ci-dessus un bilan calorifique doit s'établir en partant de l'analyse des produits de la combustion. Le calcul se conduit en se servant des données physicochimiques, que nous venons d'exposer et il s'opère de la manière suivante.

Calcul des calories emportées par les produits de la combustion, d'après l'analyse des gaz brûlés. — Les analyses se font à l'appareil d'Orsat ou par un des procédés donnés au chapitre IV. Admettons, que nous connaissons les gaz contenus dans les fumées en pour cent du volume des fumées, on raisonne comme suit :

Calcul du volume des fumées. — L'acide carbonique formé correspond (voir tableau II) à 1 kilogramme de carbone pur pour $1^{m3},855$ d'acide carbonique. Dans ces conditions, 1 mètre cube de CO^2 correspond à $\dfrac{1}{1,855}$ kilogramme de charbon pur et comme l'on a trouvé dans les fumées b mètre cube de CO^2 pour cent de fumées, cela fait, venant de CO^2, un poids de $\dfrac{b}{1,855}$ kilogramme de carbone dans les 100 mètres cubes de fumées, soit — (a) kilogrammes.

En appliquant le même raisonnement à l'oxyde de carbone trouvé, on aura pour le carbone contenu dans 100 mètres cubes de fumées, s'il y a (b_1) mètres cubes de CO : %

$$\frac{b_1}{1,866} = n \text{ kilogrammes de carbone}$$

venant de CO dans les 100 mètres cubes de fumées.

Alors, 1 kilogramme de carbone pur correspond à un volume de fumée donné par :

$$\frac{1}{\dfrac{b}{1,855} + \dfrac{b_1}{1,866}} \times 100 \left. \right\} \text{ mètres cubes de fumées}$$

et pour le carbone contenu dans le combustible utilisé, que l'analyse nous aura dit être de N kg % on aura :

$$(1) \quad \frac{1}{\dfrac{b}{1,855} \times \dfrac{b_1}{1,866}} \times 100 \times \frac{N}{100} \quad \left\{ \begin{array}{l} \text{mètres cubes de fumées} \\ \text{par kilogr. de combustible} \\ \text{employé} \end{array} \right.$$

On peut maintenant calculer le poids du mètre cube de fumée d'après l'analyse en établissant le décompte suivant : (d = poids du mètre cube.)

$$\text{Composition des fumées} \left\{ \begin{array}{llll} CO^2 & \text{Vol. \%} \times d & = a \\ O & \text{Vol. \%} \times d_1 & = b \\ CO & \text{Vol. \%} \times d_2 & = c \\ Az & \text{Vol. \%} \times d_3 & = d \\ \hline & 100 \text{ Vol.} & = M \text{ kgr.} \end{array} \right\} \begin{array}{l} \text{donc 1}^{m^3} \text{ de fumées pèse :} \\ \dfrac{M}{100} \text{ kgr.} \end{array}$$

multipliant ce poids par le volume trouvé en (1), on aura le poids des fumées par kilogramme de combustible, qui multiplié par la chaleur spécifique moyenne, que l'on sait calculer (voir ci-dessous), donnera la chaleur emportée par degré de température ; enfin ce chiffre multiplié par l'écart de température trouvé donnera la chaleur totale emportée par kilogramme de combustible brûlé.

Raisonnant sur les fumées. — On a admis que,

Teneur des gaz en	Volume	Poids du m³	Poids total	Chaleur spécifique.	Valeur en eau
	%				
CO²	13 ×	1,9774 =	25,70 ×	0,231 =	5,94
CO	2,7 ×	1,2505 =	3,38 ×	0,242 =	0,818
O	4,5 ×	1,4290 =	6,43 ×	0,218 =	1,400
Az	79,8 ×	1,2570 =	100,30 ×	0,242 =	24,300
	100 m³		135ᵏ,81		32,458

La chaleur spécifique moyenne des fumées ressort à :

$$\frac{32\,458}{135,81} = 0,239.$$

Comme on le voit, le chiffre obtenu pour la chaleur spécifique moyenne calculée dans cet exemple concret est peu différent de celui de l'air atmosphérique (0,2375) ; c'est pourquoi on peut sans grande erreur adopter ce nombre dans la plupart des cas.

Teneur en eau du combustible. — Dans ce qui précède nous n'avons pas tenu compte de l'humidité du combustible or, il est bien évident qu'il faut dans le foyer vaporiser cette eau et que cela correspond à une perte calorifique qui s'en va dans la cheminée.

Si on admet, par exemple, que le combustible contient 1 % d'humidité, et que les fumées sortent à 300°, en se servant des renseignements donnés au tableau II et page 85 on calculera que, dans 100 mètres cubes de fumées on a un poids de carbone pur donné par :

$$\frac{25,7}{3,667} = 7,01 \text{ kilogrammes de carbone provenant de } CO_2$$

et

$$\frac{3,38}{2,333} = 1^k,45 \text{ de carbone provenant de } CO.$$

soit un total de $8^k,46$ de carbone dans 100 mètres cubes de fumées. Le combustible humide brûlé sur la grille correspondant à ces $8^k,46$, de carbone pur est donné par :

$$\frac{100}{86} \times 8,46 = 9^k,84$$

ce qui correspond à $9,84 \times 0,01 = 0^k,0984$ d'eau.

Or cette eau absorbe $\alpha\theta + \lambda_{100} - q_0$ à 300° par kilogramme d'eau, mais, comme pour les gaz, on peut calculer une chaleur spécifique moyenne de la vapeur et partant sa valeur en eau donc pour l'ensemble (gaz brûlés, vapeur saturée et surchauffée) on peut écrire :

$$\begin{array}{ll} 135^k,81 & 32,458 \\ 0^k,084 \times 2,381\,(^1) & 0,234 \\ \hline \text{Total} \ldots \ldots 135^k,9084. & 32,692 \end{array}$$

La chaleur spécifique moyenne des fumées devient alors :

$$\frac{32,692}{135,908} = 0,240.$$

Mais il vaut beaucoup mieux calculer à part dans le bilan calorifique, la chaleur emportée par l'eau de combinaison et l'humidité du combustible entraînée dans les fumées et c'est toujours ainsi que l'on opère.

Exemple de bilan calorifique. — Les chiffres portés dans ce bilan correspondent aux expériences de Mulhouse faites en 1868 par Scheurer-Kestner et Meunier sur une chaudière à bouilleurs munie d'un surchauffeur d'eau d'alimentation dont les caractéristiques sont les suivantes :

Surface de chauffe : 40 mètres carrés pour le générateur ;
71 mètres carrés pour le réchauffeur.

Allure des essais : 77 kilogrammes de houille par heure et mètre carré de grille.

Eau vaporisée : 520 kilogrammes à l'heure.

La chaleur utilisée par la chaudière ou le rendement a été de 61 %; c'est-à-dire le rapport entre les calories fournies par la chaudière et celles contenues dans le combustible. Les pertes ont donc atteint 39 % et elles se répartissent comme l'indique le tableau suivant que nous donnons comme exemple de bilan thermique.

Bilan thermique d'un générateur (d'après la forme que lui ont donnée Scheurer-Kestner et Charles Meunier). —

---

1. Est déterminé par $\dfrac{a\theta + \lambda_{100} - q t_0}{300} = 2,381.$

Sur 100 calories emmagasinées dans le combustible (pouvoir calorifique supérieur), on retrouve :

- Chaleur utilisée par la chaudière.................................... 61 %
- Chaleur perdue :
    - 1° Chaleur emportée par les fumées, par suite de leur élévation de température.............................. 5,5
    - 2° Chaleur emportée par les fumées par suite de produits mal brûlés ($Ex: CO$ et noir de fumée).......... 6,0
    - 3° Chaleur emportée dans les fumées par la vapeur d'eau provenant de l'humidité du combustible et de son hydrogène de constitution...................... 2,5
    - 4° Chaleur emportée ou perdue dans les cendres et mâchefer par suite d'escarbilles non brûlées.......... 1,5
    - 5° Chaleur perdue à travers les parois de la chaudière par rayonnement et conductibilité (par différence ou complément à 100)................................... 23,5

      Total 100,0

Nous avons maintenant vu tout ce qui nous est nécessaire pour exécuter les essais de générateurs, soit producteurs de vapeur pour les machines industrielles, soit de calories pour le chauffage des locaux et nous terminerons cette première partie de notre étude par la description de ces deux types d'essais.

Essai d'un générateur. — L'essai d'un générateur a pour objet de déterminer le rendement calorifique de l'appareil. Nous étudierons trois cas : celui d'un générateur industriel, puis celui d'une chaudière de chauffage et enfin le cas d'un essai en marche industrielle.

1°) *Cas d'un appareil destiné à produire de la vapeur à pression élevée pour l'alimentation des machines à vapeur.* — L'essai se conduit de la manière suivante :

1° Fixer l'allure qui sera lente, moyenne ou forcée.

2°) Mesurer : d'une part la vapeur que peut produire le générateur à pression constante et en maintenant le niveau constant ; d'autre part mesurer le combustible consommé.

Eau. — On ouvre à la demande l'évacuation de vapeur pour réaliser une pression constante que l'on mesure.

On évite les entraînements d'eau.

On mesure au besoin le titre de la vapeur.

On mesure l'eau à la bâche d'alimentation ou à la condensation.

On alimente souvent avec un tonneau à trop plein ou des hectolitres placés sur la bâche d'alimentation, dans laquelle on maintient un niveau constant.

Quelquefois on mesure l'eau avec un compteur d'eau placé sur la conduite d'alimentation, surtout quand il s'agit de batteries de chaudières.

La mesure par compteur de vapeur peut également se faire mais c'est beaucoup plus rare et moins précis.

Il faut prendre la température de l'eau d'alimentation.

Combustible. — L'allure choisie détermine les chargements à faire. Faire des chargements fréquents, à intervalles réguliers, autant que possible par quantités pesées et préparées à l'avance.

Des précautions sont à prendre au commencement et à la fin de l'essai pour terminer à la fin de l'essai avec la même épaisseur de combustible qu'au début.

Mesures à faire — Pouvoir calorifique — Analyse des gaz brûlés (fumées) — Tirage — Analyse des cendres et mâchefers recueillis.

Résultats. — On donne l'eau vaporisée par kilogramme de combustible brut et net (Eau prise à 0° et vaporisée à 100°) :

$$P(\lambda_t - q_{t_0}) = Q(\lambda_{100} - q_0).$$

$$\text{Rendement} = \frac{\text{Chaleur contenue dans la vapeur produite.}}{\text{Chaleur contenue dans le combustible brûlé.}}$$

2° *Cas d'un appareil de chauffage.* — Dans le cas d'un appareil de chauffage soit à vapeur, soit à eau chaude, le problème de l'essai est un peu différent car il s'agit de mesurer des calories quelle que soit la qualité de la vapeur ou de l'eau chaude qui circule, vapeur, eau ou émulsion et de laisser le générateur fonctionner dans les mêmes conditions que dans son utilisation industrielle.

Cela implique de ne pas couper le circuit chaud et de

faire la mesure sur le circuit froid ; voici pourquoi on emploie pour ces essais le calorimètre de Hirn que nous avons déjà décrit (chapitre III page 46). La figure 37 montre le schéma d'une telle installation d'essai.

On y voit les deux circuits : le circuit chaud non interrompu et le circuit froid se terminant par la pesée de l'eau dans les bâches, les échanges de températures se font dans le

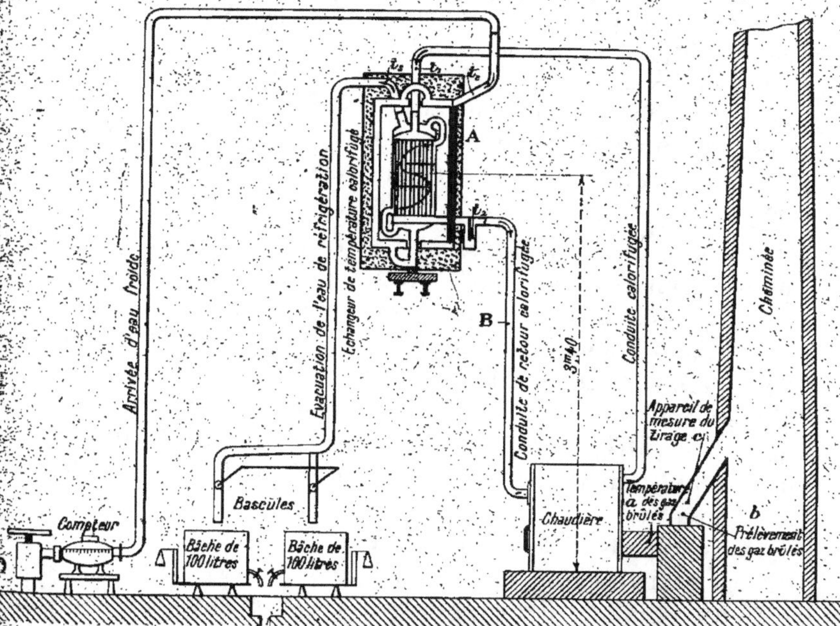

Fig. 37. — Schéma de la salle d'essais des chaudières de chauffages au Laboratoire des Arts et Métiers.

calorimètre de Hirn A que nous connaissons. A son entrée et à la sortie sur les deux circuits on fait les mesures de températures t_1, t_2, t_e et t_s.

Si l'on veut être documenté sur la qualité de l'eau chaude circulant on peut placer en B un compteur d'eau volumétrique ou un venturi de manière à faire ressortir l'inégalité entre le poids d'eau chaude calculé par l'équation thermique et celui mesuré. On pourra ainsi se rendre compte de l'état de l'eau qui circule et de l'énergie importante consommée pour créer la circulation, qui est loin d'être due uniquement à la différence de densité.

Enfin on voit sur la figure 37, le thermomètre a qui mesure la température des gaz des fumées, la prise b pour l'appareil d'Orsat, celle c pour l'appareil de la mesure de la dépression, cette dernière étant créée par un ventilateur aspirant de manière à la maintenir au chiffre désiré.

Les prélèvements de combustibles, des cendres et mâchefers sont faits correctement et soumis à l'analyse, tous ces renseignements étant indispensables pour établir le bilan calorifique, qui s'impose surtout pour les chaudières de chauffage.

3° *Cas d'un essai industriel*. — Enfin ce genre d'essai en marche industrielle, qui se pratique beaucoup aujourd'hui et qui est vraiment très intéressant, consiste à faire fonctionner l'appareil dans les conditions normales où il est utilisé. Cela permet évidemment de renseigner le consommateur d'une manière pour lui beaucoup plus intéressante que celle des deux autres essais dont le but est surtout de mettre la machine dans ses conditions de fonctionnement les meilleures.

Dans ce genre d'essai, autant de méthodes différentes que de cas particuliers.

Nous terminons cet exposé par des exemples de calculs.

A. **Exemple de calcul d'un bilan thermique. Application à un essai de chaudière de chauffage à eau chaude.** — Dans les calculs on s'est servi des données physico-chimiques suivantes, qui sont, pour quelques-unes, un peu différentes de celles qui figurent au tableau I de la page 84.

Les essais exécutés sur ce générateur en trois journées successives ayant chacun duré 8 heures ont donné les résultats consignés au tableau (a) des pages 100 et 101.

TABLEAU I

	Densité tabulaire	Poids du m³	Chaleur spécifique		
à 0 et 760 pour					
l'Azote.	0,972	1,2570	0,242 à 1 atmosphère de 20° à 440°		
le CO^2	1,529	1,9774	0,231 »		
le CO	0,967	1,2505	0,242 » de 25° à 200°		
l'O	1,105	1,4290	0,218 » de 10° à 200°		
la Vapeur d'eau.	0,6235 (¹)	0,8060	0,4805 vapeur surchauffée à pression constante		
à 100° et 760					
Vapeur saturée.		0,5958	0,435 à 100° et vapeur saturée		
à 0 et 760 pour					
l'air	1	1,2932	0,237 à 1 atmosphère de 20° à 440°		

Un kilogramme des combustibles ci-contre:	H	C		CO
Donne en brûlant.	Eau	CO^2	CO	CO^2
Et abandonne en brûlant.	34.462c	8.080c	2.473c	2.403c

1 kilogramme d'oxygène pris dans l'air correspond à	
un volume d'azote de	2ᵐ³,637
un volume d'air de	3ᵐ³,336
Poids du m³ de vapeur d'eau	0ᵏ,806

1. Densité de la vapeur d'eau rapportée à l'air d'après Gay-Lussac.

Des chiffres de ce tableau on déduit par le calcul les conséquences ou résultats qui suivent :

Il y a lieu tout d'abord de s'occuper du volume des fumées, en se servant des analyses des fumées faites par l'appareil d'Orsat.

Puis on calculera la chaleur spécifique des fumées.

On déterminera ensuite la chaleur emportée par l'eau de combinaison, l'humidité du combustible et celle de l'air s'il y a lieu, ainsi que l'oxyde de carbone non brûlé. Ce qui

a) Tableau des résultats d'un essai de chaudière

	unités	1	2	3
N° de l'expérience		»	»	»
Dates des expériences		»	»	6,5
Durée de l'expérience	heures	8	8	19
Température de la salle de chauffe	degrés c.	19	19	»
Indication relative à l'allure		»	»	
Combustible				
Poids total brûlé dans les conditions de l'expérience	kg.	110,1	120,8	85,6
Poids correspondant de combustible sec	kg.	109	119,6	84,7
Poids correspondant de combustible sec brûlé par heure	kg.	13,6	14,9	13,0
Nombre de chargements effectués pendant l'expérience		4	4	3
Poids de mâchefer recueilli	kg.	5,200	6,30	5,300
Poids de cendres recueilli	kg.	8,600	10,800	7,400
Analyse industrielle du combustible — Humidité	%	1	1	1
Analyse industrielle du combustible — Cendres	%	13	13,2	11,5
Analyse industrielle du combustible — Matières volatiles	%	0,9	0,9	0,8
Analyse industrielle du combustible — Carbone fixe (par différence)	%	86,1	85,9	87,7
Total		100,0	100,0	100,0
Analyse élémentaire : Hydrogène	%	0,9	0,9	0,8
Pouvoir calorifique du combustible brut desséché (inférieur)	calories	6.797	6.743	6.799
Pouvoir calorifique du combustible brut desséché (supérieur)	calories	6.919	6.859	6.915
Fumées				
Dépression à la base de la cheminée	mm.d'eau	4,5	4,6	3,9
Température des fumées à la base de la cheminée	degrés c.	228	214	181
Analyse des fumées — Teneur en acide carbonique	%	13	13,6	12,9
Analyse des fumées — Teneur en oxygène	%	4,5	3,8	4,8
Analyse des fumées — Teneur en oxyde de carbone	%	2,7	1,4	1,2
Eau				
Température moyenne de l'eau d'alimentation	degrés c.	27	31	27,2
Température moyenne à la sortie de la chaudière	»	79,3	78	80,4
Eau chaude totale fournie dans les conditions de l'expérience	kg.	10.709	12.990,2	8.268,1
Eau chaude totale fournie à l'heure	kg.	1.338,6	1.623,8	1.272
Eau chaude totale fournie par heure et m² de surface de chauffe	»	172,7	209,5	164,11

a) **Tableau des résultats d'un essai de chaudière** (*suite*)

Eau (suite)				
Eau qui aurait été fournie en admettant un écart de 20° par exemple entre 80 et 100 degrés.........	kg.	27.885	30.353,5	21,898
Eau fournie par heure pour cet écart de 20°.....................	kg.	3.485,6	3.794,2	3.368,9
Eau fournie par heure et m² de surface de chauffe..............	kg.	449,7	489,6	434,4
Eau rapportée au combustible				
Eau chauffée par kg. de combustible brut brûlé dans les conditions de l'expérience..................	kg.	97,3	107,5	96,6
Eau chauffée par kg. de combustible brut brûlé en admettant un écart de 20°.....................	kg.	253,3	251,2	255,8
Calories produites				
a) *Combustible* Calculées avec le pouvoir inférieur — 1° Chaleur totale fournie dans les conditions et pendant la durée de l'expérience....	calories	748.350	814.554	581.994
2° Chaleur fournie par heure......	calories	93.544	101.819	89.537
3° Chaleur fournie par heure et m² de grille........	calories	340.159	370.252	325.591
b) *Eau* Chaleur fournie par la chaudière — 1° Chaleur totale fournie dans les conditions et pendant la durée de l'expérience.....	calories	563.280	613.141	442.347
2° Chaleur fournie par heure......	calories	70.140	76.643	68.053
3° Chaleur fournie par heure et m² de surface de chauffe..........	calories	9.085	9.889	8.781
Rendement de la chaudière				
Quotient de la chaleur totale fournie par la chaudière par la chaleur totale fournie par le combustible. *a*) Avec le pouvoir calorifique inférieur	%	75,3	75,3	76
b) Avec le pouvoir calorifique supérieur.....................	%	74,3	74,7	75,5

permettra la formation du tableau d, puis enfin l'établissement du bilan thermique page 109.

Ces calculs se conduisent comme suit.

Calcul du volume des fumées produites par 1 kilogramme du combustible brûlé dans le foyer du générateur. — D'après les résultats de l'analyse des fumées à l'appareil d'Orsat, on peut calculer le volume des gaz brûlés comme suit : On sait que 1 kilogramme de carbone pur en brûlant dans l'oxygène donne un volume de 1 m³. 855 de CO^2.

(1 kilogramme de C donne en se combinant avec 2 kg. 667 d'O : 3 kg. 667 de CO^2 soit un volume de $\frac{3,667}{1,9774} = 1,855$ m³).

Alors 1 mètre cube de CO^2 correspond à $\frac{1}{1,855}$ kg. de C pur et comme dans nos fumées nous avons trouvé 13 m³ de CO^2 pour 100 mètres cubes de fumées, cela correspond à un poids de carbone pur de $\frac{1}{1,855} \times 13$, pour le carbone provenant de l'acide carbonique contenu dans 100 mètres cubes de fumées.

100 m³ de fumées donnent un poids de carbone de
$\frac{1}{1,855} \times 13$ provenant de CO^2................. soit 7^k,010
En raisonnant de même pour le carbone provenant de l'oxyde de carbone, on aurait :
$\frac{1}{1,866} \times 2,7$ provenant de CO................ soit 1^k,450
Poids total de carbone contenu dans nos 100 m³ de fumées.............................. soit 8^k,46

Alors, autant de fois 8 k. 46 sera contenu dans le poids de carbone pur de notre combustible, autant de fois nous aurons 100 mètres cubes de fumées.

Or le combustible accuse 86 k. 1 de carbone pour 100 kilogrammes de combustible sec, donc :

$\frac{86,1}{8,46} = 10,17$ nombre de fois 100 mètres cubes de fumées fournies par 100 kilogrammes de combustible sec : soit

1.017 mètres cubes pour 100 kilogrammes de combustible, donc 10 m³, 17 par kilogramme de combustible.

$$1^{re}\ \textit{expérience} : \frac{86,1\ (1)}{\dfrac{13}{1,855} + \dfrac{2,7}{1,866}} = 10,17\ \text{m}^3\ \text{par kg. de combustible sec}$$

$$2^{e}\ \textit{expérience} : \frac{86,1\ (1)}{\dfrac{13,6}{1,855} + \dfrac{1,4}{1,866}} = 10,65 \qquad » \qquad »$$

$$3^{e}\ \textit{expérience} : \frac{86,1\ (1)}{\dfrac{12,9}{1,855} + \dfrac{1,2}{1,866}} = 11,33 \qquad » \qquad »$$

(Voir au tableau *a* la composition du combustible et des fumées).

N.B.— La note suivante est faite pour un combustible autre que celui traité dans cet exemple pour montrer la manière d'opérer, si l'analyse élémentaire donne dans le combustible de l'hydrogène et de l'oxygène.

Nous supposons 3 k. 1 d'H et 3 k. 7 d'O pour 100 kilogrammes de combustible.

Mais à ces volumes il faut ajouter l'air nécessaire pour brûler l'H contenu dans le combustible, s'il y en a, soit ici 3 k. 1.

Or pour être brûlés en formant de l'eau, 3 k. 1 d'H demandent $3,1 \times 8 = 24$ k. 8 d'O dont il faut retrancher les 3 k. 7 déjà contenus dans le combustible, reste donc 21 k. 1 d'O.

Nous savons que, 21 k. 1 d'O correspondent à un volume d'air de 70 m³, 4 laissant en azote après combustion un volume de 55 m³, 6.

Soit pour 1 kilogramme de combustible..........	0 m³ 556 d'azote.
Or il s'est formé dans ces conditions..........	27 k. 9 d'eau.
Soit par kilogramme de combustible	0 k. 279 d'eau
et provenant de l'eau de l'humidité du combustible, s'il y a 1,3 % d'humidité	0 k. 013 d'eau
Total..........	0 k. 292 de vapeur

d'eau, qui forme un certain volume de vapeur d'eau à ajouter aux fumées, dont il faut tenir compte pour le calcul des carneaux et qu'il faudra faire entrer dans le calcul du bilan.

Détermination du poids du m³ et de la chaleur spécifique des fumées. — La composition des fumées fournie par les analyses

(1. On a pris pour le calcul du bilan thermique des 3 expériences une teneur moyenne de 86,1 % de carbone fixe ; 13 % de cendres ; 0,9 % de matières volatiles et 0,9 % d'hydrogène et un pouvoir calorifique inférieur de 6780 calories.

dans les 3 expériences est la suivante et elle permet les calculs qui suivent :

1re expérience

	Volumes	Poids du m^3	Poids total	Chaleur spécifique	Valeur en eau	
CO^2...	13 $\times$	1,9774 =	25,70 $\times$	0,231 =	5,940	D'où poids moyen du m^3 de fumées = 1,3581.
O.....	4,5 $\times$	1,4290 =	6,43 $\times$	0,218 =	1,400	
CO...	2,7 $\times$	1,2505 =	3,38 $\times$	0,242 =	0,818	Chaleur spécifique moyenne du m^3 de fumées : 0,239.
Az....	79,8 $\times$	1,2570 =	100,30 $\times$	0,242 =	24,300	
	100,0		135,81		32,458	

2e expérience

	Volumes	Poids du m^3	Poids total	Chaleur spécifique	Valeur en eau	
CO^2...	13,6		26,90		6,210	Poids moyen du m^3 = 1,3608.
O.....	3,8		5,43		1,184	
CO...	1,8	id.	1,75	id.	0,423	Chaleur spécifique moyenne : 0,239.
Az....	81,2		102,00		24,700	
	100,0		136,08		32,517	

3e expérience

	Volumes	Poids du m^3	Poids total	Chaleur spécifique	Valeur en eau	
CO^2...	12,9		25,51		5,900	Poids moyen du m^3 = 1,3587.
O.....	4,8		6,86		1,495	
CO...	1,2	id.	1,50	id.	0,363	Chaleur spécifique moyenne : 0,239.
Az....	81,2		102,00		24,700	
	100,0		135,87		32,458	

Faisant les produits des volumes trouvés page 103 par le poids moyen du mètre cube, on a le poids des fumées par kilogramme de combustible sec brûlé sur la grille.

	Volume	Poids du m^3	Poids total	Chaleur spécifique moyenne	Température	Calories emportées
1re expérience..	10,17 $\times$	1,3581 =	13,82 $\times$	0,239 $\times$	209 =	690
2e expérience...	10,65 $\times$	1,3608 =	14,49 $\times$	0,239 $\times$	196 =	679
3e expérience...	11,33 $\times$	1,3587 =	15,39 $\times$	0,239 $\times$	162 =	596

Ce poids multiplié par la chaleur spécifique moyenne et l'écart de température (température des fumées, moins température ambiante) donne les calories emportées par les gaz brûlés par kilogramme de combustible consommé.

Chaleur emportée par l'eau. — Eau vaporisée provenant de l'hydrogène combiné et de l'humidité :

H combiné 0,9 % donne en eau : $7,2 \cdot O + 0,9 \cdot H = 8^k,1$ eau pour 100 k. de combustible sec

humidité donnée d'après l'analyse.......... $= 1^k,0$ id.

Total...................................... $9^k,1$

Les calories entraînées par la vapeur d'eau dans les fumées sont donc pour 1 kilogramme de combustible brûlé :

1°) : $0^k,091 \times (\lambda_{100} - q_{19}) + 0,091 \times 0,48 \times 109$ [1] $= 61$ calories.

2°) : $0^k,091 (637 - 19) + 0,091 \times 0,48 \times 96 = 60,4$ calories.

3°) : $0^k,091 (637 - 19) + 0,091 \times 0,48 \times 62 = 58,95$ calories

N. B. — S'il y a dans le combustible de l'H et de l'O, si ce dernier n'est pas suffisant pour brûler H, il faut introduire de l'air en quantité correspondante dont il faut tenir compte dans les calculs.

Oxyde de carbone non brûlé. — Nous avons trouvé page (103)

1re exp. : $10^{m3},17$ — 2e exp. : 10,65 — 3e exp. : 11,33

ce qui correspond à 2, 7 — 1, 4 et 1, 2 de CO pour 100 mètres cubes, donc par kilogramme de charbon on a :

$$1^{re} \, exp. : \frac{2,7 \times 10,17}{100} = 0,274 \quad — \quad 2^e \, exp. : \frac{1,4 \times 10,65}{100} = 0,149$$

$$— \quad 3^e \, exp. : \frac{1,2 \times 11.33}{100} = 0,136$$

de CO en volume et en poids en multipliant par le poids du mètre cube de CO c'est-à-dire 1, 2505 donc :

1°) $0^k,343$ — 2°) $0^k,186$ — 3°) $0^k,170$

or, CO brûle en formant CO^2 et en entraînant 2403 calories ; rapportant ces pertes aux 100 calories contenues dans le

1. Voir tableau page 109.

combustible dont le pouvoir calorifique est au tableau a on a :

$$1^{re}\ expérience : \frac{0,343 \times 2403}{6780} \times 100 = 12,15\ \%\ \text{calories.}$$

$$2^e\ expérience : \frac{0,186 \times 2403}{6780} \times 100 = 6,59\ \%\ \text{calories.}$$

$$3^e\ expérience : \frac{0,170 \times 2403}{6780} \times 100 = 6,12\ \%\ \text{calories.}$$

N.B. — Nous avons donné comme exercice séparé les calculs des 3 expériences, mais en réalité le dosage du CO étant très incertain (dans ce cas) on a adopté un chiffre moyen de 1,5 pour le CO et 6780 calories pour le pouvoir calorifique moyen inférieur du combustible ; on a alors établi le bilan moyen suivant :

$$1^{re}\ expérience : 1,5 \times 1,2505 \times 10,17 \times \frac{2403}{6780} = 6,75.$$

$$2^e\ expérience : 1,5 \times 1,2505 \times 10,65 \times 0,354 = 7,07.$$

$$3^e\ expérience : 1,5 \times 1,2505 \times 11,33 \times 0,354 = 7,52.$$

On formera alors le tableau récapitulatif d voir pages 108 et 109.

Alors le bilan moyen ressort comme suit :

Chaleur sensible des fumées	9,66
Chaleur emportée par l'eau	0,90
Chaleur emportée par l'oxyde de carbone non brûlé [1]	7,10
Chaleur perdue dans les cendres et le mâchefer [2]	1,40
Chaleur rayonnée par la chaudière et pertes non dosées (par différence) [3]	5,44
Pertes totales	24,50
Chaleur utilisée par la chaudière (avec le pouvoir inférieur pour le combustible)	75,50
Total	100,00

1. En admettant comme ci-dessus 1,5 de CO dans les 3 expériences.

2. Dans les bilans calorifiques on peut admettre d'après les expériences si soignées et si bien exécutées par Scheurer-Kestner à Mulhouse, que, même avec une houille impure renfermant 20 % de cendres, les cendres et les scories en chaleur propre ou sensible, (c'est-à-dire compte non tenu du carbone non brûlé (escarbilles) ayant passé à travers la grille) qui s'échappent de la grille à une température élevée, emportent avec elles au plus $\frac{1}{5000}$ de la chaleur dégagée par la combustion. Donc pour 100 calories, 0,02 calories soit une quantité insignifiante.

3. Chiffre peut-être un peu fort mais qui provient d'un calorifugeage incomplet.

B. **Exemple d'un essai de chaudière à eau chaude chauffée au gaz de ville.** — Cet exemple, qui donne une mauvaise utilisation du gaz, est choisi dans le but d'attirer l'attention sur les vapeurs de combustion dans ce type de chaudière de chauffage.

L'essai avait pour but de mesurer le nombre de calories fournies par la chaudière, de calculer son rendement thermique, de déterminer la quantité de vapeur d'eau contenue dans les fumées et d'expliquer l'absence d'eau de condensation dans les tuyaux d'évacuation des fumées.

La chaudière soumise à ces expériences était une chaudière à gaz destinée au chauffage central par l'eau chaude. Elle était constituée par deux rangées de tubes d'eau de petit diamètre réunis par deux collecteurs, celui du haut pour le départ de l'eau chaude et celui du bas pour le retour. Le chauffage se faisait par deux rangées de becs de gaz type « *bunzen* ».

Description de l'installation d'essai. — Cette chaudière était placée dans une forme en tôle, destinée à réaliser les dimensions et la forme d'une cheminée ordinaire, dans laquelle ce type de chaudière est généralement installé.

Le circuit chaud se rendait au calorimètre de l'installation que nous avons décrite page 97 figure 37. Des thermomètres étaient placés d'une part à l'entrée et à la sortie de la chaudière, d'autre part à l'entrée et à la sortie de chacun des circuits du calorimètre.

Les fumées, ou mieux les gaz de combustion et l'air en excès, étaient évacués dans l'atmosphère par un tuyau en tôle aboutissant à une cheminée. Le tirage était réglé par un ventilateur aspirant et mesuré avec un manomètre à eau.

La température des fumées était mesurée dans le tuyau en tôle à un mètre de la chaudière.

Les fumées destinées à l'analyse étaient prélevées au même endroit. La consommation du gaz était mesurée par un compteur gradué en litres. Des thermomètres donnaient la température de la salle d'essai.

d) Tableau récapitulatif

	1	2	3
N° des expériences			
Combustible (coke)			
Cendres	13	13	13
Carbone pur	86,1	86,1	86,1
Hydrogène	0,9	0,9	0,9
Oxygène	0	0	0
Total	100,0	100,0	100,0
Eau	1 %	1 %	1 %
Poids de combustible sec brûlé aux expériences	109^k	119,6	84,7
Poids de combustible réellement brûlé (^{1})	107^k,9	118,2	83,7

Composition des gaz des fumées

	1	2	3
Acide carbonique	13	13,6	12,9
Oxygène	4,5	3,8	4,8
Oxyde de carbone	2,7	1,4	1,2
Azote (par complément)	79,8	81,2	81,1
Total	100,0	100,0	100,0
Poids de CO contenu dans les fumées pour 100 m³ de fumées	3,38	1,75	1,50
Volume des fumées pour 1 kilogramme de coké brûlé, calculé d'après le carbone réellement brûlé (sans tenir compte de l'air supplémentaire pour brûler l'hydrogène)	10m³,17	10,65	11,33
Poids correspondant à ces volumes	13^k,82	14,49	15,39

Cendres et mâchefer

	1	2	3
Mâchefer recueilli pendant l'essai	5^k,2	6,3	5,3
Cendres recueillies pendant l'essai	8,6	10,8	7,4
Carbone contenu dans les cendres	0,8	0,8	0,8
Carbone total perdu dans les cendres et mâchefer	1,1	1,4	1,0

Bilan calorifique.

Température des fumées	228	214	181
Température dans la salle	19	18	19
Différence	209	196	162
Chaleur spécifique moyenne des fumées	0,239	0,239	0,239
Pouvoir calorifique inférieur du coke	6.780	6.780	6.780
Chaleur sensible emportée par les fumées par kilogramme de combustible brûlé (chaleur sensible) [2]	690	679	596
Chaleur emportée par l'eau de combinaison et d'humidité [3]	61,0	60,4	59,0
Chaleur perdue dans le CO non brûlé [4]	824,0	447,0	372,5

Bilan pour 100 calories contenues dans le combustible

Chaleur perdue :			
a) Chaleur sensible des fumées [2]	10,177	10,015	8,791
b) Chaleur emportée par l'eau [2]	0,900	0,891	0,869
c) Chaleur emportée par les produits non brûlés [4]	12,150	6,590	6,120
d) Chaleur perdue par les cendres et mâchefer [5]	1,230	1,430	1,440
e) Chaleur rayonnée par la chaudière [6]	0,243	5,774	6,780
Total	24,7	24,7	24,0
Chaleur utilisée par la chaudière (calculée avec le pouvoir calorifique inférieur)	75,3	75,3	76,0
Total	100,0	100,0	100,0

1. C'est-à-dire déduction faite de 1 % de carbone perdu dans les cendres.
2. C'est-à-dire chaleur emportée par suite de leur élévation de température calculée avec le pouvoir inférieur moyen dans les 3 expériences.
3. Humidité du combustible et H de combinaison.
4. C'est-à-dire par le CO qui n'est pas brûlé et qui donnerait CO_2 en restituant 2403 calories par kilogramme.
5. Chaleur propre des cendres et mâchefer et carbone contenu en prenant pour C en CO_2 8080 calories ou d'après le pouvoir calorifique du combustible.
6. Obtenue par différence.
N. B. — Le chiffre 2,7 de CO dans les fumées pour l'expérience n° 1 est très douteux.

Tableau I

		1	2	3	4
Nº de l'expérience					
Durée de l'expérience	heures	3	3	3	3
Température moyenne de la salle de chauffe	Cº	17,2	17,2	18,8	17,3
Conditions de l'expérience (nombre de rampes de chauffage utilisées)		1 rampe	2 rampes	2 rampes	1 rampe
Combustible					
Quantité totale de gaz brûlé dans les conditions de l'expérience	m³	6,641	12,351	12,237	6,758
Quantité de gaz brûlé ramené à 0º et 760 millimètres de mercure	m³	6,426	11,710	11,622	6,430
Quantité de gaz brûlé par heure (à 0º et 760 millimètres)	m³	2,142	3,903	3,841	2,143
Température moyenne du gaz pendant l'expérience	Cº	17	18	17,5	47
Pouvoir calorifique supérieur du gaz (ramené à 0º et 760)	calories	4.767	4.718	4.603	4.878
Pouvoir calorifique inférieur (à 0º et 760)	calories	4.272	4.223	4.108	4.383
Fumées					
Dépression à la base de la cheminée	mm. d'eau	1,4	1,4	0,25	0,36
Température des fumées à la base de la cheminée	Cº	51	80,6	110	69,4
Eau					
Température moyenne de l'eau d'alimentation à l'entrée de la chaudière	Cº	59,1	55,2	57,6	57,2
Température moyenne de l'eau à la sortie de la chaudière	Cº	85,1	83,4	85,6	85,5

Eau chaude totale fournie dans les conditions de l'expérience.	kg.	672,1	1.171,9	1.177,4	625
Eau chaude fournie à l'heure	kg.	224	390,5	392,5	208,3

Calories produites

a) Quantité de chaleur fournie par le gaz (calculée avec le pouvoir calorifique supérieur).					
1° Chaleur totale fournie dans les conditions et pendant la durée de l'expérience.	cal.	30.633	55,248	53,496	31.365
2° Chaleur fournie par heure.	cal.	10.211	18.416	17,832	10.455
b) Quantité de chaleur fournie par le gaz (calculée avec le pouvoir calorifique inférieur).					
1° Chaleur totale fournie dans les conditions et pendant la durée de l'expérience.	cal.	27.452	49.451	47.743	28.183
2° Chaleur fournie par heure.	cal.	9.151	16.484	15.914	9.394
c) Quantité de chaleur utilisée dans la chaudière pour échauffer l'eau.					
1° Chaleur totale utilisée dans les conditions et pendant la durée de l'expérience.	cal.	17.475	33.048	32.967	17.687
2° Chaleur utilisée par heure.	cal.	5.825	11.016	10.989	5.896

Rendement de la chaudière

Rapport de la quantité de chaleur utilisée dans la chaudière à celle contenue dans le combustible.					
a) Calculé avec le pouvoir calorifique supérieur	%	57	59,8	61,6	56,4
b) Calculé avec le pouvoir calorifique inférieur	%	63,7	66,8	69,0	62,7

Conduite de l'essai. — Quatre expériences d'une durée de
9 heures chacune ont été exécutées :

 la 1re avec tirage de 1 mm. ½ et une seule rampe de brûleurs
 la 2e   »   1 mm. ½ et deux rampes de brûleurs
 la 3e   »   0 mm. 3 et   »   »
 la 4e   »   0 mm. 3 et une seule rampe de brûleurs.

Chaque expérience commençait quand le régime était bien
établi. On notait, toutes les dix minutes, les diverses températures des circuits, celles de la salle et des fumées, et la
valeur du tirage.

On notait également les temps correspondant aux dépenses
de gaz de mètre cube en mètre cube et d'eau de refroidissement de 100 en 100 kilogrammes.

Le pouvoir calorifique du gaz était mesuré au moyen du
calorimètre Junkers et la prise de gaz faite entre le compteur
et les brûleurs. Trois ou quatre pouvoirs calorifiques étaient
déterminer pendant chaque expérience.

L'analyse des fumées était exécutée à l'aide de l'appareil d'Orsat.

On a également opéré des prélèvements de gaz d'éclairage
destinés à l'analyse.

La vapeur d'eau contenue dans les fumées était dosée par
barbotage dans l'acide sulfurique et la prise faite dans la
conduite dès la sortie de la forme contenant la chaudière.

TABLEAU II

*Composition moyenne du gaz de ville (en volume
à 0° et 760 mm.)*

N° d'expérience		1	2	3	4
Anhydride carbonique	%	2,75	2,50	3,00	2,50
Oxygène	%	2,50	3,00	3,00	2,50
Oxyde de carbone	%	11,00	10,00	10,50	10,50
Hydrogène	%	47,75	53,00	47,80	52,20
Méthane	%	29,05	26,50	30,40	26,50
Azote	%	6,95	5,00	5,30	5,80
Total		100,00	100,00	100,00	100,00

Tableau II bis

Composition moyenne des fumées (en volume à 0° et 760 mm.)

N° d'expérience		1	2	3	4
Anhydride carbonique	%	0,75	2,00	3,50	1,50
Oxygène	%	18,75	17,50	13,80	17,10
Oxyde de carbone	%	0,00	0,00	0,00	0,00
Azote	%	80,50	80,50	82,70	81,40
Total		100,00	100,00	100,00	100,00

Calcul de l'excès d'air dans les fumées (exemple de calcul pour l'expérience n° 1)

a) Calcul des fumées neutres théoriques (d'après la composition du gaz)

	Gaz	Air de combustion		Fumées neutres		
		O^2	Az^2	CO^2	Az^2	H^2O
CO^2	2,75			2,75		
O^2	2,50	— 2,50	— 9,40		— 9,40	
CO	11,00	5,50	20,70	11,00	20,70	
H^2	47,75	23,87	89,70		89,70	47,75
GH^4	29,05	58,10	218,50	29,05	218,50	58,10
Az^2	6,95				6,95	
	100,00	84,97	319,50	42,80	326,45	105,85
		404,47				

Résultats. — Les résultats des essais sont donnés dans les tableaux des pages 110 et suivantes.

b) excès d'air.

Si on désigne par A l'excès d'air, la composition des fumées réelles est :

CO^2	42,80
Az^2	326,45
Vapeur d'eau	105,85
Excès d'air	A
Total	475,10 + A

La teneur en CO^2 des fumées réelles calculées devant être égale à celle des fumées analysées on doit avoir :

$$\frac{42,80}{42,80 + 326,45 + A} = \frac{0,75}{100}$$

d'où

$$A = 5.350,75.$$

La composition en volume des fumées (eau de combustion comprise) produite par la combustion de 100 volumes de gaz est donc :

CO^2	42,80
Az^2	326,45
Excès d'air	5 350,75
Vapeur d'eau	105,85
Total	5 825,85

A 1 litre de gaz correspondent donc 58,25 *litres* de fumées dont 53,50 *litres* d'air en excès.

Le calcul se conduit de la même manière pour les expériences n° 2, 3 et 4, il donne les résultats mentionnés dans le tableau suivant :

Composition des fumées pour chaque expérience pour 100 litres de gaz brûlé

N° d'expérience		1	2	3	4
Teneur en anhydride carbonique	litres	42,80	39,0	43,9	39,5
Teneur en azote	litres	326,45	311,4	332,23	313,56
Teneur en vapeur d'eau	litres	105,85	106,0	108,60	105,2
Excès d'air	litres	5.350,75	1.600,0	878,00	2.280,3
Fumées totales	litres	5.825,85	2.056,4	1.362,73	2.738,56

Étude de la non condensation. — En vue de se rendre compte des quantités de vapeur d'eau qui peuvent être entraînées par l'air en excès, nous donnons dans le tableau suivant le poids de vapeur d'eau saturante contenue dans un mètre cube d'air à diverses températures :

Un m³ d'air à 20° peut contenir 17,5 gr. de vapeur d'eau saturée
» » 30° » 31,1 gr. » »
» » 40° » 55,1 gr. » »
» » 50° » 92,3 gr. » »
» » 100° » 760 gr. » »
» » 200° » 11 647 gr. » »
» » 300° » 67 520 gr. » »
» » 360° » 141 370 gr. » »

Conditions de condensation dans les fumées. — Le tableau suivant donne les températures auxquelles commencerait à se produire la condensation dans les différents essais (points de rosée) [1].

N° d'expérience		1	2	3	4
Poids de vapeur d'eau dans les fumées	Gr./m³	15,25	28,80	46,00	27,35
Point de rosée	C°	19,7	25,2	37	27,5

Calcul du bilan thermique de la chaudière. — *a*) Calcul des calories entraînées dans la cheminée par les fumées pour 100 litres de gaz brûlés.

N° d'expérience	1	2	3	4
Calories emportées par l'anhydride carbonique	0,609	1,033	1,682	0,860
Calories emportées par l'azote	3,869	6,429	9,249	4,960
Calories emportées par l'excès d'air	55,760	31,085	24,616	36,406
Calories emportées par la vapeur d'eau	1,394	2,601	3,855	2,122
Calories totales emportées par les fumées	61,132	41,148	39,402	44,348

b) Calories entraînées dans la cheminée par les fumées pour 100 calories contenues dans le gaz.

1. Ceci montre pourquoi avec un grand excès d'air (voir tableau *b*) on peut éviter la condensation de la vapeur dans les conduites ; mais le rendement thermique du générateur en souffre d'autant (Voir bilan tableau page 111).

1º D'après le pouvoir calorifique supérieur.

Nº d'expérience	1	2	3	4
Pouvoir calorifique supérieur du gaz en calories	4767	4718	4603	4878
Calories entraînées pour 1 m³ de gaz brûlé	611	411	394	443
Calories entraînées pour 100 calories contenues dans le gaz	12,8	8,7	8,6	9,1

2º D'après le pouvoir calorifique inférieur.

	1	2	3	4
Pouvoir calorifique inférieur du gaz	4272	4223	4108	4383
Calories entraînées pour 100 calories contenues dans le gaz	14,3	9,7	9,6	10,1

Bilan thermique de la chaudière. — a) *D'après le pouvoir calorifique supérieur du gaz.*

Nº d'expérience		1	2	3	4
Calories utilisées pour échauffer l'eau	%	57	59,8	61,6	56,4
Calories emportées par les fumées dans la cheminée	%	12,8	8,7	8,6	9,1
Calories rayonnées par la chaudière, son coffrage et autres pertes non dosées (par différence)	%	30,2	31,5	29,8	34,5
Total (calories fournies par le gaz)	%	100,0	100,0	100,0	100,0

b) *D'après le pouvoir calorifique inférieur du gaz.*

Nº d'expérience		1	2	3	4
Calories utilisées pour échauffer l'eau	%	63,7	66,8	69,0	62,7
Calories emportées par les fumées dans la cheminée	%	14,3	9,7	9,6	10,1
Calories rayonnées par la chaudière, son coffrage et autres pertes non dosées (par différence)	%	22,0	23,5	21,4	27,2
Total (calories fournies par le gaz)	%	100,0	100,0	100,0	100,0

LIVRE II

LES ESSAIS DE MACHINES

CHAPITRE VI

DES UNITÉS MÉCANIQUES

La masse d'un corps est une quantité physique fondamentale choisie à cause de son invariabilité et de sa valeur, qui est indépendante de la pesanteur.

On la confond toujours dans le langage courant avec le poids du corps, qui n'est autre chose que la force exercée sur lui par la pesanteur.

La balance est un appareil qui ne pèse pas les corps ; mais qui compare leurs masses en utilisant le phénomène de la pesanteur ; cela parce qu'elle emploie des poids ayant une masse.

Le peson à ressort est le seul appareil qui pèse les corps, car ici la masse de la partie qui pèse n'intervient plus.

Symboles. — Toutes les quantités physiques peuvent se déduire de trois quantités fondamentales :

La longueur dont le symbole est.......................... L
La masse dont le symbole est .... M
Le temps dont le symbole est........................... T

Dans ces conditions les symboles sont les suivants pour les différentes unités usuelles :

Pour une surface : $L \times L$ .... L^2

Pour un volume : $L^2 \times L$ .... L^3

Pour une vitesse linéaire .... $\dfrac{L}{T}$ ou LT^{-1}

Pour une accélération : $\dfrac{LT^{-1}}{T}$ .... LT^{-2}

Pour une masse .... M

Pour une force : $m \times \gamma$ .... MLT^{-2}

Pour une pression : $\dfrac{F}{S}$ .... $ML^{-1}T^{-2}$

Pour une densité : masse de l'unité de volume .... ML^{-3}

Pour un travail : force $\times$ longueur .... ML^2T^{-2}

Pour une puissance : travail par seconde .... ML^2T^{-3}

Système C. G. S. — Dans ce système les unités fondamentales sont : le centimètre, le gramme, la seconde.

Ces unités sont trop petites, c'est un grave inconvénient pour l'adoption de ce système.

Dyne. — La dyne est l'unité de force. C'est la force qui imprime à l'unité de masse, l'unité d'accélération.

Erg. — L'erg est l'unité de travail ; c'est la dyne centimètre : si petit que l'on crée pour avoir une unité pratique, le *joule* qui vaut 10.000.000 d'ergs.

Le *watt* est l'unité de puissance, c'est le travail de 1 joule par seconde, on crée également :

Le *kilowatt* — qui vaut 1.000 watts, lequel est l'unité pratique de puissance pour les mécaniciens.

Applications. — Pour mieux faire saisir les unités mécaniques dans les différents systèmes nous donnerons quelques applications, qui montreront comment, par exemple, les dimensions des unités courantes se rattachent au système C. G. S.

Exercice. — Quel est dans le système C. G. S. le poids du gramme à Paris ?

Nous savons que $g = 9$ m. 81, c'est-à-dire que la pesanteur imprime à un corps pesant une accélération par seconde de 981 centimètres.

Comme le poids d'un corps n'est autre chose que la force exercée sur lui par la pesanteur :

1 gramme à Paris équivaut à 981 dynes, puisque par définition, la dyne, unité de force est la force qui imprime à l'unité de masse l'unité d'accélération.

1 gramme poids × 1 centimètre = 981 ergs, par définition de l'erg puisque l'erg, unité de travail, est avons-nous dit *la dyne centimètre.*

Problème. — Exprimer le kilogramme en ergs et joules. Dans notre système actuel nous savons que :

$$1 \text{ kilogrammètre} = 1 \text{ kilogramme} \times 1 \text{ mètre}$$

or dans le système C.G.S.

$$1 \text{ kilogrammètre} = 1\,000 \times 981 \text{ dynes} \times 100 = 98\,100\,000 \text{ ergs}$$

et puisque le joule vaut 10 000 000 d'ergs on a en joules :

$$\frac{98\,100\,000}{10\,000\,000} = 9{,}81 \text{ joules} \quad \text{ou} \quad 1 \text{ kilogrammètre.}$$

Alors 1 kilogrammètre vaut 9,81 joules et inversement : 1 joule vaut :

$$\frac{1}{9{,}81} \text{ kilogrammètre} \quad \text{ou} \quad 0{,}102 \text{ kilogrammètre.}$$

Comme 1 watt c'est 1 joule par seconde

$$1 \text{ watt} \quad \text{vaut} \quad 0{,}102 \text{ kilogrammètre-seconde}$$

et 1 kilowatt vaut 102 kilogrammètres-seconde, soit environ un poncelet.

Nous savons, d'autre part, que le cheval vaut 75 kilogrammètres-seconde ou 75 fois 9,81 joules par seconde ou 75 fois 9,81 watts donc

$$1 \text{ cheval} = 9{,}81 \times 75 = 736 \text{ watts.}$$

Si 1 cheval vaut 736 watts, 1 watt vaut $\frac{1}{736}$ cheval et 1 kilowatt vaut donc 1 cheval, 36.

Radian. — Le radian est l'unité d'angle, il correspond à l'arc de longueur égale au rayon

$$\text{Circonférence} = \pi d = \pi 2r \qquad \text{donc} \qquad 180^\circ = 1 \text{ radian} \times \pi$$

un angle de n° vaut $n\dfrac{\pi}{180}$ radians.

On peut encore dire :

L'angle trigonométrique est égal au rapport de la longueur de l'arc au rayon et se mesure en « *radians* », de sorte que l'on a encore :

$$1 \text{ circonférence} = 2\pi \text{ radians.}$$

Lignes trigonométriques. — Si nous traçons un cercle ayant pour rayon l'unité (voir figure 38) :

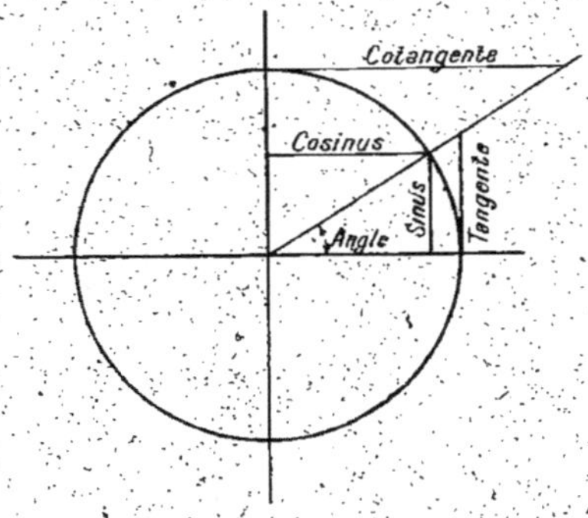

Fig. 38.

Le *sinus* est la longueur de la perpendiculaire abaissée de l'extrémité du rayon correspondant à l'arc sur le diamètre horizontal.

Le *cosinus* la longueur de la perpendiculaire abaissée sur le diamètre vertical.

La *tangente.* — La longueur de la perpendiculaire élevée sur l'extrémité du diamètre horizontal jusqu'à la rencontre du rayon.

La *cotangente.* — La longueur de la perpendiculaire élevée à l'extrémité du diamètre vertical jusqu'à la rencontre du rayon, etc., etc., (voir à ce sujet un traité de trigonométrie).

Des unités légales. — Une convention internationale d'avant-guerre a motivé, à l'officiel des 4 et 5 avril 1919 la publication des renseignements qui suivent, lesquels sont la conséquence d'un décret du 2 avril (Cette convention ne comprend pas les monnaies).

Dans le système MTS les unités principales sont :

> Longueur : le mètre,
> Masse : le kilogramme,
> Temps : la seconde, etc.

Mais il est en même temps créé à l'Officiel du 5 août 1919 des unités secondaires, qui en particulier sont pour la mécanique :

> Tonne : 1.000 kilogrammes,
> Force : appelée Sthène et désignée par Sn,
> Kilojoule,
> Kilowatt,
> Pression appelée Pieze qui vaut 1 Sthène pour 1 m².

Exercice. — Le sthène, qui est l'unité de force dans le système M. T. S., imprimera à l'unité de masse T (la tonne) l'unité d'accélération 1 mètre par seconde et cela par définition. Donc dans le système M. T. S. (unités secondaires mécaniques) la tonne-poids équivaut à 9,81 sthènes, puisque le sthène (unité de force) est la force capable d'imprimer à l'unité de masse (la tonne) l'unité d'accélération.

Donc, une tonne-poids vaut 9,81 Sn, alors 1.000 kilogrammes-poids valent 9,81 Sn. Ce qui signifie que 1 kilogramme-poids équivaut à 0,00981 Sn ou 0,981 centi-sthène, puisque, le centi-sthène est 100 fois plus petit que le sthène ; c'est-à-dire que dans ce système d'unités le centi-sthène serait à peu près l'équivalent du kilogramme du commerce.

« Provisoirement dit ce décret, on conservera les anciennes unités » (??). Et ce provisoire a beaucoup de chances pour rester définitif !

Ceci étant exposé, nous allons rappeler les unités principales usuelles et les théorèmes principaux dont nous aurons constamment besoin pour l'étude des appareils utilisés dans les essais de machines.

Travail. — Un travail est le produit d'une force par une longueur : trois cas à considérer :

1º Le déplacement du point matériel se fait dans la direction de la force $\mathcal{C}r = F \times S$.

2º La force est tangente à la trajectoire $d\mathcal{C}r = Fds$ dont l'intégrale donne $\mathcal{C}r = FS$.

Fig. 39.

3º La force est quelconque en direction (fig. 39).

Dans ce cas on détermine les deux composantes de F, l'une suivant la normale dont le déplacement est nul, et l'autre suivant la tangente qui seule intervient et donne :

$$d\mathcal{C}r = F \cos \alpha\, ds.$$

Donc le travail est toujours le produit de la force par la projection du chemin parcouru sur sa direction.

Travail moteur. — Le travail moteur d'une machine est la somme des travaux positifs effectués par elle.

Travail résistant. — Le travail résistant est dans les mêmes conditions la somme des travaux négatifs.

Travail d'un fluide. — Considérons le cas particulier d'un moteur à vapeur (fig. 40). Pendant l'admission de A_0 à A_1 la pression reste contante et l'on a :

$$\mathcal{C}r = pSl \quad \text{ou} \quad p \times v.$$

Pendant la détente on a à un moment quelconque :

$$d\mathcal{C}r = pSdl = pdv$$

donc le travail pendant la durée de la détente sera :

$$\mathcal{C}r = \int_{V_1}^{V_2} pdv$$

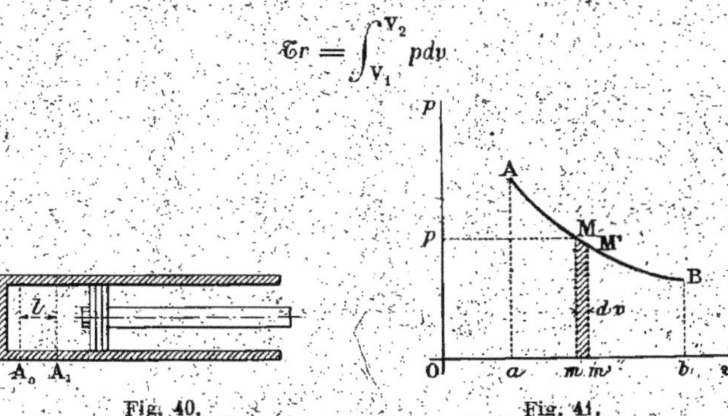

Fig. 40.   Fig. 41.

Représentation graphique. — Si nous appelons (fig. 41) p la pression en M pendant l'augmentation de volume infiniment petit $mm' = dv$ le travail sera :

$$d\mathcal{C}r = pdv$$

en intégrant nous aurons le travail total entre A et B donc :

Surface $aABb$ est le travail total entre A et B.

Indicateur de Watt. — C'est sur ce principe qu'est basé l'indicateur de Watt, qui est un véritable intégrateur du travail fourni par la machine à vapeur.

Une liaison du papier à diagramme avec la tige du piston déplace (fig. 42) ce papier A proportionnellement au volume engendré par le piston P ; il inscrit donc en abscisses les volumes ou des longueurs proportionnelles.

Un petit cylindre C, dont le piston est attelé à un ressort taré approprié correspondant aux valeurs des pressions à mesurer, donnera à chaque instant la valeur de la pression qui existe dans le cylindre, d'où le tracé du diagramme dont la surface donnera le travail effectué par le moteur à vapeur.

Le schéma du diagramme sera celui ci-contre : (fig. 43)

oa représente l'espace mort ou nuisible ;

AB correspond à la période d'admission ;

BC correspond à la période de détente.

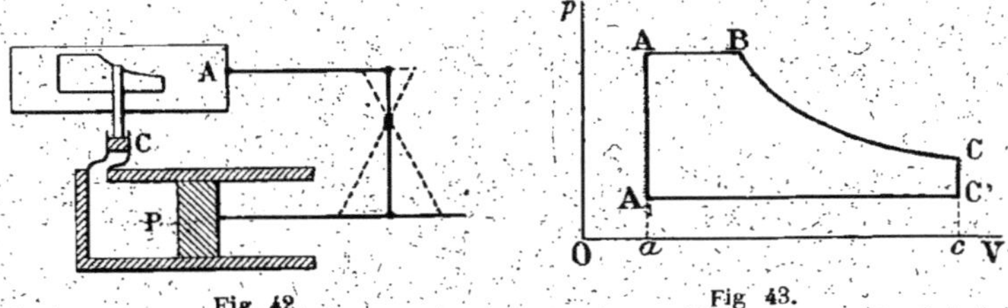

Fig. 42.   Fig 43.

Pendant le parcours ABC le travail développé est positif ; il est représenté par la surface *a*ABC*c*. Pendant le parcours de droite à gauche C'A₁, il est négatif et représenté par la surface aA₁C'c ; de sorte que le travail total fourni par la machine pour un tour est :

$$\text{aire } a\text{ABC}c - \text{aire } c\text{C'A}_1a = \text{aire A}_1\text{ABCC'}$$

c'est ce que l'on appelle le travail indiqué.

(Voir ci-contre (fig. 44), la disposition pratique d'un tel appareil).

Pression moyenne. — Si p_m est la pression moyenne résultant du diagramme, c'est-à-dire la hauteur du rectangle équivalent ayant même base on a :

$$\mathfrak{T} = \text{SL}p_m \quad \text{ou} \quad p_m = \frac{\mathfrak{T}}{\text{SL}} \qquad \begin{array}{l} \text{S surface du piston.} \\ \text{L course du piston.} \end{array}$$

La puissance indiquée est le travail indiqué en une seconde, soit pour une machine à simple effet : $\dfrac{\mathfrak{T}n}{60}$; si $\mathfrak{T}$ désigne le travail par tour et n le nombre de tours par minute.

Pour une machine à double effet on aura évidemment

(1)
$$\frac{2\mathfrak{C}n}{60}$$

et puisque
$$\mathfrak{C} = SLp_m$$

on aura pour (1)

$$\text{Puissance indiquée (double effet)} = \frac{2SLp_m n}{60}$$

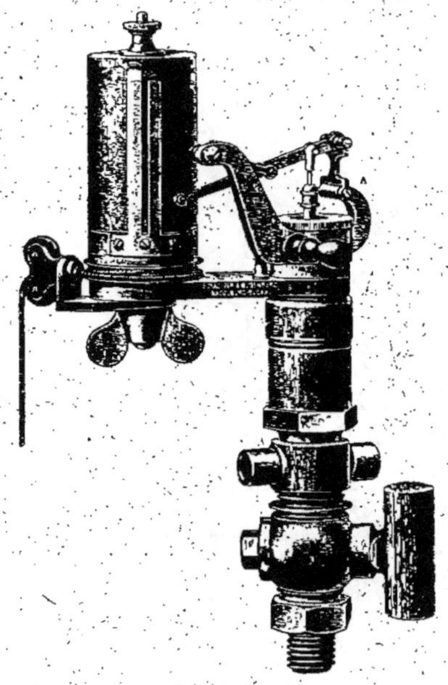

Fig. 44.

mais $\frac{2Ln}{60}$ n'est pas autre chose que la vitesse moyenne du piston soit u ; alors on peut écrire :

$$\text{Puissance indiquée} = Sup_m$$

ou encore :

$$p_m \times \text{Volume engendré par seconde.}$$

Diagramme de Clapeyron. — *Application.* — Détermination des dimensions d'un cylindre de machine à vapeur.

Le degré d'admission est défini par :

$$\delta = \frac{ob}{od}.$$

La puissance indiquée est donnée par :

(1) $\qquad\qquad \varphi \times \dfrac{Su}{75} p_m$

c'est le travail en chevaux pendant 1 seconde. Nous admettons pour cette machine une admission de

$$\delta = \frac{ob}{od}\,; \qquad u \text{ vitesse moyenne }; \qquad \varphi \text{ un coefficient} = 0,70.$$

Il y a deux manières de faire ce calcul. Soit :
1º par la construction graphique du diagramme ;
2º par le calcul.

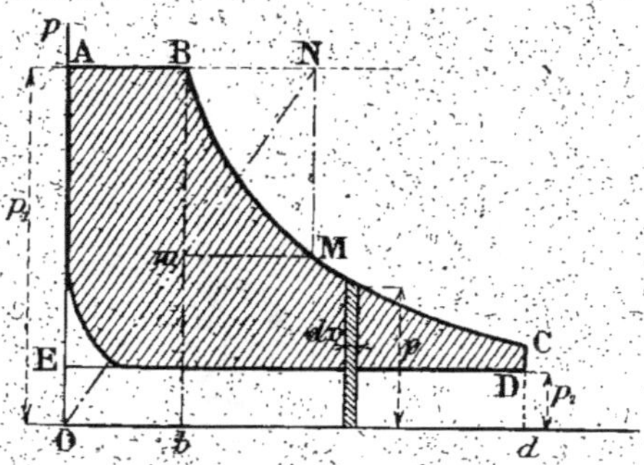

Fig. 45. — Diagramme de Clapeyron.

1º) Construction (fig. 45) graphique de la courbe BC du diagramme ABCDE. On mène ON quelconque puis mM et NM ; on sait que le point M est un point de l'hyperbole équilatère $pv = \mathrm{C^{te}}$. On planimètre et l'on a le parallélogramme équivalent qui donne p_m.

2º) On peut aussi calculer p_m comme suit, en supposant toujours exacte la loi $pv = \mathrm{C^{te}}$.

La pression moyenne p_m est égale à la surface du diagramme divisée par od c'est-à-dire :

$$obp_1 + \int_{ob}^{od} pdv - odp_2 = p_m \times od$$

$$p_1 \frac{ob}{od} + \frac{1}{od}\int_{xb}^{od} pdv - p_2 = p_m$$

(avec $pv = p_1 ob = C^{te}$ (détente isothermique), équation qui, comme on le sait, représente une hyperbole équilatère)

$$p_1\delta + p_1\frac{ob}{od}\int_{ob}^{od}\frac{dv}{v} - p_2 = p_m$$

$$p_1\delta + p_1\frac{ob}{od}[\text{Log}_e\, od - \text{Log}_e\, ob] - p_2 = p_m$$

$$p_1\delta + p_1\delta\,\text{Log}_e\frac{od}{ob} - p_2 = p_m$$

$$p_1\delta + p_1\delta\,\text{Log}_e\frac{1}{\delta} - p_2 = p_m$$

$$p_1\delta + p_1\delta(\text{Log}_e\, 1 - \text{Log}_e\,\delta) - p_2 = p_1\delta(1 - \text{Log}_e\,\delta) - p_2 = p_m.$$

Portant dans (1) on a finalement :

$$\text{Puissance en chevaux} = \varphi\frac{Su}{75}p_1\delta\left[1 - \text{Log}_e\,\delta - \frac{p_2}{p_1\delta}\right].$$

Exemple chiffré. — Données : Machine 100 chevaux, admission $1/5$; $p_1 = 6$ kg. ; $p_2 = 0^k,2$; 60° au condenseur, 80 t/m, monocylindrique double effet.

On admet surface diagramme est les $7/10$ du diagramme théorique et $\mathfrak{C}_e = 0,85\mathfrak{C}_i$, un coup de piston doit produire $\frac{75 \times 100 \times 60}{2 \times 80}$ kilogrammètres seconde, soit 2800 kilogrammètres-seconde effectifs ; donc $\frac{2800}{0,85} = 3300$ kilogrammètres-seconde ; indiqués admettant

$\varphi = 0,7$ on a $\frac{3300}{0,7} = 4700$ kilogrammètres-seconde indiqués.

Pour la valeur de p_m on a :

$$p_m = p_1\delta(1 - \text{Log}_e\,\delta) - p_2 = 6 \times 0,5 - 0,2 = 2\,\text{k. }8/cm^2.$$

Surface du piston en centimètres carrés $\times$ course en mètres $\times p_m = 4700$ d'où $S \times C = 1680$ et, si on admet une course de 800 millimètres, le diamètre du piston sera de 515 millimètres.

Effets de l'inertie. — *Forces d'inertie.* — Lorsqu'un point matériel est en mouvement la résultante des forces qui agissent sur lui est dirigée suivant l'accélération totale et elle a pour valeur le produit de cette accélération par la masse du point matériel

$$m\gamma = F.$$

La force d'inertie est fictive, égale et directement opposée.

Théorème de d'Alembert. — De ce qui précède on déduit que « Dans un système matériel en mouvement, il y a à chaque instant équilibre entre les forces, qui agissent sur les différents points matériels et les forces d'inertie de ces points. »

Ceci nous sera utile, en particulier pour l'étude des dynamos-dynamométriques.

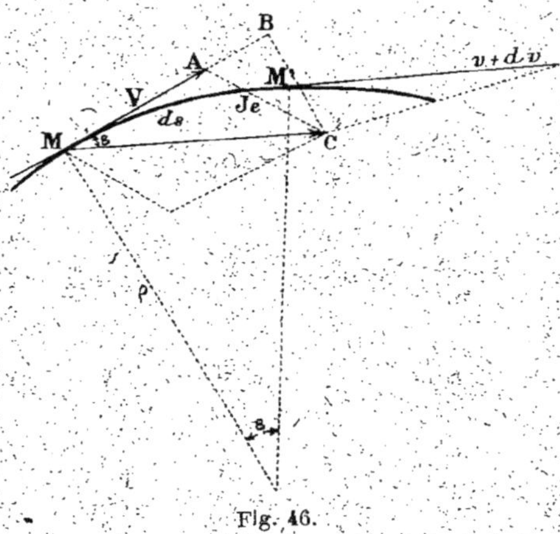

Fig. 46.

Force centrifuge. — L'accélération élémentaire est par définition un vecteur (fig. 46) qui se compose avec la vitesse v pour donner la vitesse $v + dv$; c'est une vitesse infiniment petite. On la désigne par Je

Cherchons ses deux composantes :

1°) Suivant la tangente on a :

$$AB = (v + dv)\cos \varepsilon - v = dv \quad \text{ou} \quad \frac{dv}{dt}$$

c'est *l'accélération tangentielle.*

2°) Suivant la normale on a :

$$\mathrm{BC} = (v + dv)\sin \varepsilon = v\varepsilon + \varepsilon dv \,^{(a)} = \frac{v\varepsilon}{dt} \qquad {}^{(a)} \text{ Quantité du } 2^e \text{ ordre}$$

multipliant haut et bas par ds on a :

$$\mathrm{BC} = \frac{v\varepsilon}{ds}\frac{ds}{dt} = v^2\frac{\varepsilon}{ds} = v^2\frac{1}{\rho} \qquad \text{car} \qquad \rho\varepsilon = ds$$

c'est l'accélération centriguge ou plus simplement la *force centrifuge*.

Force d'inertie tangentielle et force d'inertie centrifuge. — Il est commode de décomposer les forces d'inertie en deux :
1°) La force d'inertie tangentielle, qui a pour expression :

$$m\frac{dv}{dt}.$$

2°) La force d'inertie centrifuge, qui a pour expression $m\dfrac{v^2}{\rho}$ ou $m\rho\omega^2$ avec la vitesse angulaire dans laquelle $\rho\omega = v$

Exemple. — Supposons que nous ayons affaire à un volant ayant du balourd, dont le diamètre $= 1$ mètre, animé d'une vitesse linéaire $v = 25$ m/sec et d'un balourd $\mathrm{P} = 25$ kilogrammes placé à $0^m,50$ de rayon, on a :

$$\frac{mv^2}{\rho} = \frac{\mathrm{P}}{g}\frac{\overline{25}^2}{0,5} = 127\mathrm{P}; \quad \text{pour} \quad \mathrm{P} = 25 \text{ kg.} \quad \text{on a :} \quad 3\,200 \text{ kg.}$$

Or 25 m/sec c'est 90 kilomètres à l'heure ; les ressorts d'un wagon supportent 3200 kilogrammes, donc ce balourd peut le faire dérailler.

Hélice d'avion. — $\mathrm{D} = 2$ mètres ; vitesse $= 1\,200$ t/m ; poids d'une pale $= 20$ kilogrammes ; supposant une pale brisée, le centre de gravité à $0^m,50$ de l'axe de rotation, on trouve pour la force centrifuge :

$$\frac{20^k}{10} \times \frac{v^2}{0,5} = \frac{20 \times \overline{62}^2}{5} = 4 \times 4\,000 = 16\,000 \text{ kilogrammes }(^1).$$

---

1. Force capable d'arracher le moteur de la carlingue.

Problème. — On a quelquefois à résoudre dans le calcul des forces d'inertie le problème suivant :

Passer de la courbe des espaces à celle des vitesses, puis à celle des accélérations et déterminer les vitesses et les accélérations par constructions géométriques.

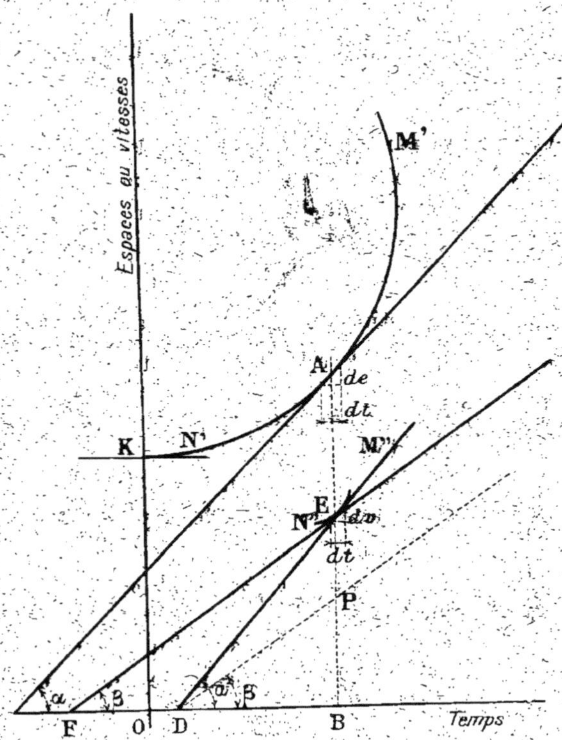

Fig. 47. — Si on avait en un point K une tangente horizontale, la courbe des vitesses passerait par l'origine.

Soit (fig. 47) la courbe M'N' des espaces décrits par le point matériel A. Si nous considérons la tangente en A passant par deux points infiniment voisins de A on a :

$$de = dt\ \mathrm{tg}\,\alpha \quad \text{donc} \quad \mathrm{tg}\,\alpha = \frac{de}{dt} = v.$$

Prenant :

$$BD = 1 \quad \text{on a :} \quad BE = 1 \, \text{tg} \, \alpha$$

le vecteur BE représente donc la vitesse et le lieu des points E sera la courbe des vitesses. Soit N''M'' cette courbe.

Menant EF tangente à la courbe des vitesses et répétant la même opération on a :

$$\text{tg} \, \beta = \frac{dv}{dt} = \gamma$$

menant DP parallèle à FE, on a en P un point de la courbe des accélérations ; car comme ci-dessus :

$$PB = 1 \, \text{tg} \, \beta \quad \text{donc} \quad PB = \gamma$$

et le lieu des points P nous donne la courbe des accélérations.

L'opération inverse ne peut se faire aussi commodément car, lorsque nous passons de la courbe des vitesses à la courbe des accélérations, nous tenons compte seulement de l'inclinaison, mais non de la position de la courbe des vitesses.

Il s'en suit que, quelle que soit la valeur de la vitesse pourvu que sa variation soit la même, nous avons le même point de la courbe des accélérations.

Comme nous n'avons pas tenu compte de la position de la tangente, l'opération inverse nous donne bien la valeur de la variation de la vitesse, mais non sa valeur absolue.

Pour avoir cette dernière il faut cheminer de proche en proche à partir d'une valeur déterminée de la vitesse, c'est-à-dire faire par un certain procédé une intégration graphique.

Voir comme application de ce principe dans la *Revue Générale des chemins de fer* 1884 1er semestre [1] une étude fort intéressante dont voici le résumé et les conclusions.

---

1. DESDOUIT, application à la résistance des trains — *Revue Générale des Chemins de fer*, 1884 pages 129 et 140. Intégration des espaces, vitesses et accélérations.

On sait que l'état dynamique d'un système de masse M animé d'un mouvement de translation est entièrement défini par la connaissance de la fonction continue

$$(1) \qquad e = f(t)$$

qui exprime la relation entre le temps et l'espace parcouru par un point quelconque.

A cette connaissance doit se joindre bien entendu celle de la trajectoire du mouvement.

La marche de cette fonction étant déterminée par l'expérience et traduite soit analytiquement soit graphiquement, on obtiendra par une double différentiation la loi des accélérations :

$$(2) \qquad \gamma = \frac{d^2 e}{dt^2} = f''(t)$$

d'où se déduit enfin la valeur de l'effort total appliqué au système

$$(3) \qquad F = M\gamma = Mf''(t).$$

Ainsi, connaissant la relation entre l'espace et le temps (1), il s'agit d'en déduire la loi des accélérations ou des forces qui leur sont proportionnelles (3). C'est une double différentiation à effectuer.

Une fonction quelconque étant représentée par les ordonnées d'une courbe dont les abscisses sont les valeurs de la variable principale, la fonction dérivée première s'obtient en prenant pour un point quelconque le coefficient angulaire de la tangente à la courbe.

Cette fonction dérivée étant elle-même représentée par une courbe, la fonction dérivée seconde s'en déduit de même.

Donc le problème géométrique se réduit à construire deux courbes, à tracer les tangentes et à relever leur coefficient d'inclinaison. C'est ce que nous venons de voir.

***

Il y a lieu de faire remarquer, qu'une très grande difficulté se présente pour avoir ainsi l'accélération avec une précision suffisante; voici pourquoi une mesure directe de l'accélération est souvent préférable ; c'est dans ce but qu'a été créé l'accéléromètre « *Auclair et Boyer-Guillon* »

Mesure directe de l'accélération. — Nous ne décrirons pas ici (1) ces appareils dans tous leurs détails ; qu'il nous suffise pour cela de renvoyer le lecteur aux travaux suivants :

Bulletin de la Société d'Encouragement : novembre 1921.
Revue Générale de Mécanique : 31 juillet 1912.
Bulletin des Ingénieurs Civils : juillet 1913.
Bulletin des Inventions : 1er mai 1925.

Théorème des forces vives. — Soient :

v = vitesse tangentielle,
s = longueur d'un arc de trajectoire,
t = temps,
F = résultante tangentielle,
m = masse du point matériel.

L'accélération tangentielle étant $\dfrac{dv}{dt}$ nous savons que l'on a :

$$m\frac{dv}{dt} = F \quad \text{avec} \quad v = \frac{ds}{dt} \quad \text{par définition ;}$$

de cela on déduit en multipliant membre à membre

$$mv\frac{dv}{dt} = F\frac{ds}{dt}$$

d'où

$$mv\,dv = F\,ds$$

et intégrant

$$\frac{1}{2}mv^2 = \mathcal{C}r + C^{te}$$

1. Voir plus loin chapitre XI.

et si l'on part d'une vitesse v_0 à l'origine :

$$\frac{1}{2}m(v^2 - v_0^2) = \mathcal{C}r.$$

Si au lieu d'un point matériel on a une infinité de points ou un système de points on a :

$$\Sigma\frac{1}{2}mv^2 - \Sigma\frac{1}{2}mv_0^2 = \mathcal{C}r.$$

Ce qui s'énonce. — « La demi-variation de la force vive d'un système matériel entre deux positions de ce système est égale à la somme des travaux des forces extérieures qui lui sont appliquées, entre les mêmes positions. »

Si on introduit la vitesse angulaire définie par :

$$\omega = \frac{d\alpha}{dt}$$

nous savons que

$$v = r\omega$$

alors on a :

(1)
$$\Sigma\frac{1}{2}mr^2(\omega^2 - \omega_0^2) = \mathcal{C}r.$$

Moment d'inertie. — Le facteur très important : Σmr^2 que l'on désigne par la lettre I est le « *Moment d'inertie* ».

Le moment d'inertie est donc indépendant des forces et des mouvements, il ne dépend que de la répartition des masses (mr^2). Alors portant dans (1) :

(1)
$$I = \Sigma mr^2$$

on peut écrire

(2)
$$\frac{1}{2}(\omega^2 - \omega_0^2)I = \mathcal{C}r.$$

cette équation (2) nous amène aux conclusions suivantes :

1°) Deux corps tournants, qui ont les mêmes moments d'inertie et qui sont soumis à l'action de forces dont les moments sont égaux, prendront les mêmes mouvements angulaires, si les vitesses de rotation initiales sont égales.

2°) Dans les corps tournants, les moments des forces extérieures et le moment d'inertie jouent un rôle analogue à celui des forces tangentielles et de la masse dans les mobiles libres ; il suffit en effet dans cette équation de remplacer I par une masse, et ω et ω_0 par des vitesses linéaires, pour retomber sur l'équation des forces vives appliquées à un point matériel que nous avons précédemment donnée :

$$\frac{1}{2} m(v'^2 - v_0^2) = \mathcal{C}_r.$$

Rayon de giration. — L'expression du moment d'inertie $I = \Sigma mr^2$ se met souvent sous une autre forme. Si M est la masse totale du corps on a :

$$M = \Sigma m$$

et l'on pose

$$I = MK^2$$

K serait la distance à l'axe fixe d'un point matériel fictif ayant la même masse et le même moment d'inertie que le corps considéré ; cette quantité K s'appelle « *rayon de giration* ».

Pour la calculer il suffit de remarquer qu'elle est donnée par la relation :

$$K^2 = \frac{I}{M} = \frac{\Sigma mr^2}{M}.$$

Le calcul de Σmr^2 se fait par les procédés ordinaires du calcul intégral ; on en trouve de nombreux exemples dans tous les traités de mécanique.

Applications aux volants. — De (2) :

$$\frac{1}{2}(\omega^2 - \omega_0^2)I = \mathcal{C}$$

on déduit :

$$\frac{\mathcal{C}}{I} = \frac{1}{2}(\omega^2 - \omega_0^2).$$

Donc : 1°) Si le moment d'inertie est grand la régularité est grande.

2°) Si on différentie (2) ci-dessus on a :

$$I\omega d\omega = d\mathcal{C} \qquad \text{d'où} \qquad d\omega = \frac{d\mathcal{C}}{I\omega}$$

ce qui montre qu'une machine se régularise en tournant vite.

Des résistances passives. — On considère en général deux sortes de résistances passives : Celles « *intérieures* » et celles « *extérieures* ».

Les résistances passives intérieures sont principalement dues au défaut de rigidité des liaisons, aux flexions des pièces, aux chocs, au frottement des pièces entre elles, etc.

Les résistances extérieures sont principalement dues à la pesanteur et à la résistance des milieux. Nous allons les analyser :

1°) *Déformations ; chocs.* — La déformation des pièces peut résulter d'une construction trop légère ou de matériaux trop élastiques. Si ces déformations sont permanentes c'est évidemment du travail perdu ; si elles ne sont pas permanentes mais élastiques, le travail absorbé peut être restitué ; mais, si la détente est brusque, il en résulte alors des vibrations qui sont causes de travail perdu.

Les chocs sont évidemment du travail perdu ; par exemple dans le cas d'une tête de bielle qui « cogne » (etc.)

2°) *Frottements* : Le frottement est la cause la plus importante des résistances passives.

Pour mouvoir un corps sur un plan horizontal il faut lui appliquer une force F parallèle au plan et l'expérience montre, que l'intensité de cette force est proportionnelle au poids P du corps et à un certain coefficient f, qui dépend de la nature des surfaces en contact, de telle sorte que l'on a :

$$F = P \times f \quad \text{d'où} \quad f = \frac{F}{P}$$

c'est la définition du coefficient de frottement.

Quand le mouvement est en régime la réaction du plan est dirigée suivant OR formant un angle φ avec la normale, puisque le corps est en équilibre sous l'action des 3 forces F, R et P, cela nécessite que l'une quelconque d'entre elles soit égale et directement opposée à la résultante des deux

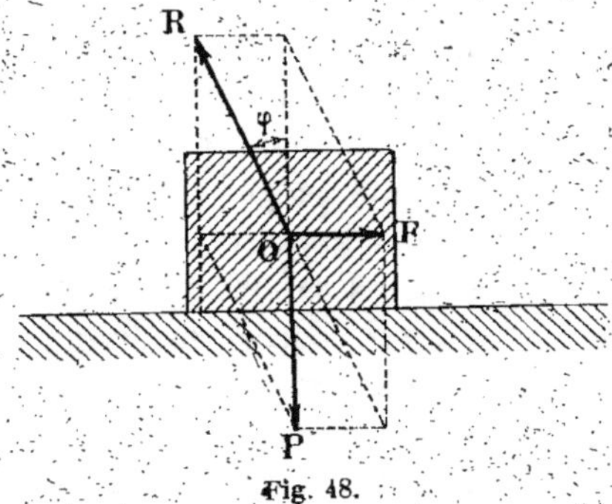

Fig. 48.

autres. Et puisqu'il y a équilibre les projections sur deux axes de coordonnées sont nulles et l'on peut écrire :

$$R \cos \varphi - P = 0 \quad \text{et} \quad R \sin \varphi - F = 0$$

faisant le quotient de ces deux équations on a :

$$\frac{F}{P} = \operatorname{tg} \varphi$$

c'est-à-dire f par définition ; donc :

$$\operatorname{tg} \varphi = f$$

(Voir aussi plus loin chapitre 10).

3°) *Pesanteur.* — Si on considère un tour complet il y a restitution.

4°) *Résistance des milieux.* — C'est la résistance de l'air sur la locomotive, sur l'automobile ; de l'eau sur le navire ; de l'air sur les induits des dynamos et en particulier sur les plans des freins Charles-Renard, etc.

CHAPITRE VII

RAPPEL DES PRINCIPES DE THERMODYNAMIQUE

Premier principe fondamental de la Thermodynamique. — *Principe de Carnot.* — « Pour produire une même quantité de travail la quantité de chaleur transportée de la source chaude à la froide est la même pour 2 corps différents. »

Ce premier principe se démontre par l'absurde.

Prenons deux cycles de Carnot égaux en température et en quantité de travail, correspondant à 2 machines à fluides différents ; accouplons-les de manière que l'une tourne en transportant la chaleur de T_2 à T_1 et que l'autre actionnée par la première, remonte la chaleur de T_1 à T_2.

Les cycles étant égaux la somme des travaux développés est nulle. Si nous supposons qu'il n'en est pas de même pour la chaleur transportée, nous aurons de la chaleur en excédent capable de mettre en mouvement une autre machine. C'est impossible, car ce serait créer du travail avec rien ; ce serait plus que le mouvement perpétuel, donc impossible.

Deuxième principe fondamental. (ou principe de l'équivalence). — Lorsqu'un corps fonctionne suivant un cycle de « *Carnot* » entre 2 températures déterminées, le travail produit est proportionnel à la quantité de chaleur empruntée à la source chaude ; et le rapport proportionnel est le même quelle que soit la nature du corps qui sert de véhicule à la chaleur ; ce rapport ne dépend que des températures extrêmes.

Nous en donnerons plus loin une démonstration ; disons tout d'abord que :

Le principe de l'équivalence nous conduit à la conséquence suivante [1].

Conséquence du 2e principe fondamental. — Application
du principe de l'équivalence. Répartition de la chaleur
fournie à un corps.

Soient p, v et t (fig. 49) la pression, le volume et la température d'un corps dont l'état est représenté par le point
figuratif A.

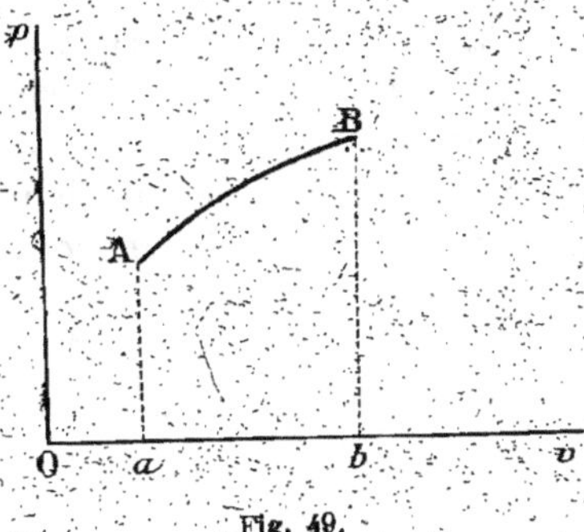

Fig. 49.

Supposons que ce corps subisse une transformation AB ;
il faudra pour cela lui fournir une quantité Q de chaleur.

1. VIGREUX. Le travail mécanique que peut fournir l'unité de chaleur (quantité de travail nécessaire pour élever de 1° c., 1 kilogramme d'eau) est de 424 ou
425 kilogrammètres. C'est *l'équivalent mécanique de la chaleur*, Q unités de chaleur
produiront un travail $\tau = 424$ Q kilogrammètres. Réciproquement

$$Q = \frac{1}{424}\tau.$$

Le coefficient $\frac{1}{424}$ que l'on désigne par A se nomme : « *équivalent calorifique
du travail* ». ATr est *donc la chaleur* équivalente au travail.

DWELSHAUVERS-DERY dit : La lettre A représente $\frac{1}{425}$ calorie ou l'équivalent
thermique du kilogrammètre.

Le nombre 424 ou 425 est en général désigné par la lettre E de sorte que :

$$E = \frac{1}{A}$$

Comment se répartit cette chaleur ?

a) Il y a : primo production d'une certaine quantité de « *travail extérieur* » qui est représentée par l'aire $a\mathrm{AB}b$; ce travail a pour valeur

$$\mathcal{C}_e = \int p\,dv$$

et une quantité de chaleur équivalente [1] $\mathrm{A}\mathrm{T}_e$ a été détruite.

b) En second lieu la température du corps s'est modifiée, cette modification dans la température a absorbé une certaine quantité de chaleur, que l'on appelle « *chaleur sensible* » ; on la représente par F.

c) Enfin les positions relatives des molécules du corps ont été modifiées ; il a fallu pour cela consommer un certain travail que l'on représente par $\mathcal{C}_i$; la chaleur correspondante sera $\mathrm{A}\mathcal{C}_i$.

En définitive la chaleur totale fournie au corps aura pour expression :

$$Q = \underbrace{\mathrm{A}\mathcal{C}_e}_{\substack{\text{Chaleur} \\ \text{externe}}} + \underbrace{F + \mathrm{A}\mathcal{C}_i}_{\substack{\text{Chaleur} \\ \text{interne}}}$$

Application. — Pour mieux fixer ces idées nous allons immédiatement en faire une application.

Soit 1 kilogramme d'eau à $0°$ enfermé dans un cylindre muni d'un piston sans poids et supportant la pression atmosphérique.

Si on chauffe le cylindre il faut dépenser de la chaleur pour porter l'eau à l'état d'eau à $100°$, soit un travail extérieur peu important, la chaleur est donc presque entièrement consommée à vaincre les résistances moléculaires et à élever la température.

Mais ayant atteint l'état d'eau à $100°$, si l'on continue à chauffer, l'eau se vaporise à température constante et nous savons qu'il faut fournir pour cela (voir tables)

$$r = \dots \dots \dots \dots \dots \dots \dots \dots \text{cal.}\quad 536{,}5\ (1)$$

c'est ce que nous désignons par (r) ou le terme Q ci-dessus.

Mais cette chaleur se subdivise ainsi :

a) Une partie est transformée en travail extérieur. En effet le volume donné par les tables pour 1 kilogramme d'eau en vapeur saturée à 100° est de . . . . 1651 litres

et comme l'eau occupait avant . . .   1 litre

l'accroissement de volume est de . . 1650 litres

et cela sous une pression par centimètre carré de 1 k. 033, le travail extérieur est donc en kilogrammètres de :

$$\mathfrak{C}_e = 1^k{,}033 \times \text{S en cm}^2 \times \text{L en mètres.}$$

ou en exprimant la surface en mètres carrés :

$$\mathfrak{C}_e = 1{,}033 \times \text{L} \times \text{S} \times 10000$$
$$\mathfrak{C}_e = 1{,}033 \times \text{Vol en M}^3 \times 10000$$
$$\mathfrak{C}_e = 1{,}033 \times 1{,}650 \times 10000 = 17\,044{,}5 \text{ kilogrammètres.}$$

Divisant par l'équivalent mécanique de la chaleur on a :

$$\frac{17\,044{,}5}{424} = 40{,}2 \text{ cal. } (2)$$

c'est le terme $A\mathfrak{C}_e$ ci-dessus ou $Apdu$ des tables. .   40,2 (2)

qui retranché de (1) donne 496,3 (3)

N.B. — Voir DWELSHAUVERS-DERY. Encyclopédie Léauté-Gauthier Villars et fils. « *Etude calorimétrique de la machine à vapeur* » dont les tables sont très détaillées.

(1) c'est la quantité (r) ;   (2) c'est Apdu ;   (3) c'est ρ

$$r = \rho + Apu$$

soit la chaleur latente totale du kilogramme de vapeur saturée, qui pour 200°322 soit 16 kilogrammes absolus donne :

$$464{,}062 = 416{,}945 + 47{,}117$$
$$r = \rho + Apu.$$

Différents symboles de notation :

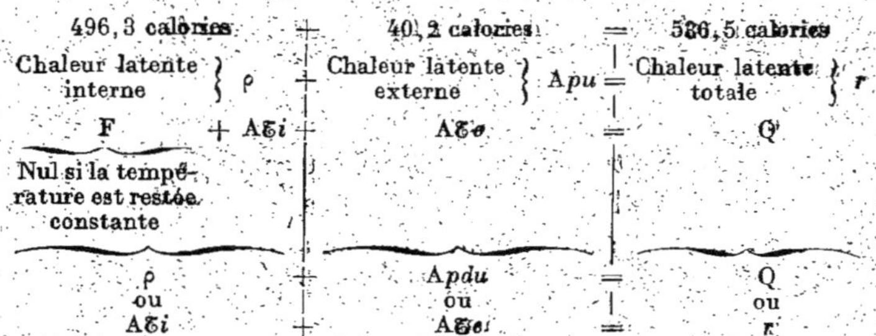

	496,3 calories	+	40,2 calories	=	536,5 calories	
Chaleur latente interne	} ρ	+	Chaleur latente externe } Apu	=	Chaleur latente totale	} r
	F	$+ A\varepsilon i +$	$A\varepsilon\theta$	$=$	Q'	

$\underbrace{F}_{\text{Nul si la température est restée constante}}$

ρ	+	$Apdu$	=	Q
ou		ou		ou
$A\varepsilon i$	+	$A\varepsilon\theta$	=	r

496,3 est le terme que l'on désigne par ρ dans les tables
et celui que nous avons désigné ci-dessus par $A\varepsilon_i$, qui correspond au travail consommé pour vaincre les résistances
intermoléculaires.

b) La température de 100° étant restée constante, dans
ce cas particulier le terme F $= 0$. [1].

Démonstration du deuxième principe. — Il est facile d'établir que :

$$\frac{Q_2}{Q_1} = \frac{T_2}{T_1}.$$

En effet dans le cycle de Carnot ainsi tracé (fig. 50) on
sait que suivant les isothermes on a :
(Voir plus loin pages 149 et suivantes)

(1')
$$Q_2 = Ap_1v_1 \, \mathrm{lg.} \, \frac{v_2}{v_1}$$

---

1. En général il est très difficile de séparer la chaleur interne T_i de celle
correspondant à l'élévation de température F dite chaleur sensible : on les réunit souvent ensemble en leur donnant le nom de « *chaleur interne* ».

(a)
$$Q = A\varepsilon_e + F + A\varepsilon_i, \quad A = \frac{1}{425}.$$

Chaleur totale = chaleur externe + chaleur interne.
Si on appelle Δu la variation de la chaleur interne, (a) s'écrit
$$Q = A\varepsilon_e + \Delta u.$$
On rencontre aussi cette équation sous la forme différentielle :
$$dQ = A d\varepsilon_e + du$$
ou encore
$$dQ = Apdv + du.$$

et

(1) $$Q_1 = A p_1 v_1 \, \mathrm{Lg}_e \frac{v_3}{v_4}$$

et suivant les adiabatiques :

(c) $$T_2 v_1^{m-1} = T_1 v_4^{m-1} \quad \text{et} \quad T_2 v_2^{m-1} = T_1 v_3^{m-1}$$

car, on sait que,

(a) $$\frac{p_1 v_1}{T_2} = p_0 v_0 \alpha = R \quad \text{et} \quad \frac{p_4 v_4}{T_1} = p_0 v_0 \alpha = R$$

or l'équation de l'adiabatique est :

(b) $$p_1 v_1^m = p_4 v_4^m$$

divisant (b) par (a) on a bien (c).

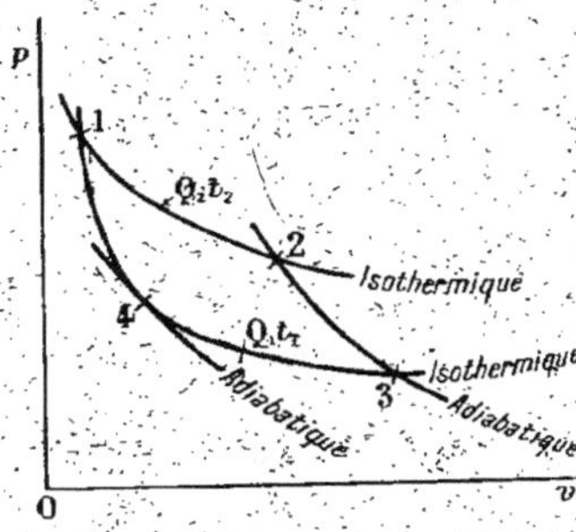

Fig. 50.

Divisant les équations (c) membre à membre et extrayant la racine $(m - 1)^{\text{ième}}$:

(2) $$\frac{v_2}{v_1} = \frac{v_3}{v_4}.$$

D'autre part (a) montre que, comme nous l'avons rappelé ci-dessus et comme on le verra plus loin :

$$\frac{p_1 v_1}{T_2} = \frac{p_4 v_4}{T_1} = R$$

d'où l'on tire

(4) $$\frac{p_1 v_1}{p_4 v_4} = \frac{T_2}{T_1}$$

en vertu de l'égalité (2) les équations (1) et (1') donnent en les divisant membre à membre :

$$\frac{Q_2}{Q_1} = \frac{p_1 v_1}{p_4 v_4}$$

alors combinant avec (4) on a finalement :

$$\frac{Q_2}{Q_1} = \frac{T_2}{T_1} \qquad \text{C. Q. F. D.}$$

Application aux gaz permanents. — Des deux grands principes de la thermodynamique et de ce que nous venons de dire il résulte que :

Si un gaz parfait parcourt un cycle de Carnot, la quantité de chaleur Q_2 empruntée à la source de chaleur et la quantité de chaleur Q_1 cédée à la source froide sont entre elles comme les températures absolues T_2 et T_1 entre lesquelles le cycle est compris.

(1)　　　　$\dfrac{Q_2}{Q_1} = \dfrac{T_2}{T_1}$　d'où　$\dfrac{Q_2}{T_2} = \dfrac{Q_1}{T_1}$

et alors

$$\frac{Q_2 - Q_1}{T_2 - T_1} = \frac{Q_2}{T_2} \qquad \text{d'où} \qquad \frac{Q_2 - Q_1}{Q_2} = \frac{T_2 - T_1}{T_2} = \eta$$

η est ce que l'on appelle le « *coefficient économique du cycle de Carnot* ».

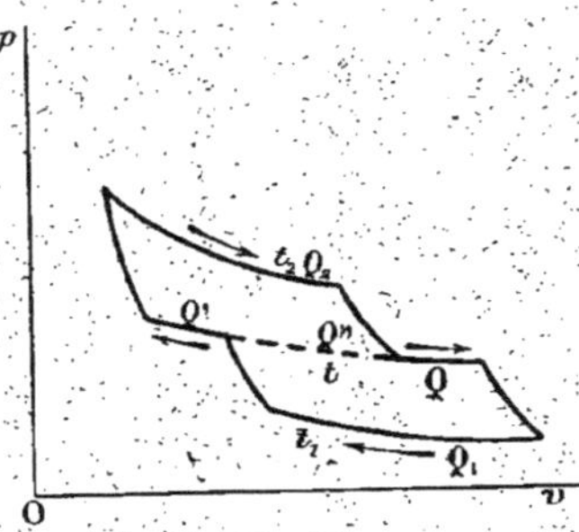

Fig. 51.

Extension à un cycle fermé reversible quelconque. (Equation de Clausius). — Traçons (fig. 51) un cycle réservible à

3 températures fixes et appliquons à chacun l'équation ci-dessus on a :

$$\frac{Q_2}{T_2} - \frac{Q'' + Q'}{T} = 0$$

et

$$\frac{Q'' + Q}{T} - \frac{Q_1}{T_1} = 0$$

faisant la somme on a :

$$\frac{Q_2}{T_2} + \frac{Q - Q'}{T} - \frac{Q_1}{T_1} = 0 \quad \text{ou} \quad \Sigma\frac{Q}{T} = 0.$$

Equation de Clausius. — Cette théorie peut être généralisée et étendue à un cycle de forme quelconque et, par le procédé infinitésimal, on peut étendre cette démonstration à des cycles réversibles, dans lesquels la température varie d'une manière continue. Il suffit pour cela de diviser le cycle en éléments infiniment petits, la sommation devient une intégrale et l'équation ci-dessus s'écrit alors :

$$\int \frac{dQ}{T} = 0$$

due à Clausius.

dQ est la chaleur fournie au corps quand sa température absolue est T.

A prendre avec le signe — si la température est enlevée au corps et le signe + si elle lui est fournie.

Gaz permanents. — On appelle gaz permanents des gaz qui sont très éloignés de leur point de liquéfaction. Ils sont aussi désignés sous le nom de gaz parfaits.

Ces gaz obéissent aux 4 lois suivantes :

1º *Loi de Mariotte.* — A température constante le volume varie en raison inverse de la pression, ce qui s'écrit :

$$pv = p_0v_0 = p_1v_1 = \text{C}^{\text{te}}.$$

2º *Loi de Gay-Lussac.* — Le coefficient de dilatation sous pression constante est constant (résultat d'expérience), ce qui s'écrit :

$$pv = p_0v_0 + p_0v_0\alpha t$$

ou

$$pv = p_0 v_0 (1 + \alpha t) \qquad \text{ou} \qquad \frac{pv}{T} = \alpha p_0 v_0$$

ou encore

$$pv = RT$$

en posant

$$R = \alpha p_0 v_0$$

et sachant que

$$\alpha = \frac{1}{273} \qquad \text{et} \qquad 273 + t = T.$$

De la loi ci-dessus on déduit que :

Le coefficient de dilatation sous volume constant est constant.
En effet

$$(1) \qquad\qquad pv = p_0 v_0 (1 + \alpha t).$$

et si nous appliquons cette loi à un autre état de même volume (*v*) à la température 0° et à la pression p_1 on a :

$$p_1 v = p_0 v_0 (1 + 0)$$

donc en vertu de (1)

$$p_1 v = \frac{pv}{1 + \alpha t}$$

divisant par *v* il reste

$$p_1 \times (1 + \alpha t) = p.$$

Donc, le volume restant invariable la pression p_1 à 0° est augmentée de $p_1 \alpha t$ lorsque le gaz a pris la température *t*; donc α, le coefficient de dilatation sous volume constant, est bien constant.

3° *La chaleur spécifique* sous pression constante est constante. L'expérience a montré que pour les gaz permanents C'est constant ; cela s'écrit :

$$\frac{dQ}{dt} = C.$$

4° Enfin les *réactions intermoléculaires sont nulles.*

Ceci se démontre par l'expérience des deux ballons égaux, l'un vide, l'autre plein d'air sous pression. Si on les place dans un calorimètre et si, quand l'équilibre de température est atteint, on ouvre la communication l'air se met en équilibre dans les 2 ballons et le calorimètre n'accuse aucune variation de température ; dans ces conditions, dans l'équation générale :

$$Q = A\mathfrak{C}_e + F + A\mathfrak{C}_i$$

comme l'expérience ci-dessus le montre $Q = 0$; $\mathfrak{C}_e$ est nul, puisque le volume n'a pas changé ; F est nul, puisque pas d'élévation de température ; il faut alors que $\mathfrak{C}_i$ soit nul, donc il n'y a pas de réactions intermoléculaires.

Détente élémentaire. — Le travail intérieur étant nul dans un gaz permanent, la variation de chaleur interne n'est fonction que de l'élévation de température, on a donc :

$$du = K dt$$

K étant un coefficient constant.

Alors, la quantité de chaleur à fournir à un gaz parfait pour une transformation élémentaire est :

$$(1) \qquad dQ = Apdv + Kdt ;$$

quant au coefficient K on l'obtient facilement en considérant une transformation à volume constant, dans laquelle dv étant nul, (1) devient :

$$d_1Q = Kdt$$

où d_1Q est la quantité de chaleur nécessaire pour élever de dt la température du gaz sans changement de volume, c étant la chaleur spécifique sous volume constant

$$d_1Q = cdt \qquad \text{donc} \qquad K = c$$

et (1) s'écrit

$$(2) \qquad dQ = Apdv + cdt.$$

Calcul de la chaleur spécifique sous volume constant. — Si nous considérons une transformation sous pression constante, on aura par définition de la chaleur spécifique sous pression constante C :

$$(3) \qquad d_2Q = Cdt$$

de l'équation

$$pv = \alpha p_0 v_0 T,$$

p étant constant on tire :

(4)
$$pdv = \alpha p_0 v_0 dt$$

l'équation (4) combinée avec (3) et (2) donne :

$$C dt = A \alpha p_0 v_0 dt + c dt \quad \text{d'où} \quad c = C - A \alpha p_0 v_0.$$

Les deux termes du 2e membre étant constants, c est constant, d'où la loi suivante :

« *La chaleur spécifique sous volume constant est cons'ante* ».

Enfin, cette égalité permet de calculer (c) et d'en déduire le rapport désigné souvent par (m) ou (γ) ; (c) est très difficile à mesurer directement, c'est pourquoi il vaut mieux le calculer ainsi :

$$m = \frac{C}{c} = 1,41 \quad \text{voir note } (a).$$

Détente isothermique. *Equation d'une isotherme.* — L'équation de l'isotherme est obtenue en partant de l'équation générale

$$pv = \alpha p_0 v_0 T$$

dans laquelle on fait T constant, on a :

$$pv = C^{te} ;$$

c'est donc une hyperbole équilatère.

(a) Voir *Moteurs à combustion interne*, par Paul Dumanois. Encyclopédie de Mécanique appliquée (Baillière, éditeur).

	C_p	C_v	$m = \frac{C_p}{C_v}$	R
Hydrogène H^2	3,43	2,43	1,41	422,6
Oxygène O^2	0,217	0,153	1,41	26,5
Azote Az^2	0,245	0,174	1,41	30,22
Air pur et sec	0,238	0,169	1,41	29,27
Acide carbonique CO^2	0,20	0,155	1,293	19,28
Vapeur d'eau H^2O	0,48	0,37	1,300	47,11

Travail dans la détente isothermique. — Si nous traçons (fig. 52) une isotherme passant par les points (1) et (2) et que nous abaissions les perpendiculaires $1a$ et $2b$, correspondant aux pressions p_1 et p_2, on sait que le travail est représenté par l'aire $a12b$ soit :

$$\int_{v_1}^{v_2} p\,dv.$$

(1) $$\mathcal{C}_r = \text{aire } a12b = \int_{v_1}^{v_2} p\,dv$$

avec

$$pv = \alpha p_0 v_0 T$$

ou

$$pv = p_1 v_1$$

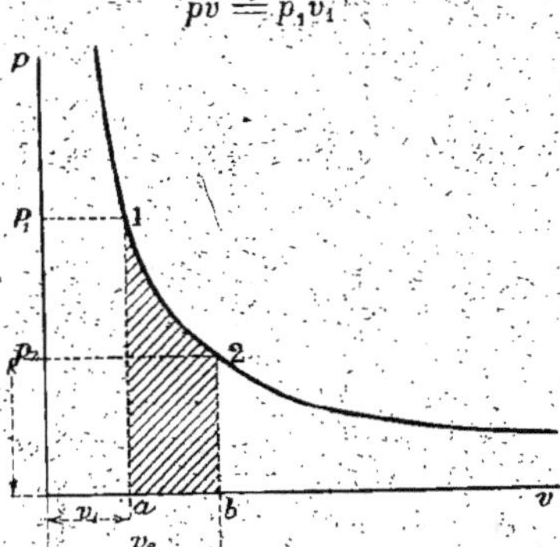

Fig. 52.

ou encore :

$$pv = p_2 v_2$$

d'où

$$p = \frac{p_1 v_1}{v}$$

portant dans (1) on a :

$$\mathcal{C}_r = p_1 v_1 \int_{v_1}^{v_2} \frac{dv}{v}$$

dont l'intégrale est

$$\mathcal{C}_r = p_1 v_1 \, \text{Log}_e \frac{v_2}{v_1}$$

ou encore

$$\mathcal{C}_r = p_2 v_2 \, \mathrm{Log}_e \frac{v_2}{v_1};$$

on peut encore remplacer $\frac{v_2}{v_1}$ par $\frac{p_1}{p_2}$ car on a :

$$p_1 v_1 = p_2 v_2$$

et écrire

$$\mathcal{C}_r = p_1 v_1 \, \mathrm{Log}_e \left(\frac{p_1}{p_2}\right).$$

On peut encore remplacer $p_1 v_1$ et $p_2 v_2$ par RT et écrire :

$$\mathcal{C}_r = \mathrm{RT} \, \mathrm{Log}_e \frac{v_2}{v_1}.$$

Détente adiabatique. — Faisant dans l'équation générale adaptée aux gaz parfaits (voir (2) page 147) dQ nul on a :

(1)
$$\mathrm{A}pdv + cdt = 0.$$

Combinant cette équation avec :

(2)
$$\frac{pv}{\mathrm{T}} = \alpha p_0 v_0 = \mathrm{R}$$

dans laquelle comme on l'a vu ci-dessus :

(2')
$$\frac{\mathrm{C} - c}{\mathrm{A}} = \alpha p_0 v_0$$

(2) et (2') combinées donnent :

$$\frac{pv}{\mathrm{T}} = \frac{\mathrm{C} - c}{\mathrm{A}}.$$

Si nous dérivons nous avons :

(3)
$$pdv + vdp = \frac{\mathrm{C} - c}{\mathrm{A}} dt$$

éliminons dt entre (3) et (1).

De (1) on tire :

$$dt = - \frac{\mathrm{A}pdv}{c}$$

qui, porté dans (3), donne en remarquant que $\frac{\mathrm{C}}{c} = m$:

$$pdv + vdp = - \frac{\mathrm{C} - c}{c} pdv$$

effectuant

$$pdv + vdp = -\frac{G}{c}pdv + pdv$$

d'où

$$mpdv + vdp = 0$$

ou

$$m\frac{dv}{v} + \frac{dp}{p} = 0$$

qui intégrée donne bien

$$p(v)^m = C^{te}$$

hyperbole équilatère d'un degré supérieur asymptote aux axes de coordonnées.

A l'équation de la détente *adiabatique* établie entre les pressions et les volumes :

$$(1) \qquad pv^m = C^{te} \qquad \text{ou encore :} \qquad \frac{dp}{p} + m\frac{dv}{v} = 0$$

correspondent les deux équations suivantes :

1°) L'une entre les températures et les volumes

$$(2) \qquad Tv^{m-1} = C^{te} \qquad \text{ou dérivant :} \qquad \frac{dT}{T} + (m-1)\frac{dv}{v} = 0$$

en effet, tirant p de l'équation générale $pv = RT$ (loi de Gay-Lussac) et portant dans (1) on a bien (2).

II°) L'autre entre les températures et les pressions, obtenue par le même calcul en éliminant v :

$$T \times p^{\frac{1-m}{m}} = C^{te} \qquad \text{(ou dérivant :} \qquad \frac{dT}{T} + \left(\frac{1-m}{m}\right)\frac{dp}{p} = 0.$$

III°) Et de même, si ϖ est le poids du mètre cube on a $v = \frac{1}{\varpi}$ et si l'on remplace v par sa valeur dans (1) on a encore après avoir extrait la racine $m^{ième}$

$$\left(\frac{p}{p_0}\right)^{\frac{1}{m}} = \frac{\varpi}{\varpi_0} \qquad \text{d'où} \qquad \varpi = \varpi_0 \times \frac{p^{\frac{1}{m}}}{p_0^{\frac{1}{m}}}.$$

Travail dans la détente adiabatique. — Si nous nous rapportons à la figure 53 nous voyons que, pour obtenir le travail dans la détente adiabatique pour un gaz parfait se détendant de la pression p_1 à la pression p_2, il suffit de calculer l'intégrale de pdv. Et, comme nous admettons que la détente est adiabatique, nous pouvons d'autre part écrire :

$$(5) \qquad pv^m = p_1 v_1^m = p_2 v_2^m = C^{te}$$

de ces dernières égalités on tire par exemple :

$$p = \frac{p_1 v_1^m}{v^m}$$

qui porté dans l'intégrale à calculer donne :

$$\mathfrak{C} = \int_{v_1}^{v_2} pdv = p_1 v_1^m \int_{v_1}^{v_2} \frac{dv}{v^m}$$

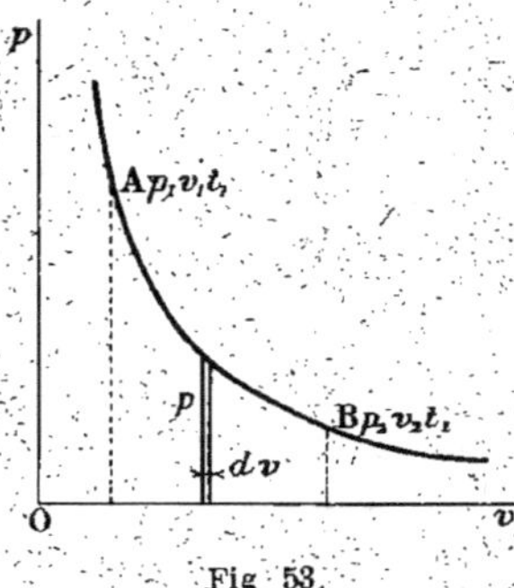

Fig. 53.

dont, comme on le sait, l'intégrale indéfinie est

$$\int \frac{dx}{x^m} = -\frac{1}{m-1} \times \frac{1}{x^{m-1}} + C^{te}$$

notre intégrale se calculera donc comme suit :

$$\mathfrak{C} = p_1 v_1^m \left[-\frac{1}{m-1} \times \frac{1}{v_2^{m-1}} + \frac{1}{m-1} \times \frac{1}{v_1^{m-1}} \right]$$

$$\mathfrak{C} = \frac{1}{m-1} p_1 v_1^m \left[\frac{1}{v_1^{m-1}} - \frac{1}{v_2^{m-1}} \right]$$

et multipliant et divisant par v_1^{m-1}

$$(8)\quad \mathcal{E} = \frac{1}{m-1} \times \frac{p_2 v_2^m}{v_1^{m-1}}\left[1 - \left(\frac{v_1}{v_2}\right)^{m-1}\right] = \frac{1}{m-1} \times p_1 v_1\left[1 - \left(\frac{v_1}{v_2}\right)^{m-1}\right]$$
$$= \frac{p_1 v_1}{m-1}\left[1 - \frac{v_1^{m-1}}{v_2^{m-1}}\right].$$

N. B. — Les différentes formes sous lesquelles on peut mettre cette équation

$$(8)\quad \mathcal{E} = \frac{p_1 v_1}{m-1}\left[1 - \left(\frac{v_1}{v_2}\right)^{m-1}\right]$$

sont les suivantes : De (5) on tire :

$$(9)\quad \frac{v_1^m}{v_2^m} = \frac{p_2}{p_1}$$

extrayant la racine $m$ième on a :

$$(10)\quad \frac{v_1}{v_2} = \left(\frac{p_2}{p_1}\right)^{\frac{1}{m}}$$

Divisant 9 et 10 membre à membre on a :

$$\left(\frac{v_1}{v_2}\right)^{m-1} = \left(\frac{p_2}{p_1}\right)^{1-\frac{1}{m}} \qquad \text{ou} \qquad \left(\frac{v_1}{v_2}\right)^{m-1} = \left(\frac{p_2}{p_1}\right)^{\frac{m-1}{m}}$$

et portant dans (8) on a :

$$(11)\quad \mathcal{E} = \frac{p_1 v_1}{m-1}\left[1 - \left(\frac{p_2}{p_1}\right)^{\frac{m-1}{m}}\right].$$

L'expression (11) prend une forme très remarquable en y éliminant v_1 et v_2 au moyen des relations connues

$$T_2 v_2^{m-1} = T_1 v_1^{m-1} \qquad \text{et} \qquad \frac{p_1 v_1}{T_1} = \alpha p_0 v_0 = R$$

car on obtient :

$$\mathcal{E} = \frac{\alpha p_0 v_0}{m-1}(T_1 - T_2) = \frac{R}{m-1}[T_1 - T_2].$$

Exercice. — Nous avons vu que pour une adiabatique passant par le point A de coordonnée $p_1 v_1$ on a :

$$pv^m = p_1 v_1^m$$

que pour une isotherme passant par le même point on a :

$$p'v' = p_1 v_1$$

d'où l'on tire pour un point quelconque ayant même abscisse $v = v'$

$$\frac{p}{p'} \times v^{m-1} = v_1^{m-1} \qquad \text{donc} \qquad \frac{p'}{p} = \left(\frac{v}{v_1}\right)^{m-1} = \left(\frac{v}{v_1}\right)^{0,41}$$

Donc pour

$$v = v' = a \qquad \text{on a} \qquad \frac{p'}{p} = \left(\frac{a}{v_1}\right)^{0,41} = \frac{b'i}{bi}.$$

p
P
A
Isotherme
Adiabatique
b'
b
a
0   v₁   i   v

Fig. 54.

12
11
10
9
8
7
6
5
4
3
2
1
0
A
Pressions
Températures centigrades dans la détente adiabatique $T v^{m-1} = C^{te}$
Détente isothermique $p v = C^{te}$
Détente adiabatique $p v^m = C^{te}$
Degrés centigrades
200
180
160
140
120
100
80
60
40
20
0
20
40
60
80
100
0   1   2   3   4   5   6   7   8   9   10   11   12
Volumes

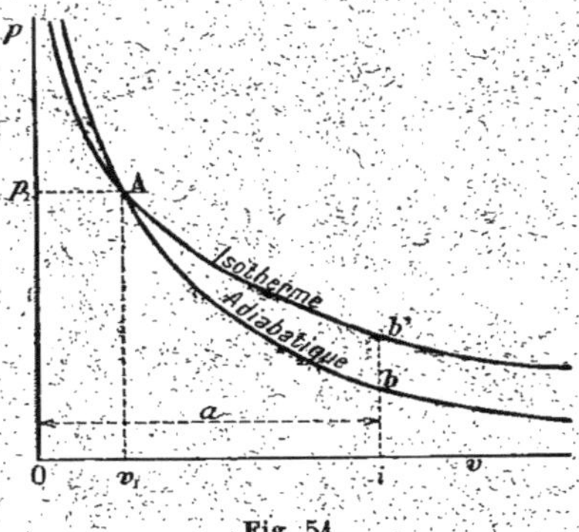

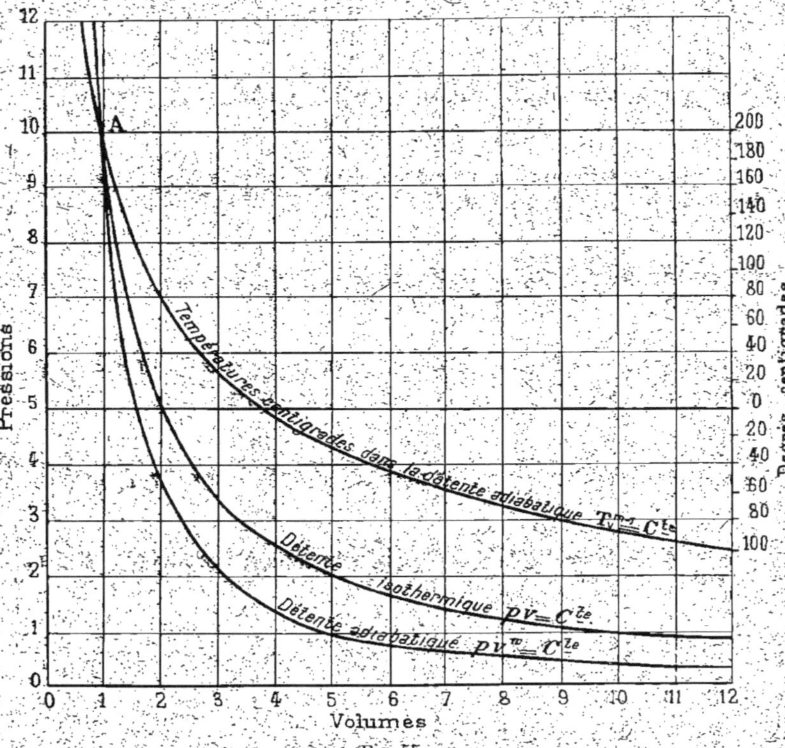

Fig. 55.

Il faut, comme on le voit (fig. 55) que la détente soit assez prolongée pour que la pression p' devienne notablement supérieure à p.

Ecoulement d'un gaz en régime permanent adiabatique à travers un orifice. — Soit t le temps ; dt l'intervalle élémentaire ; au bout du temps dt, AB est venu en A_1B_1 et MN en M_1N_1.

On envisage (fig. 56) la masse finie entre AB et MN ; la vitesse en MN est très faible et peut être négligée vis-à-vis de celle de l'écoulement U à travers l'orifice.

Nous allons appliquer l'équation des forces vives durant l'intervalle dt. Nous allons donc écrire que la masse MNAB subit pendant son déplacement en $M_1N_1A_1B_1$ un accroissement de 1/2 force vive égal au travail qui résulte :

1° Des forces extérieures (pesanteur et réactions des parois) et des forces intérieures, mais nous savons qu'elles sont nulles pour les gaz parfaits.

2° De la conversion dynamique de la chaleur perdue ou gagnée, sauf la partie qui sert à modifier la chaleur sensible.

Il est évident que la partie hachurée disparaît puisque elle est la même dans les deux états ; il reste à considérer les deux masses MNM_1N_1 et ABA_1B_1 et le 1er membre s'écrira comme suit :

Leurs masses sont $\dfrac{Pdt}{g}$ si P désigne le débit en poids, on a donc pour l'expression de la demi-force vive :

$$\frac{1}{2}\frac{Pdt}{g}(u^2 - v^2).$$

Le 2e membre se compose :

a) du travail de la pesanteur qui est négligeable ; de celui du frottement des parois négligeable aussi.

En ce qui concerne la réaction des parois, comme elles sont normales aux trajectoires dans les parties MA et NB, le travail est nul.

Dans les parties AB et MN on évalue le travail comme suit.

Pour AB si ω_2 est la section, l'effort est $p_2\omega_2$ et le déplacement $u d\mathcal{G}$; le travail est donc : $- p_2\omega_2 u d\mathcal{G}$ mais $\omega_2 u d\mathcal{G}$ c'est le volume de la tranche ABA_1B_1 qui peut s'écrire $\dfrac{P d\mathcal{G}}{\varpi_2}$ ou $P d\mathcal{G} v_2$ puisque

$$\varpi_2 = \frac{1}{v_2}.$$

On a alors :

$$- p_2 v_2 P d\mathcal{G}$$

pour la pression résistante, et pour la pression motrice

$$+ p_1 v_1 P d\mathcal{G}.$$

b) Il reste maintenant à envisager les échanges de chaleur. Au lieu de considérer le déplacement infiniment petit MNAB en $M_1N_1A_1B_1$ on peut y substituer le déplacement fini de MNM_1N_1, successivement dans toutes les étapes jusqu'en ABA_1B_1.

La chaleur communiquée, défalcation faite de celle qui conserve la forme thermique pour s'adjoindre à la provision déjà existante de chaleur sensible, ne fournit pas de travail interne puisqu'il s'agit d'un gaz parfait, mais seulement le travail externe nécessaire pour refouler le milieu environnant pour passer de v_1 à v_2, donc seulement le terme $\int_{v_1}^{v_2} p\,dv$ et pour le débit en poids il faut multiplier par $P d\mathcal{G}$; divisant partout par $P d\mathcal{G}$ il reste pour l'équation complète en raisonnant sur l'unité de poids :

$$1) \qquad \frac{u^2}{2g} = p_1 v_1 - p_2 v_2 + \int_{v_1}^{v_2} p\,dv$$

Cette équation peut facilement, par simple examen de la

figure 57 ci-dessous, se transformer comme suit : On voit identiquement sur la figure que :

$$\int_{v_1}^{v_2} pdv = p_2 v_2 + \int_{p_2}^{p_1} vdp - p_1 v_1$$

qui porté dans (1) donne :

$$(2) \qquad \frac{u^2}{2g} = \int_{p_2}^{p_1} vdp \quad \text{ou encore} \quad = \int_{p_2}^{p_1} \frac{dp}{\varpi}.$$

Il reste à intégrer la fonction (2) que l'on reconnaît : c'est la formule de Saint-Venant.

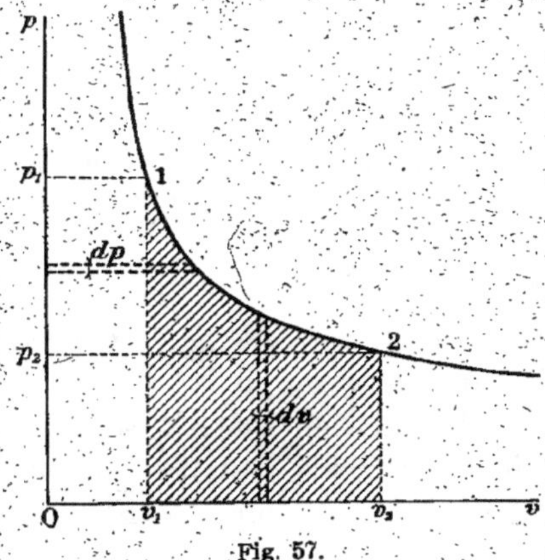

Fig. 57.

Calcul de l'intégrale. — Admettant que la détente est adiabatique et partant de $p v^m = p_1 v_1^m$ et extrayant la racine $m^{\text{ième}}$ on a :

$$v p^{\frac{1}{m}} = v_1 p_1^{\frac{1}{m}}$$

portant dans (2) la valeur de v on a :

$$\frac{u_2}{2g} = \int_{p_2}^{p_1} \frac{v_1 p_1^{\frac{1}{m}}}{p^{\frac{1}{m}}} \, dp = v_1 p_1^{\frac{1}{m}} \int_{p_2}^{p_1} \frac{dp}{p^{\frac{1}{m}}}$$

dont l'intégrale est :

$$\frac{u_2}{2g} = \frac{m}{m-1} v_1 p_1^{\frac{1}{m}} \left[p_1^{\frac{m-1}{m}} - p_2^{\frac{m-1}{m}} \right]$$

et multipliant et divisant par $p_1^{\frac{m-2}{m}}$ on a facilement :

$$\frac{u_2}{2g} = \frac{m}{m-1} v_1 p_1 \left[1 - \left(\frac{p_2}{p_1}\right)^{\frac{m-1}{m}} \right]$$

si l'on part d'une enceinte au repos si non on aurait pour la 1/2 force vive :

$$\frac{1}{2g}(u_1^2 - u_0^2).$$

Le débit en volume d'un fluide à la température et à la pression régnant dans la veine contractée suivant la formule adiabatique, sera alors : (Voir aussi chap. IV page 57 et suivantes)

$$Q_2 = KS\sqrt{2g\left(\frac{m}{m-1}\right) v_1 p_1 \left[1 - \left(\frac{p_2}{p_1}\right)^{\frac{m-1}{m}} \right]} \Big\} \quad \text{où l'on peut aussi remplacer } v_1 \text{ par } \frac{1}{\varpi_1}.$$

Dans laquelle :

Q_2 est le débit en mètres cubes par seconde en aval ou en fluide détendu dans la veine ;

S la section de l'orifice en mètres carrés ;

K un coefficient de débit que l'on peut prendre dans l'étude de M. Rateau que nous avons analysée au chapitre IV :

$$K = \frac{\text{ordonnée courbe expérimentale}}{\text{ordonnée courbe théorique}}$$

$m = 1,41$ pour les gaz parfaits ;

p_1 est la pression en amont en kilogrammes par mètre carré ;

p_2 est la pression en aval dans la veine en kilogrammes par mètre carré ;

ϖ_1 est le poids en kilogrammes du mètre cube à p_1 et à t_1 dans le réservoir avec

$$\varpi_1 = \frac{1}{v_1}.$$

v_1 étant le volume du kilogramme à p_1 et t_1.

ϖ_2 est le poids en kilogrammes du mètre cube à p_2 et à la température qui règne dans la veine

$$\varpi_2 = \left(\frac{p_2}{p_1}\right)^{\frac{1}{m}} \times \varpi_1 \qquad \text{(voir note } a\text{)}$$

car la température du réservoir aval n'est pas celle de la veine.

Cette formule, qui donne le volume du fluide à la température et à la pression de la veine contractée, présente deux inconvénients :

1° Ces températures et pressions sont mal connues et difficiles à mesurer, inconvénient qui disparaît si l'on prend les températures et pressions dans le réservoir amont.

La détente étant supposée adiabatique, cette température est donnée par la relation :

$$T_2 = T_1 \left(\frac{p_2}{p_1}\right)^{\frac{m-1}{m}}$$

(T_2 et T_1 températures absolues) tirée de

$$pv^m = \text{Cte} \qquad \text{et} \qquad pv = RT. \qquad \text{(voir note } b\text{)}$$

2° Cette formule ne fait pas apparaître la condition de débit maximum, il faut donc la transformer comme suit :

On a : si P désigne le débit en poids et Q_1 le débit en volume

---

(a) L'équation de l'adiabatique est :

(1) $$\qquad p_1 v_1^m = p_2 v_2^m.$$

D'autre part on sait que :

$$v_1 = \frac{1}{\varpi_1} \qquad \text{et} \qquad v_2 = \frac{1}{\varpi_2}.$$

Si dans (1) on remplace v_1 et v_2 par leur valeur on a :

$$\left(\frac{p_1}{p_2}\right)^{\frac{1}{m}} = \frac{v_2}{v_1} \qquad \text{ou} \qquad \frac{p_1^{\frac{1}{m}}}{p_2^{\frac{1}{m}}} = \frac{\varpi_1}{\varpi_2} \qquad \text{d'où} \qquad \varpi_2 = \varpi_1 \left(\frac{p_2}{p_1}\right)^{\frac{1}{m}}.$$

(b) L'équation de l'adiabatique est

(1) $$\qquad p_1 v_1^m = p_2 v_2^m.$$

D'autre part on sait que l'on a l'équation générale résultant de la loi de du fluide pris dans le réservoir amont, ϖ_2 et Q_2 dans la veine

(2)
$$\begin{cases} P = \varpi_1 Q_1 = \varpi_2 Q_2 \\ Q_1 = \dfrac{\varpi_2}{\varpi_1} Q_2. \end{cases}$$

d'autre part la détente supposée adiabatique implique

$$\frac{\varpi_2}{\varpi_1} = \left(\frac{p_2}{p_1}\right)^{\frac{1}{m}} \text{ (voir note } (a)).$$

m étant le rapport des chaleurs spécifiques $\dfrac{C}{c}$; portant les valeurs de $\dfrac{\varpi_2}{\varpi_1}$ et de Q_2 dans (2) ci-dessus on a :

(3)
$$\begin{cases} P = \left[KS\sqrt{2g\dfrac{m}{m-1}p_1\varpi_1} \right] \times \left[\left(\dfrac{p_2}{p_1}\right)^{\frac{1}{m}} \sqrt{1 - \left(\dfrac{p_2}{p_1}\right)^{\frac{m-1}{m}}} \right] \\ Q_1 = \left[KS\sqrt{2g\dfrac{m}{m-1}\dfrac{p_1}{\varpi_1}} \right] \times \left[\left(\dfrac{p_2}{p_1}\right)^{\frac{1}{m}} \sqrt{1 - \left(\dfrac{p_2}{p_1}\right)^{\frac{m-1}{m}}} \right]. \end{cases}$$

Si nous posons :

$$\Phi = \left(\frac{p_2}{p_1}\right)^{\frac{1}{m}} \sqrt{1 - \left(\frac{p_2}{p_1}\right)^{\frac{m-1}{m}}}$$

et que l'on cherche le maximum de cette fonction on trouve qu'il a lieu pour la valeur de :

$$\frac{p_2}{p_1} = \left(\frac{2}{m+1}\right)^{\frac{m}{m-1}} = 0,52664$$

Gay-Lussac

$$pv = RT$$

d'où

$$v_1 = \frac{RT_1}{p_1} \quad \text{et} \quad v_2 = \frac{RT_2}{p_2}$$

— élevant à la puissance (m) on a :

$$v_1^m = \frac{R^m T_1^m}{p_1^m} \quad \text{et} \quad v_2^m = \frac{R^m T_2^m}{p_2^m}$$

portant dans (1) on a :

$$\frac{T_1^m p_1}{p_1^m} = \frac{T_2^m p_2}{p_2^m} ; \qquad \frac{T_1^m}{p_1^{m-1}} = \frac{T_2^m}{p_2^{m-1}}$$

extrayant la racine $m^{\text{ième}}$

$$\frac{T_1}{p_1^{\frac{m-1}{m}}} = \frac{T_2}{p_2^{\frac{m-1}{m}}} \qquad \text{d'où enfin} \qquad T_2 = T_1 \left(\frac{p_2}{p_1}\right)^{\frac{m-1}{m}}.$$

alors

$$\Phi\,\text{max} = \left(\frac{2}{m+1}\right)^{\frac{1}{m-1}} \sqrt{\frac{m-1}{m+1}} = 0{,}26173$$

alors les équations (3) toutes réductions faites donnent :

$$(4) \quad \begin{cases} P\,\text{max} = KS \times \sqrt{g\varpi_1 p_1}\left(\frac{2m}{m-1}\right)^{\frac{1}{2}} \times \Phi_m \\[2ex] Q_1\,\text{max} = KS \times \sqrt{g\dfrac{p_1}{\varpi_1}} \times \left(\frac{2m}{m-1}\right)^{\frac{1}{2}} \times \Phi_m. \end{cases}$$

Les équations (3), si on veut les employer directement, se mettent plus commodément sous la forme :

$$P = KS\left(\frac{p_2}{p_1}\right)^{\frac{1}{m}} \sqrt{2g\left(\frac{m}{m-1}\right)p_1\varpi_1\left[1 - \left(\frac{p_2}{p_1}\right)^{\frac{m-1}{m}}\right]}$$

$$Q_1 = KS\left(\frac{p_2}{p_1}\right)^{\frac{1}{m}} \sqrt{2g\left(\frac{m}{m-1}\right)\frac{p_1}{\varpi_1}\left[1 - \left(\frac{p_2}{p_1}\right)^{\frac{m-1}{m}}\right]}.$$

Construction de la courbe de Rateau (air) (planche IV.) — La courbe théorique doit être construite en faisant le rapport : $\dfrac{\text{I réel théorique}}{\text{I théorique max.}}$ qui donne le coefficient K en fonction du rapport des pressions :

$$\frac{\substack{\text{I réel théorique} \\ \text{en poids}}}{\substack{\text{I max théorique} \\ \text{en poids}}} = \frac{S\sqrt{g\varpi_1 p_1}\left[\dfrac{2m}{m-1}\right]^{\frac{1}{2}} \times \left(\dfrac{p_2}{p_1}\right)^{\frac{1}{m}} \sqrt{1 - \left(\dfrac{p_2}{p_1}\right)^{\frac{m-1}{m}}}}{S\sqrt{g\varpi_1 p_1}\left[\dfrac{2m}{m-1}\right]^{\frac{1}{2}} \times \Phi_m}$$

$$= \frac{1}{\Phi_m} \times \left(\frac{p_2}{p_1}\right)^{\frac{1}{m}} \sqrt{1 - \left(\frac{p_2}{p_1}\right)^{\frac{m-1}{m}}}$$

$$(1) \quad \frac{I}{L_m} = \frac{1}{0{,}26173} \times \left(\frac{p_2}{p_1}\right)^{\frac{100}{141}} \times \sqrt{1 - \left(\frac{p_2}{p_1}\right)^{\frac{41}{141}}}.$$

La courbe à porter sur la figure 58 sera obtenue en donnant à $\dfrac{p_2}{p_1}$, dans l'équation (1) ci-dessus, toutes les valeurs entre 1 et 0,52664 ; les rapports des ordonnées des courbes expérimentales EF ou AB aux ordonnées de la courbe théorique déterminée ci-dessus donneront les valeurs correspondantes des coefficients de débits des orifices considérés en minces parois ou autres dont la figure 58 donne les courbes $\frac{1}{I_{max}}$: Courbe AB pour les tuyères et courbe EF pour orifices.

Exercice de calcul. — Nous avons rappelé au chapitre IV page 68, la formule donnée par M. Rateau pour le calcul d'un débit d'air à travers un orifice.

$$Q_m = 1,164\sqrt{T}$$

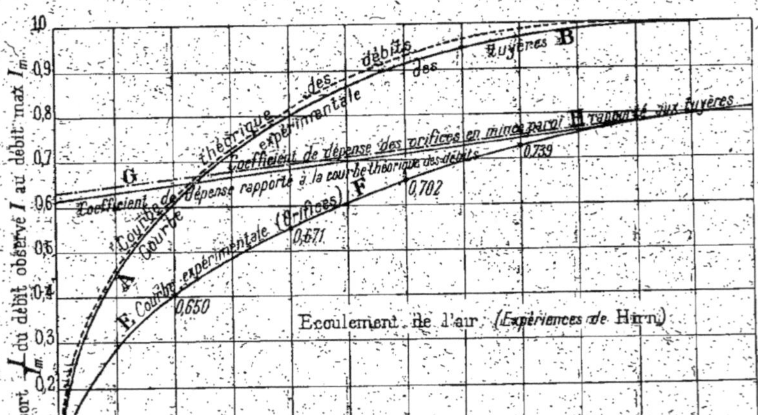

Fig. 58.

qui donne le débit maximum théorique en litres par seconde et par centimètre carré. Formule dans laquelle T est la température absolue à l'amont de l'orifice.

Cette formule se déduit de l'équation (4) ci-dessus :

$$Q_1\,max = KS\sqrt{\left(\frac{2m}{m-1}\right)g\frac{P_1}{\varpi_1}} \times \Phi_m.$$

En effet, en partant de $p_1 v_1 = RT_1$ on a :

$$\frac{p_1}{\varpi_1} = p_0 v_0 T_1 = \frac{p_0 T_1}{273 \varpi_0}$$

qui, porté dans la valeur de Q_1 max ci-dessus donne :

$$Q_1 \, max = KS \sqrt{\frac{2,82}{0,41} \times 9,81 \times 273 \frac{10\,333}{1,293} \times 0,26173. \times \sqrt{T_1}}$$

Calculs effectués on a :

$$Q_1 \, max = KS\, 11,64 \sqrt{T_1}.$$

Il y a donc accord complet, si l'on tient compte des unités, qui sont ici le mètre cube et le mètre carré ; c'est-à-dire qu'il faut, pour les ramener au litre et au centimètre carré, multiplier le deuxième membre par $\frac{1\,000}{10\,000}$ soit le diviser par 10.

Applications. — Essais des compresseurs d'air suivant 3 manières :

a) admettant la compression adiabatique ;

b) admettant la compression isothermique ;

c) en provoquant un écoulement continu par un orifice, tuyère convergente ou mince paroi. Dans les 3 cas on refoule dans un réservoir de capacité connue.

Idem pour les essais de ventilateurs.

Des exemples seront donnés plus loin quand nous aurons étudié les dynamomètres de transmission. Voir chapitre XII.

CHAPITRE VIII

ENTROPIE

Le principe de Carnot-Clausius conduit à

$$(1) \qquad \varepsilon' = \frac{Q_0}{T_0} + \frac{Q_1}{T_1} + \frac{Q_2}{T_2} + \cdots \frac{Q_n}{T_n}.$$

(I) Lorsque le cycle est fermé et réversible la quantité ε' est nulle.

On démontre facilement que, quelle que soit la modification *réversible* pour passer d'un état A à un état B, la quantité ε' est toujours la même, quel que soit le trajet suivi, et sa valeur ne dépend que de l'état initial et final du système, mais nullement de la nature de la modification réversible, qui conduit le système de l'état initial à l'état final.

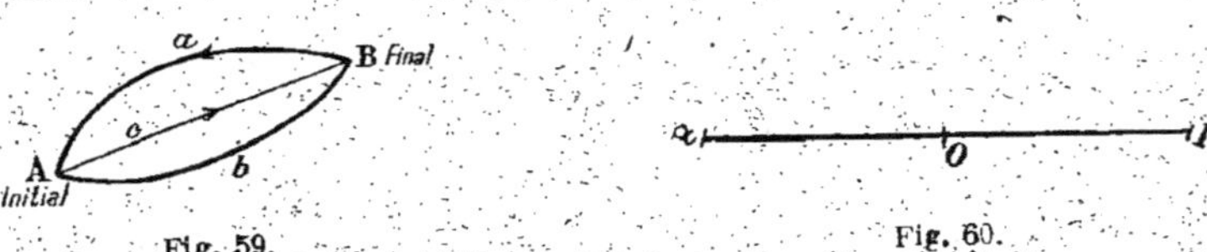

Fig. 59.   Fig. 60.

« En effet (fig. 59) pour passer de A en B par c, la valeur
« prise par ε' est η, pour revenir de B en A par a la valeur
« prise par ε' est a, mais en vertu de la remarque (I) ci-
« dessus :

$$\eta + a = 0 \qquad \text{d'où} \qquad \eta = -a.$$

« Si on passe maintenant par (b) pour aller de A en B et
« si on retourne par (a) on a encore en vertu de (I) ci-dessus :

$$\eta_1 + a = 0 \qquad \text{d'où} \qquad \eta_1 = -a$$

« donc

$$\eta = \eta_1 \quad \text{c. q. f. d.}$$

Supposons maintenant (fig. 60) un état initial α dont nous faisons choix une fois pour toutes ; alors la valeur ε' ne dépendra plus que de l'état final (x) puisque α est immuable ; désignons cette valeur par S_x.

Proposons-nous de calculer la valeur de ε' lorsque le système passe par une modification réversible d'un état initial 0 à un état final 1.

Si nous allons de α à 0, ε' a pour valeur S_0.

Si nous allons de 0 à 1, ε' a pour valeur ce que nous cherchons ε' ; donc dans l'ensemble on a pour ε' la valeur $S_0 + \varepsilon'$.

Mais cet ensemble de modifications a fait passer le système de l'état α à l'état 1 pour lequel on a pour ε' et par définition la valeur S_1 ; donc :

$$S_1 = S_0 + \varepsilon' \qquad \text{d'où} \qquad \varepsilon' = S_1 - S_0.$$

On peut donc dire qu'à chaque état (x) du système **on** peut faire correspondre une grandeur S_x telle que l'on ait, pour toute modification réversible qui fait passer le système de l'état initial 0 à l'état final 1, l'égalité :

$$\varepsilon' = S_1 - S_0$$

et portant dans (1) on a :

$$(3) \qquad \frac{Q_0}{T_0} + \frac{Q_1}{T_1} + \ldots \frac{Q_n}{T_n} = S_1 - S_0$$

telle est l'augmentation d'entropie du système considéré pour passer de l'état (0) à l'état (1).

Clausius a donné à la grandeur S_x, qui dépend uniquement de l'état (x) du système, le nom de « *Entropie* » du système pris à l'état (x).

Si 0 et 1 sont très voisins (3) peut s'écrire :

$$\frac{dQ}{T} = dS$$

dS est la variation de l'entropie.

Et si 0 et 1 ne sont pas infiniment voisins on peut toujours écrire :

$$\int_0^1 \frac{dQ}{T} = S_1 - S_0.$$

Diagramme entropique. — Dans le diagramme (fig. 61) ci-dessous, décrit en portant en ordonnées la valeur de T et en abscisses les valeurs de l'entropie correspondante S, c'est-à-dire $\int \frac{dQ}{T}$, on obtient la courbe MN. L'aire ABba égale bien Tds ou dQ; car nous avons établi ci-dessus par définition de l'entropie que :

$$\frac{dQ}{T} = dS$$

alors en intégrant, c'est-à-dire en mesurant la surface comprise entre la courbe MN, l'axe des S et les ordonnées Mm et Nn (aire m MNn) on aura la quantité de chaleur absorbée dans la modification réversible que le corps aura subie pour passer de l'état M à l'état N.

Cette quantité de chaleur est positive, si le cycle est parcouru de gauche à droite et négative s'il est parcouru de droite à gauche.

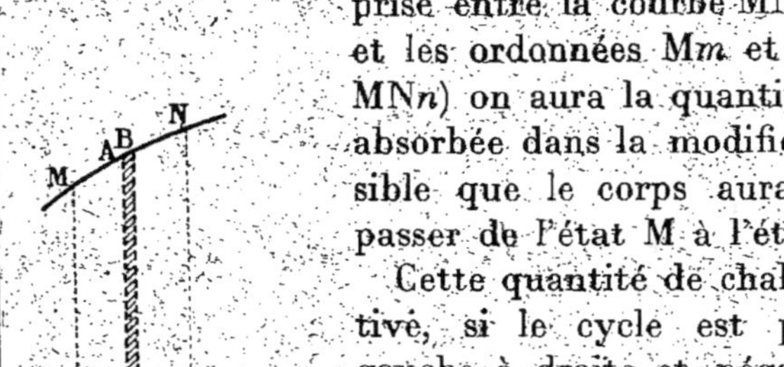

Fig. 61.

N. B. — On voit que dans ce système de représentation les *isothermes* sont parallèles à OS, puisque T y est constant et les *isentropiques* ou *adiabatiques* sont parallèles à OT, puisque $dS = 0$ ou que S est constant.

Remarque. Analogie. — Le poids gravifique d'un corps c'est $\frac{\tau_r}{H}$; H étant la hauteur de chute.

$$\frac{\tau_r}{H} = P \qquad \text{puisque} \qquad \tau_r = P \times H.$$

Par analogie on peut définir le poids thermique d'un corps par $\frac{A\tau_r}{T}$ où $A = \frac{1}{425}$; ce poids thermique est constant, si on n'ajoute ni retranche de chaleur ; mais si on lui fournit dQ chaleur son poids thermique s'accroît de $\frac{dQ}{T}$ et :

$$\varphi = \int_{t_0}^{t_1} \frac{dQ}{T}$$

mesure la variation du poids thermique, c'est la variation d'*Entropie*.

Diagramme entropique du kilogramme d'eau. — Si nous chauffons 1 kilogramme d'eau à des températures ou à des pressions croissantes nous consommerons des calories d'abord pour échauffer l'eau et nous décrirons la courbe O'A'A (fig. 62) correspondant au changement d'état de ce kilogramme à l'état liquide, qui se prolongera d'autant plus en A que nous opérerons à pression plus élevée.

Arrivé en A, si la pression ne s'élève plus, on formera de la vapeur humide jusqu'à l'état de vapeur saturée sèche, qui sera obtenue quand toute l'eau sera vaporisée, soit le point B. Nous savons que pendant cette opération T est constant, on décrira donc la droite AB.

Si on continue à chauffer on obtiendra la courbe BE de la vapeur surchauffée.

Le lieu des points A s'appelle « *courbe de vaporisation* », ou courbe limite σ et celui des points B : « *courbe de satura-tion* », ou courbe limite *s*.

Dans la construction de ce diagramme on est convenu de prendre égale à 0 l'entropie de l'eau à 0° centigrade ou 273° absolus.

Les deux courbes A'A et B'B se rapprochent à mesure que la température est plus élevée.

Construction du diagramme entropique. — Ce diagramme est construit en portant en abscisses les valeurs de S

$$(1) \qquad S = \int_{273}^{T} \frac{dq}{T}$$

et en ordonnées les valeurs correspondantes de T (voir figure 62). On peut quelquefois se contenter pour (1) de la valeur approchée

$$\int_{273}^{T} \frac{dT}{T} = \text{Log}_e\, T - \text{Log}_e\, 273 \qquad \text{ou} \qquad = \text{Log}_e\, \frac{T}{273}$$

dans la partie qui concerne la chaleur de l'eau. Mais on trouve dans les tables les valeurs exactes de Q et l'on détermine ainsi les lieux des points A.

On tracera la partie droite AB dans laquelle, nous le savons,

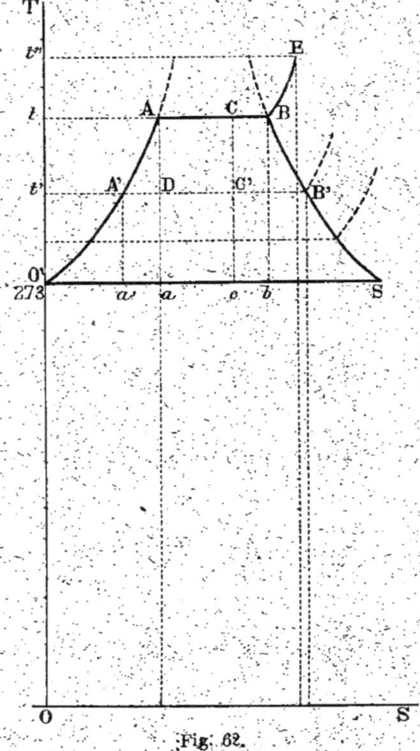

Fig. 62.

commence en A la vaporisation sous pression et température constantes jusqu'en B, point pour lequel tout le liquide est vaporisé et le kilogramme d'eau s'est transformé en 1 kilo- gramme de vapeur saturée sèche ; la courbe AB est donc une droite parallèle à l'axe des S car T est constant ; le point B est déterminé par

$$\int_a^b \frac{dq}{T} = S$$

qui donne ici

$$S_b - S_a = \frac{r}{t}.$$

En particulier le point C sera donné par :

$$S_c - S_a = \frac{rx}{t}$$

si on désigne par x le titre de la vapeur en C.

La longueur ab est donc égale à $\frac{r}{t}$.

La surface $a\mathrm{AB}b$ est égale à r et Aa est égale à t.

Une longueur AC correspond à une vaporisation d'une fraction x de vapeur, de telle sorte que $x = \frac{\mathrm{AC}}{\mathrm{AB}}$ et AC, avons-nous dit ci-dessus, est donné par $\frac{rx}{t}$ correspondant à la quantité de chaleur rx.

La courbe de surchauffe est déterminée par :

$$S = \int_t^{t''} \frac{dq}{T} \qquad \text{et par T.}$$

Applications. — I. *Détente adiabatique avec production de travail externe.* — La détente de la température t à t' est figurée par la verticale CC'.

Le point C' donne le titre final

$$(3) \qquad x' = \frac{\mathrm{A'C'}}{\mathrm{A'B'}}$$

qui se calcule ainsi :

$$(1) \qquad \mathrm{A'C'} = \mathrm{A'D} + \mathrm{DC'} = \int_{t'}^{t} \frac{dq}{T} + \frac{rx}{t}.$$

En effet

A'D c'est $S_a - S_{a'}$ c'est-à-dire $\displaystyle\int_{t'}^{t} \frac{dq}{T}$ et DC' $= \mathrm{AC} = \dfrac{rx}{t}$

$$(2) \qquad \mathrm{A'B'} = \frac{r'}{t'}.$$

Les équations (1) (2) et (3) permettent de calculer x' le titre en C' ; car on connaît A'B' par les tables et dans (1) tout est donné par les tables et x, le titre au départ, est aussi donné.

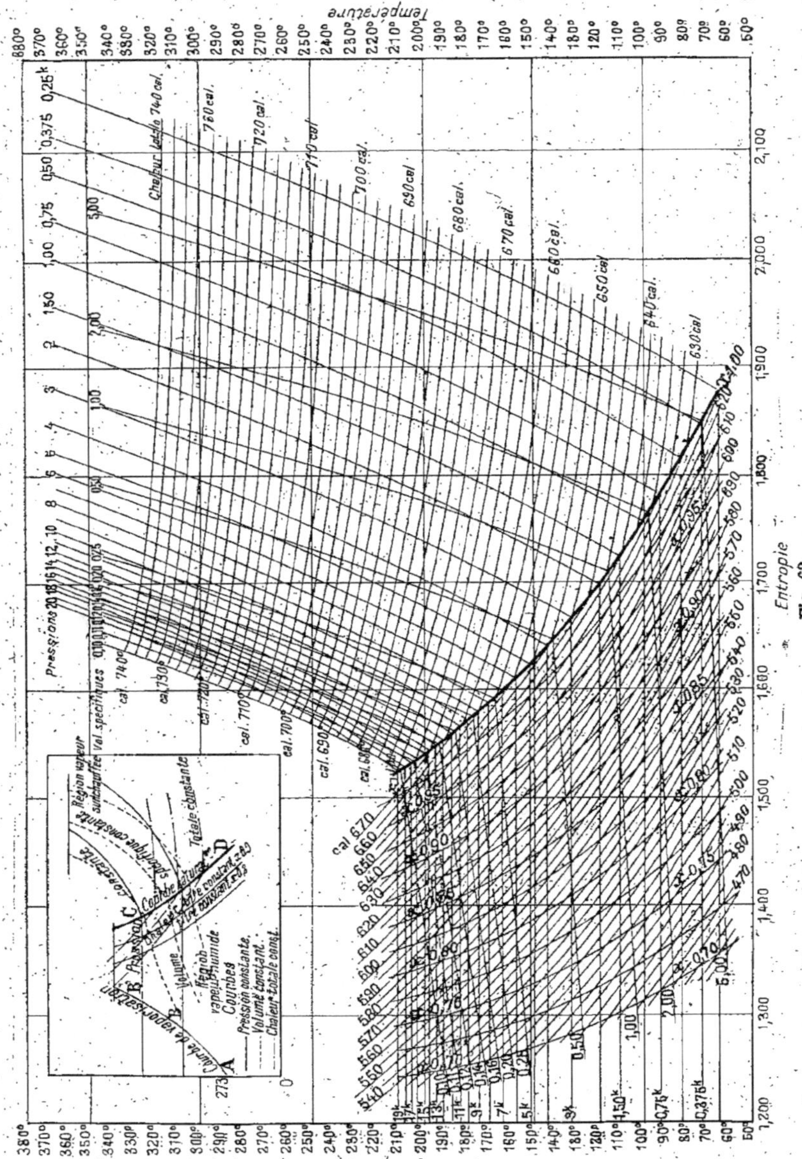

Température
Entropie
Pression
Chaleur totale
Région vapeur surchauffée
Région vapeur humide
Courbes
Pression constante
Volume constant
Chaleur totale const.
Fig. 63.

II. *Détente adiabatique sans travail externe.* — Dans l'écoulement par un orifice bien fait d'une enceinte p à une enceinte p' il n'y a pas production de travail externe.

On trouve alors en aval, soit en énergie interne soit en travail de refoulement de la pression p', toute l'énergie initiale du fluide et le travail provenant de la pression p.

On a donc pour le kilogramme d'eau :

$$q + px + Ap(\sigma + ux) = q' + p'x' + Ap'(\sigma + u'x')$$

u = volume engendré par le piston pendant la vaporisation du kilogramme d'eau ;

σ = volume du kilogramme d'eau à p et à t ; ou, approximativement en négligeant le travail de l'eau :

$$q + rx = q' + r'x'.$$

Avec l'eau x' est $> x$ et pour x assez voisin de 1 on peut avoir de la surchauffe après la détente. C'est sur ce principe

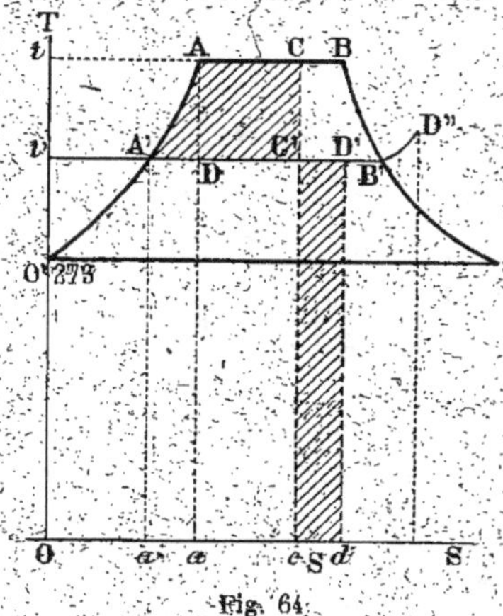

Fig. 64.

qu'est fondé l'appareil par détente pour la mesure du titre d'une vapeur, que nous avons décrit chapitre III, page 49.

Mais il peut aussi ne pas y avoir surchauffe, si le titre x est loin de l'unité.

Sur le diagramme entropique (fig. 64) on a donc :

$$\text{Surface } OO'ACc = \text{surface } OO'A'D'd$$

donc

$$\text{Surface } A'ACC' = \text{surface } C'D'cd$$

le point D' pouvant venir en D'', s'il y a surchauffe.

Ce qui veut dire que la chaleur A'ACC' se retrouve dans la vapeur dont l'état est figuré en D' au lieu de C', qui serait l'état après la détente adiabatique avec production de travail externe.

Applications. — Dans le diagramme de Clapeyron, $\int pdv$ nous donne le travail représenté par l'aire comprise entre la courbe en p et v, des parallèles à l'axe des p et l'axe des v.

Le diagramme entropique nous donne une aire qui représente des quantités de chaleur.

Entre les deux on a donc la relation :

$$dq = du + Ad\tau_e \quad \text{(Voir page 142)}$$

de telle sorte que :

$$q = \Delta u + A\tau_e$$

Δu étant la variation de chaleur interne. Il semblerait donc qu'entre q et τ il n'y a pas d'équivalence. Mais si le cycle est fermé l'équivalence apparaît, car nous savons que Δu devient nul puisqu'u reprend la valeur qu'il avait au début. On a bien alors $q = A\tau_e$.

Les deux diagrammes sont dans ce cas équivalents et il y a équivalence entre les aires des deux cycles.

Cycle théorique du travail de la vapeur. *Cycle de Carnot.* — Le cycle de Carnot sera (fig. 65), dans le diagramme entropique, représenté par le parallélogramme ABCD constitué par deux isothermes AB et DC qui, T étant constant, seront parallèles à OS et par deux adiabatiques pour lesquelles $dS = 0$ donc $S = C^{te}$ implique le parallélisme avec OT.

Supposons que ce cycle corresponde à l'évolution de 1 kilogramme d'eau. AB sera parcouru avec cession de r_1 calories, BC sera la détente adiabatique, CD avec restitution de $\frac{r_1}{t_1} \times t_2$ calories restituées au condenseur. En effet :

$\frac{r_1}{t_1} \times t_2$ représente bien la surface DCcd parallélogramme de base DC = AB = $\frac{r_1}{t_1}$ et de hauteur Dd = t_2.

DA est la ligne de compression adiabatique.

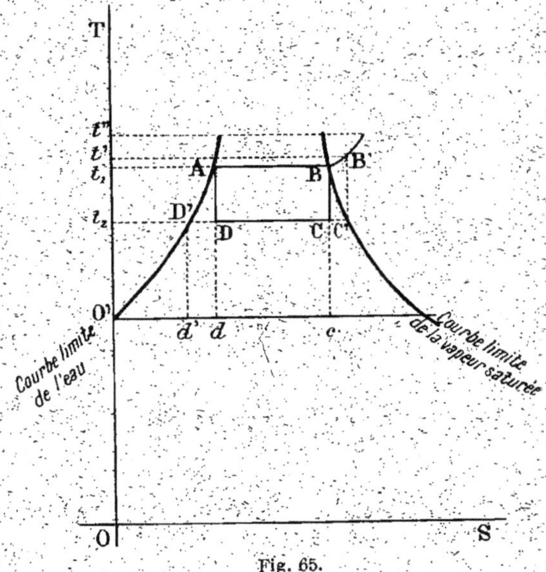

Fig. 65.

On sait que le coefficient économique du cycle de Carnot est :

$$\frac{T_1 - T_2}{T_1} = \frac{Q_1 - Q_2\,(^1)}{Q_1} = \eta = 0{,}33$$

dans le cas où nous le chiffrons pour $t_1 = 180°$ pour $p = 10$ kg. 26 absolus et au condenseur 30° soit 0 kg. 043 absolu.

Cycle de Rankine. — Les lignes CD et DA étant en pratique très difficiles à réaliser, on préfère le cycle théorique

1. C'est du reste le rendement tel qu'on l'entend dans le sens général pour toutes les machines. En effet, sur la figure 65 Q_1 est la chaleur totale consommée, c'est donc le dénominateur de la fraction et $Q_1 - Q_2$ est bien la chaleur utilisée en travail donc le numérateur de la fraction.

de Rankine ABCD'. Pour avoir la quantité de chaleur correspondante il faut évaluer cette surface

$$\text{Surface ABCD'} = q_1 - q_2 + r_1 - r_2 x_2 ;$$

chiffrons alors la quantité $r_2 x_2$; on peut remplacer $r_2 x_2$ par D'C $\times t_2$ ou :

$$r_2 x_2 = \left[\frac{r_1}{t_1} + DD'\right] t_2 = r_1 \times \frac{t_2}{t_1} + t_2 \int_{t_2}^{t_1} \frac{dq}{t}$$

on a donc pour la surface ABCD' :

$$q_1 - q_2 + r_1\left(1 - \frac{t_2}{t_1}\right) - t_2 \int_{t_2}^{t_1} \frac{dq}{t}.$$

Et si l'on désigne par c la chaleur spécifique moyenne de l'eau entre t_1 et t_2 on a :

$$\text{Surface :} \quad \text{ABCD'} = c(t_1 - t_2) - t_2 \, \text{Log}_e \frac{t_1}{t_2} + r_1\left(\frac{t_1 - t_2}{t_1}\right)$$
$$= \text{calories disponibles dans le cycle.}$$

Le terme $r_1\left(\dfrac{t_1 - t_2}{t_1}\right)$ correspond aux calories disponibles dans le cycle de Carnot ABCD, cela se voit sur la figure 65 [1]. Le travail disponible s'obtient en faisant le produit : nombre de calories par 425 (car $Q = ACr$ et nous savons que 1 calorie peut fournir 425 kilogrammètres).

Le rendement du cycle de Rankine est donné par :

$$\rho = \frac{q_1 - q_2 + r_1 - r_2 x_2}{q_1 + r_1 - q_2}.$$

On arrive dans la machine à vapeur à obtenir un rendement égal aux $\frac{2}{3}$.

Utilisation de la vapeur dans les machines. — Le diagramme entropique, suivant la température à laquelle fonctionnera un cycle de Rankine, nous apprend que le kilogramme d'eau peut produire N kilogrammètres.

---

1. En effet $r_1 - \dfrac{r_1}{t_1} \times t_2$ égale bien surface ABCD.

Donc pour obtenir un cheval suivant ce cycle il faudra consommer par heure :

$$\frac{75 \times 60 \times 60}{N} = \frac{270\,000}{N} \text{ kilogrammes de vapeur.}$$

Si l'on fait le calcul pour un cycle fonctionnant sous 10 k. 26 de pression absolue, soit 180° de température et 0 k. 43 au condenseur, soit 77°2, ce qui correspond à une machine à condensation, on trouve 2 kilogrammes environ de vapeur par cheval-heure.

C'est à ce chiffre que l'on peut rapporter la consommation des machines à vapeur, qui sont loin d'atteindre cette perfection puisqu'elles consomment 5 à 10 kilogrammes par cheval-heure, suivant les types et les dimensions.

On pourrait également calculer que le cheval-heure, suivant le cycle de Rankine, correspond à une utilisation de

$$\frac{270.000}{425} = 635,3 \text{ calories.}$$

Conclusion. — Comme conclusion, il y a lieu de rappeler

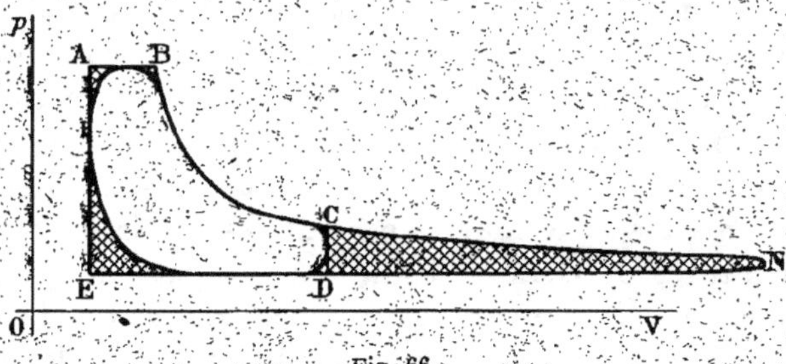

Fig. 66.

ici les causes principales de réduction du rendement des machines à vapeur qui sont :

1° *La détente*, qui est forcément toujours incomplète; car le fait de la pousser un peu loin conduirait à des dimensions de cylindres très rapidement inacceptables vu leur encombrement. Si l'on jette un coup d'œil sur le diagramme en (p,v) ci-dessus, on voit que, étant donnée la forme de la courbe de détente, il faut pour abaisser la pression de peu de chose arriver à une augmentation énorme des dimensions du cylindre, soit EN par rapport à ED pratiquement admise. Ceci fait saisir, en passant, le grand avantage que présente, à ce point de vue particulier, la turbine à vapeur qui, elle, pratiquement sans augmentation d'encombrement, détend la vapeur à des pressions très basses, le volume engendré dépendant de la vitesse très grande à laquelle elle tourne ; voici pourquoi avec la turbine on peut utiliser de la vapeur à très faible pression ; par exemple, celle qui provient d'accumulateurs genre *Rateau* alimentés eux-mêmes par des vapeurs d'échappement de machines fonctionnant sans condenseurs, comme les machines d'extraction des Mines. Dans ce cas la turbine à basse pression vient fort heureusement se substituer au cylindre à vapeur à basse pression, qui prendrait des dimensions inacceptables.

2º *L'espace nuisible.* — L'espace nuisible est le jeu qui existe entre les fonds des cylindres et leurs pistons, quand ces derniers sont arrivés à fond de course.

Ce jeu est une nécessité mécanique de construction, il est provoqué par le désir de ménager à l'eau condensée un petit espace où la loger, le cas échéant, sous peine de provoquer la rupture des fonds de cylindres ; en outre les jeux mécaniques de l'ensemble de la machine seraient sans cette précaution causes de martelages sur les fonds de cylindres et de ruptures de ceux-ci. Enfin le rattrapage des jeux nous force également à ménager des espaces nuisibles.

La machine Corliss, par sa distribution spéciale remédie un peu à cet inconvénient sans toutefois l'écarter complètement.

La compression à fond de course a pour objet d'atténuer un peu les pertes que provoque l'espace nuisible en les compensant ; mais cette compensation n'est que partielle à cause des pertes adiabatiques inévitables.

3º) *Action des parois.* — Les parois, qui sont tantôt en communication avec la vapeur chaude venant du générateur tantôt avec le condenseur, sont évidemment une source de pertes importantes. Une perte calorifique se produit également par transmission directe à travers le métal à l'atmosphère, perte que les chemisages ne compensent aussi que vaguement, puisqu'ils sont eux-mêmes assujettis aux mêmes inconvénients.

La perte la plus importante par la mise en communication des parois alternativement avec le condenseur et avec la chaudière se trouve évitée, au moins en partie, dans un type nouveau de machine assez en faveur depuis quelques années : la machine « *équicourant* » dans laquelle la vapeur suit toujours la même direction, l'échappement ayant lieu vers la fin de course avec une communication de très courte durée avec le condenseur.

4°) *L'eau entraînée.* — L'eau entraînée est aussi une perte importante, on y obvie par l'emploi de séparateurs, qui permettent de n'admettre au cylindre que de la vapeur saturée pratiquement sèche.

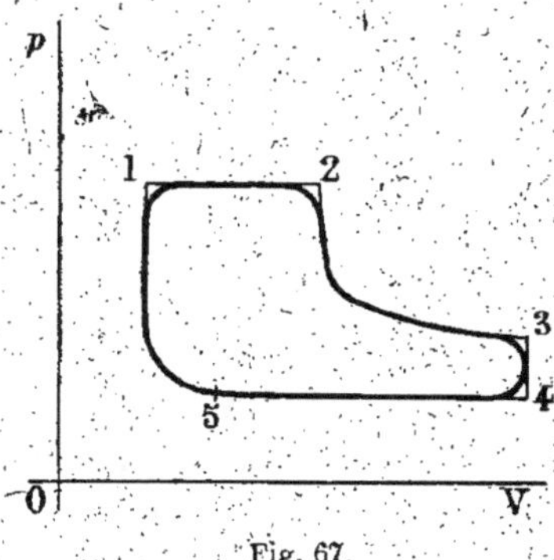

Fig. 67.

5°) *Les laminages.* — Les laminages, qui résultent de la difficulté que la vapeur éprouve à passer par les organes de distribution à cause de leurs dimensions forcément petites, se traduisent par des arrondissements aux parties anguleuses du diagramme 1,2,3,4 (fig 67) qui en réduisent la dimension, par conséquent la valeur en travail indiqué.

6º) *Les fuites de vapeur aux segments.* — Aussi bien que soit construite une machine à vapeur, il existe toujours aux segments des pertes inévitables. Il est bon de se rendre compte qu'elles ne sont pas trop grandes ; pour cela on immobilise le piston dans le cylindre dans la position d'admission sur l'une de ses faces, l'autre étant en communication avec le condenseur ; s'il y a des fuites importantes on s'en rend compte au bruit que fait la vapeur en passant et du reste on peut jauger cette fuite soit au condenseur, soit à l'aide d'un compteur de vapeur, soit par tout autre procédé.

Récapitulation :

$$S = \int_0^T \frac{dQ}{T_0 + t} \text{ est l'entropie du kilogramme d'eau.}$$

$$AB = \frac{r}{T} = S_B - S_A \text{ est l'entropie de vaporisation du kilogramme d'eau.}$$

$$\int_0^T \frac{dq}{T} + \frac{rx}{T} = C^{te}$$

est l'équation de l'adiabatique, c'est-à-dire une parallèle à l'axe des T passant par CC' (fig. 64);

$$\frac{rx}{T} = C^{te}$$

est l'équation d'une isotherme ou d'une isentropique car T restant constant on a une parallèle à l'axe des S,

En outre $\frac{rx}{T}$ représente la longueur AC.

En résumé : une adiabatique est caractérisée par $S = C^{te}$,
une isentropique   »   » $T = C^{te}$.

CHAPITRE IX

LES FREINS

Les freins. — Les freins sont des appareils destinés à absorber la puissance fournie par les machines en essai.

On exécute des freins de types très différents suivant le genre de machine à essayer.

Ce qui commande le choix d'un frein c'est en général la vitesse de la machine à freiner. En effet, quand il s'agit d'absorber une puissance même peu élevée à une vitesse très faible, le seul frein qui convient est le frein de Prony. Pour les vitesses plus élevées le dynamo-dynamomètre est très indiqué ; dans le cas des vitesses un peu plus grandes les freins hydrauliques peuvent également rendre de grands services. Ces derniers appareils permettent d'absorber facilement de très grandes puissances et ils peuvent même être utilisés à vitesses peu élevées, mais ils deviennent alors assez volumineux. Pour les très grandes vitesses les moulinets « *Charles Renard* » sont d'un emploi économique et très commode.

Enfin, comme appareil de mesure de la puissance d'une machine, il faut encore signaler le banc-balance, qui s'emploie soit avec des moulinets, soit avec des hélices, ces deux types d'appareils étant par leur rotation destinés à développer le couple que doit mesurer le banc au moyen d'une charge d'équilibre.

Nous étudierons donc successivement, au point de vue de leurs dispositions mécaniques, de leur exécution et de leur emploi, ces appareils dans l'ordre suivant :

1º Les freins de Prony ;

2º Les dynamos et dynamos-dynamométriques ;

3º Les freins hydrauliques ;
4º Les moulinets Charles Renard employés avec ou sans banc-balance ;
5º Les bancs-balances.

Freins de Prony. — Un frein de Prony se compose essentiellement d'une bande de frein frottant sur un volant ou une poulie. Cette bande peut être serrée à volonté sur la poulie et de ce fait absorber par frottement la puissance de la machine.

Le frein est complété par un bras de levier destiné à porter la charge qui pèse le couple d'entraînement, soit à l'aide de poids, soit par l'intermédiaire de dynamomètres.

Equation d'équilibre du frein. — Lorsque (fig. 68) la bande du frein est convenablement serrée de manière à

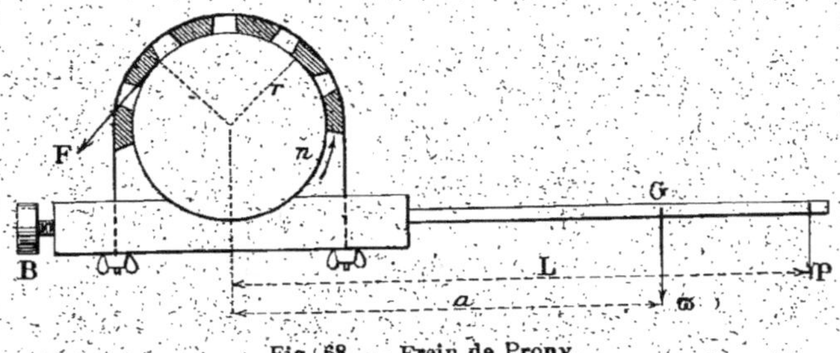

Fig. 68. — Frein de Prony.

développer un couple capable de soulever et de maintenir en équilibre le poids P placé à l'extrémité du bras de levier, ce poids ayant été déterminé pour absorber la puissance de la machine au régime de vitesse prévu, le frein se trouvant en équilibre sous les forces : F due au frottement, P à la charge du plateau et ϖ au poids de la barre du frein appliqué en son centre de gravité G, on peut écrire l'équation des moments :

$$(1) \qquad F \times r = PL + \varpi a$$

D'autre part, le travail absorbé par seconde est :

$$(2) \qquad \mathcal{E}r = \frac{2\pi rn}{60} \times F$$

Si n désigne le nombre de tours par minute, a et L les bras de levier des forces P et ϖ ; r le rayon de la poulie.

Portant la valeur de F tirée de (1) dans l'équation du travail (2), on a :

$$(3) \qquad \begin{matrix} \text{Travail en} \\ \text{kilogrammètre/seconde} \end{matrix} \Big\} = \frac{2\pi n}{60} (PL + \varpi a).$$

En pratique, au lieu de déterminer a [1], on pèse au repos sur une balance la charge statique à ajouter à P, que l'on appelle constante du frein et le plus souvent on préfère équilibrer cette charge par un contre-poids B, ce qui évite d'avoir à tenir compte de cette constante.

Divisant (3) par 75 on a la puissance en chevaux.

$$\text{Puissance en CH} = \frac{\pi}{30 \times 75} \times PLn = PLn \frac{14}{10\,000}.$$

Calcul des parties essentielles d'un frein. — *Puissance limite à transmettre par mètre carré de surface.* Il est évident que, pour qu'un frein fonctionne correctement, il faut qu'il puisse dissiper la chaleur produite résultant des kilogrammètres absorbés.

Les poulies de frein s'exécutent avec ou sans circulation d'eau.

Soient :

D le diamètre, en mètres, de la poulie ;

l la largeur de sa jante ;

K le nombre de kilogrammètres correspondant aux calories, que l'on peut dissiper par mètre carré de surface frottante et par seconde ;

1. Pour mesurer a on supprime la bande de frein et on équilibre la barre sur un couteau ; la distance du couteau à la verticale du centre de rotation donne a —. On fait la même opération pour déterminer la constante du frein ; mais en mettant une balance en P.

N la puissance en chevaux qu'il faut freiner; on peut écrire, si la bande de frein embrasse toute la poulie, l'équation :

$$(1) \qquad K \times \pi l D = 75N$$

qui donnera Dl connaissant K.

Or l'expérience a montré, qu'avec une poulie non refroidie par circulation d'eau, il ne faut pas dépasser pour K la valeur de 2 000 kilogrammètres, soit 4,7 calories et avec une bonne circulation d'eau 12 000 kilogrammètres, soit 28,2 calories.

Dans le cas d'une circulation peu abondante, on admet pour K la valeur de 5 000 à 7 000 kilogrammètres par mètre carré de surface frottante (soit en moyenne 14 calories). Comme on le voit, un frein sans circulation d'eau absorbe 5 ou 6 fois moins qu'un frein muni d'une bonne circulation.

Les dimensions des poulies, comme on le voit, sont indépendantes des vitesses.

Portant ces valeurs de K dans l'équation (1) ci-dessus on obtient :

a) dans le cas d'une bande de frein entourant toute la poulie.

Avec circulation intense d'eau.......................... $Dl = \dfrac{N}{500}$

   »   »   moins abondante.................... $Dl = \dfrac{N}{300}$

Sans circulation, par évaporation d'eau.............. $Dl = \dfrac{N}{200}$

Sans eau sur le frein................................ $Dl = \dfrac{N}{80}$

b) si la bande de frein n'embrasse pas toute la poulie, on en tient compte en augmentant les dimensions de la poulie dans le rapport inverse.

* *
*

Précautions à observer. — Certaines précautions sont à prendre dans l'emploi des freins.

Il faut toujours buter le levier pour l'empêcher d'être

entraîné au delà d'une certaine limite par l'effort de frottement, qui peut varier dans des proportions assez grandes, par suite de la variation du coefficient de frottement, lequel dépend essentiellement du graissage du frein.

On obtient une bonne stabilité en graissant au suif, dont on place un bloc sur le sabot inférieur, lequel en fondant de lui-même lubrifie convenablement et d'une manière constante la jante de la poulie. Il faut éviter de lubrifier à l'eau savonneuse, qui ne donne pas de bons résultats.

Détails de montage. — Il est bon d'éviter la variation de la longueur L pendant les battements du frein. Cela s'obtient

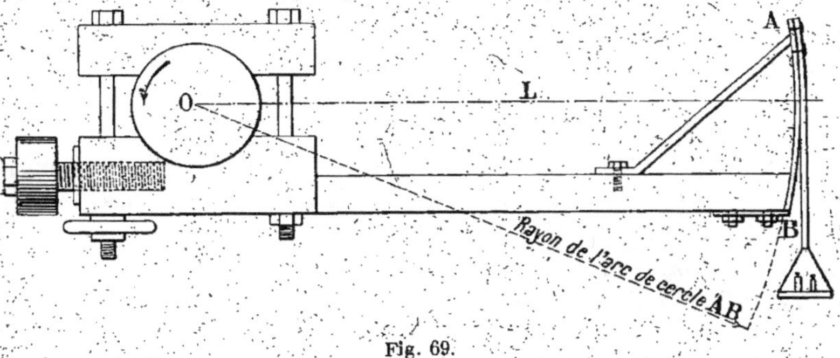

Fig. 69.

simplement en disposant le point d'attache du plateau comme le montre la figure 69.

Pour la bonne stabilité d'un frein son centre de gravité doit se trouver en dessous de l'axe de rotation O. Dans le cas des machines à couple très variable par tour, il faut remplacer le plateau et les poids par le dynamomètre hydraulique, que nous connaissons, lequel permet tout l'amortissement qu'on désire (Voir chapitre II, page 37).

Ce dernier appareil est presque indispensable quand le frein, au lieu d'être dans un plan vertical comme ci-dessus, doit se monter dans un plan horizontal, cas fréquent dans les turbines hydrauliques ; ou bien il faut faire un renvoi d'équerre.

Dans un frein il faut toujours, nous le répétons, limiter la course pour éviter les accidents.

On amortit quelquefois un frein avec des dash-pots.

Différentes manières de disposer un frein. — Les freins se montent quelquefois avec des romaines ou des bascules, qui remplacent les poids ou les dynamomètres pour la pesée du couple.

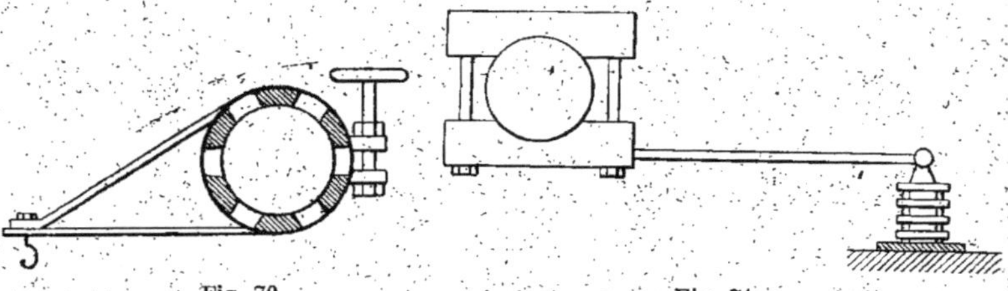

Fig. 70.　　　　　Fig. 71.

Le levier en bois est quelquefois remplacé par des bras en fer (fig. 70). On fait aussi des freins à charge automatiquement variable (fig. 71). La jante en sabots de bois est quelquefois remplacée par une corde comme dans les figures 72 et 73 ; mais alors, pour avoir le couple, il faut mettre des

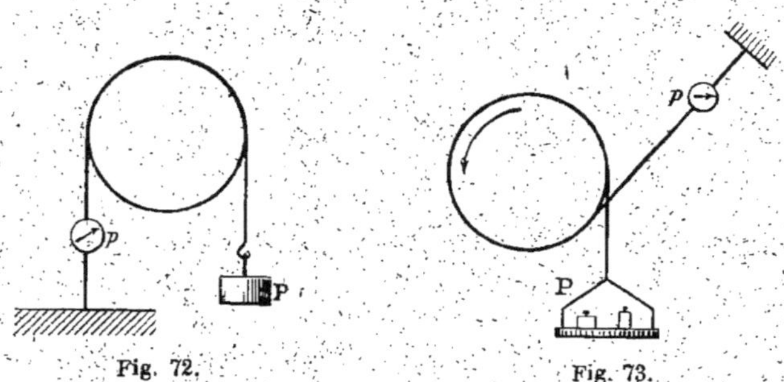

Fig. 72.　　　　　Fig. 73.

dynamomètres sur le brin moins tendu, dont la charge est à déduire de celle du plateau. Le couple est $P - p$.

Calcul des organes principaux d'un frein. — *Boulons de serrage.* — 1º *Valeur de la pression normale.* — Soit N la

puissance, en chevaux à freiner, soit F (fig. 74) la somme
sur une mâchoire des frottements élémentaires $f \times p_n$ on
a (fig. 75)

(1) $$F = \Sigma p_n \times f$$

pour la valeur de la force de frottement ; f étant le coefficient de frottement et p_n la pression normale élémentaire sur la poulie.

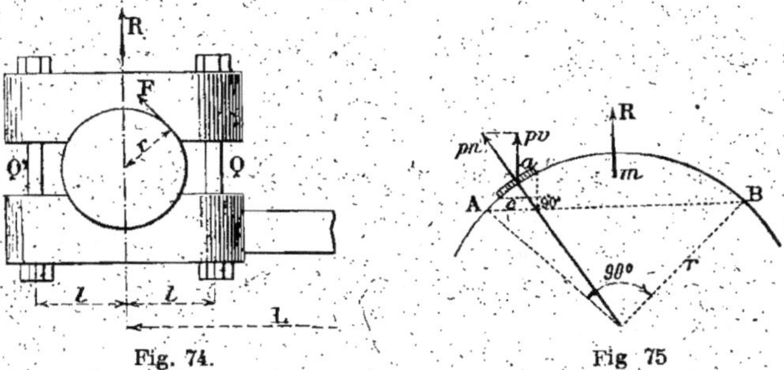

Fig. 74.   Fig 75

Prenant les moments on a pour les 2 machoires :

$$2Fr = PL$$

et les travaux donnent :

$$2Fr = 75N$$

où

(2) $$F = \frac{1}{2}\frac{75N}{2\pi\frac{rn}{60}} = 360\frac{N}{rn} \text{ environ.}$$

Alors si on admet pour f la valeur 0,18 on a de (1) et (2) :

(4) $$\Sigma p_n = \frac{F}{f} = \frac{360}{0,18} \times \frac{N}{rn} = 2.000\frac{N}{rn}.$$

Telle est la valeur de la pression normale à la jante.
2°) *Valeur de la résultante verticale R.* — Dans les petits
triangles semblables ci-dessus (fig. 75) on a :

$$\frac{p_n}{a} = \frac{p_v}{c} \quad \text{d'où} \quad p_v = \frac{c}{a}p_n.$$

Mais

$$(3) \qquad R = \Sigma p_v = \Sigma p_n \frac{c}{a} = \Sigma p_n \frac{\text{corde } AB}{\text{arc } AmB}.$$

Si on considère un angle de 90° on a :

$$\text{Arc } \widehat{AmB} = \frac{\pi D}{4} = 0{,}785 D$$

$$\text{Corde } AB = \text{côté carré inscrit} = D\frac{\sqrt{2}}{2} = 0{,}707 D.$$

Donc de (4) et (3)

$$(5) \qquad R = 2\,000\,\frac{N}{rn} \times \frac{0{,}707}{0{,}785} = 1\,800\,\frac{N}{rn}$$

Telle est la valeur de la résultante verticale R des pressions normales à la jante.

3° *Tensions sur les boulons.* — Ecrivant maintenant la rélation d'équilibre pour un sabot on a : si Q et Q' sont les tensions des boulons :

$$(6) \qquad Q + Q' = R.$$

Soit l la distance des boulons à l'axe de rotation et prenant les moments on a :

$$(7) \qquad lQ - lQ' = Fr \qquad \text{d'où} \qquad Q - Q' = F\frac{r}{l}$$

faisant la somme et la différence de (6) et (7) on obtient :

$$Q = \frac{1}{2}\left(R + F\frac{r}{l}\right) \qquad \text{et} \qquad Q' = \frac{1}{2}\left(R - F\frac{r}{l}\right)$$

substituant ici les valeurs de R et F trouvées en (5) et (2) on a :

$$Q = 180\frac{N}{n}\left(\frac{5}{r} + \frac{1}{l}\right) \qquad \text{et} \qquad Q' = 180\frac{N}{n}\left(\frac{5}{r} - \frac{1}{l}\right).$$

Telles sont les tensions des boulons Q et Q' et l'on voit bien que Q' est celui qui travaille le moins ; c'est donc de ce côté qu'il faut mettre le volant de manœuvre pour avoir le moindre effort à serrer le frein.

Calcul du bras de levier d'un frein. — En a se trouve (fig. 76) la section la plus fatiguée du bras de levier ; elle donne pour le moment statique de la résultante des forces, qui tendent à fléchir la pièce dans la section la plus fatiguée :

$$\mathcal{M} = P \times (L - l)\,\mathcal{R}\frac{ah^2}{6}$$

dans laquelle h est la hauteur de la poutre et a sa largeur. En effet la résistance des matériaux nous enseigne que :

$$\mathcal{M} = \mathcal{R}\frac{I}{r}$$

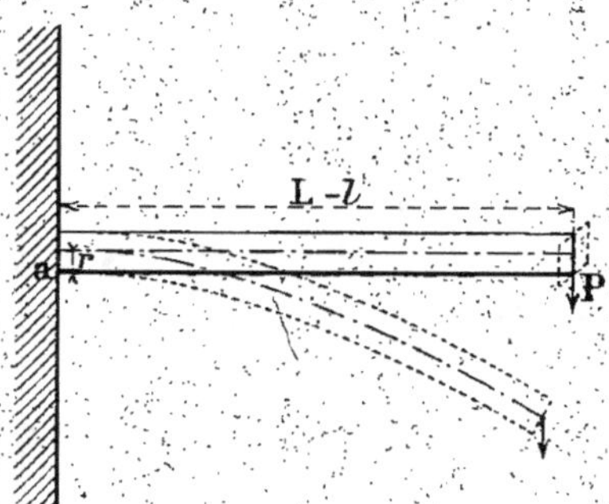

Fig. 76.

alors ici on a :

$$P(L - l) = \frac{\mathcal{R}I}{r}$$

d'où puisque

$$I = a\frac{h^3}{12}$$

$$P = \frac{\mathcal{R}\,a\dfrac{h^3}{12}}{L - l\,\dfrac{h}{2}} = \frac{\mathcal{R}}{L - l}\frac{ah^2}{6}$$

c'est bien ce qu'il fallait démontrer, si nous établissons que

$$I = a\frac{h^3}{12}.$$

Soit I le moment d'inertie de la section par rapport à son axe neutre ;

r la distance de la fibre la plus éloignée de l'axe neutre ;

$\mathcal{R}$ l'effort moléculaire développé dans cette fibre par unité de surface.

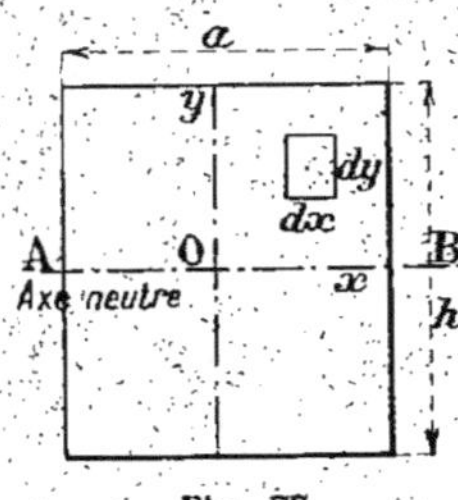

Fig. 77.

En effet, I égale bien $\frac{ah^3}{12}$ car (fig. 77) I est, nous l'avons vu aux chapitres précédents, Σmy^2 le moment d'inertie par rapport à l'axe neutre AB ; donc il s'agit de prendre l'intégrale double de :

$$I = \Sigma my^2 dx\, dy \qquad \text{donc} \qquad \iint dx\, dy\, y^2$$

Intégrant d'abord par rapport à y on a.

$$\int_{-\frac{h}{2}}^{+\frac{h}{2}} dx\, y^2 dy = \left[\frac{1}{3} y^3 dx\right]_{-\frac{h}{2}}^{+\frac{h}{2}} = dx \frac{1}{3} \frac{h^3}{8} 2 \text{ fois} = \frac{h^3}{12} dx.$$

Intégrant par rapport à x on a : —

$$\int_{-\frac{a}{2}}^{+\frac{a}{2}} \frac{h^3}{12} dx = \frac{h^3}{12} 2 \text{ fois} \frac{a}{2} = \frac{ah^3}{12} \qquad \text{C. Q. F. D.}$$

Emploi de la dynamo à courant continu comme frein ou moteur, c'est-à-dire comme dynamomètre de transmission. — Les dynamos à courant continu montées avec excitation séparée sont susceptibles de constituer d'excellents freins et également de vrais dynamomètres de transmission si on les emploie comme moteurs.

La puissance absorbée ou fournie sur l'arbre s'établit comme suit :

Watts lus aux bornes	p. m.
auxquels il faut ajouter ou retrancher les pertes qui sont :	
1° Watts pour tourner à vide à la même vitesse	p. m.
2° RI^2 l'effet Joule dans l'induit	p. m.
Total	p. m.

N. B. — Ajouter les pertes dans le cas du frein. les retrancher dans le cas du moteur.

Pour déterminer les watts nécessaires pour tourner à vide
à la même vitesse, on construira les courbes ci-contre (fig. 75)
en étudiant la machine à différents régimes de vitesse; portant
en abscisses les volts aux bornes et en ordonnées les ampères
(voir fig. 78).

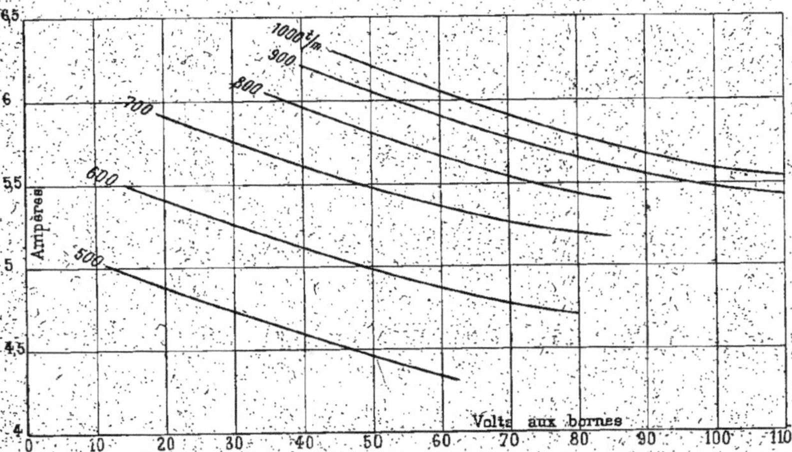

Fig. 78. — Dynamo Edison, 10 chevaux, 110 volts. Marche à vide.
Résistance de l'induit : 0,0533 ohm.

Si pendant les essais on a lu aux bornes une différence de
potentiel V on formera le terme

V — RI dans le cas du moteur et
V + RI dans le cas du frein ou génératrice

et l'on se reportera au graphique ci-dessus, fig. 78 pour avoir
le nombre d'ampères à vide correspondant à la vitesse d'utilisation de la machine comme moteur ou comme frein (voir
exemple fig. 79).

Pour déterminer RI et former le terme RI² il suffira de
mesurer la résistance de l'induit ; ce qui devra se faire
pendant que la machine est encore chaude et en faisant
passer un courant I de même intensité que pendant l'em-

ploi du frein ; on empêche l'induit de tourner et on fera 8 ou
10 mesures avec le voltmètre en changeant d'une mesure à
l'autre la touche de collecteur en contact avec les balais.

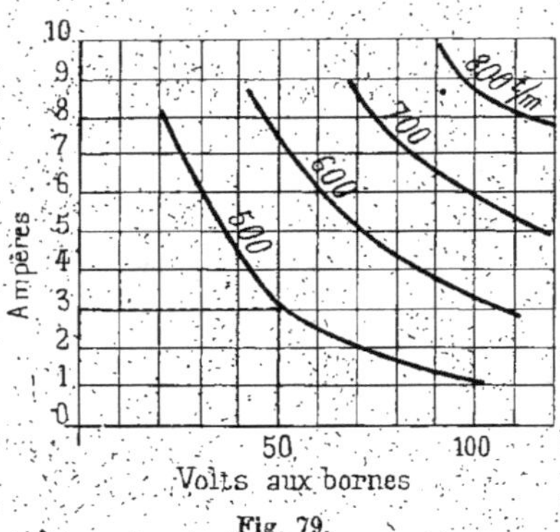

Fig. 79.

Dynamodynamomètres ou dynamodynamométriques. — Ces
appareils sont extrêmement intéressants parce que ce sont
des dynamomètres de transmission ; c'est-à-dire qu'on peut
les employer aussi bien pour absorber la puissance, que
pour transmettre cette puissance à la machine en essai.

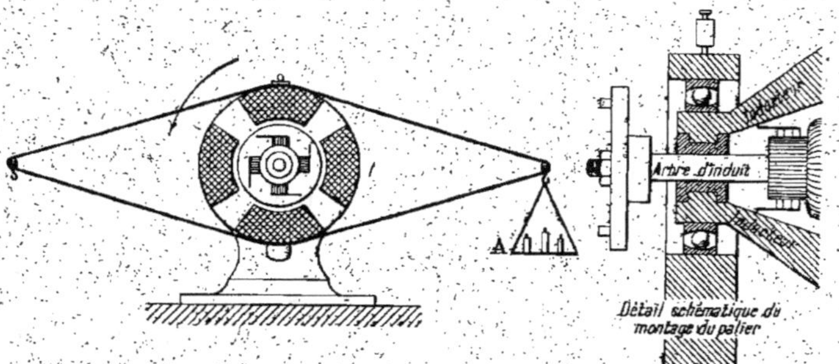

Fig. 80. — Schéma d'un dynamodynamomètre.

Ce sont de véritables dynamos, dont l'inducteur est mobile et comporte un bras de levier, à l'extrémité duquel on
place les poids ou un dynamomètre pour peser le couple,
que l'appareil doit mesurer.

L'induit tourne dans deux paliers ordinaires portés par l'inducteur mobile, lequel comporte deux roulements à billes dans lesquels oscille l'inducteur. Du frottement de ces roulements dépend la sensibilité de la balance (fig. 80). Ces roulements sont portés par des chaises faisant corps avec le socle de la machine.

Comment cet appareil réalise une mesure correcte. — Quelles sont les forces qui tendent à faire basculer l'inducteur et qui sont équilibrées par les [poids placés au bout du bras de levier ?

1º C'est tout d'abord le courant électrique produit par le frein, qui se comporte comme une génératrice, dont on consomme le courant dans des rhéostats de lampes.

Dans ces conditions nous savons que l'induit tend à entraîner avec lui les inducteurs, donc sur la figure 80 ci-contre cet entraînement ou couple sera équilibré et par conséquent mesure par les poids placés sur le plateau A.

Si l'appareil est employé comme moteur et s'il tourne dans le même sens, c'est-à-dire celui indiqué par la flèche, alors l'induit prend point d'appui sur les inducteurs, qu'il repousse et le bras de levier doit être placé de l'autre côté.

2º C'est ensuite le frottement des balais sur le collecteur ; dans le cas du frein, ce frottement tend également à entraîner avec lui l'inducteur ; cet entraînement est un couple, qui est équilibré par des poids correspondants placés sur le plateau.

Mais dans le cas où l'appareil est employé comme moteur, ce frottement tend à faire baisser le bras de levier qui est à gauche de la figure, mais ce que nous voulons connaître c'est la puissance fournie à la machine en essai, par conséquent la puissance sur l'arbre de sortie. Il faut donc que le frottement des balais n'intervienne pas. En réalité il n'intervient pas, car il est exactement compensé par le courant électrique qui est nécessaire pour le vaincre, lequel courant repoussant les inducteurs le relève précisément d'une quantité égale à celle dont le frottement mécanique l'abaissait.

Donc, dans le cas du moteur ce frottement n'intervient pas alors que, au contraire, dans le cas du frein ou de la génératrice il intervient comme cela doit être, puisque nous voulons la puissance absorbée sur l'arbre.

3° C'est enfin le frottement de l'arbre d'induit dans ses coussinets qui, si la machine est bien exécutée, sont montés comme dans le schéma de la figure 80 ; dans ces conditions de montage on raisonne exactement sur ces frottements comme ur ceux des balais.

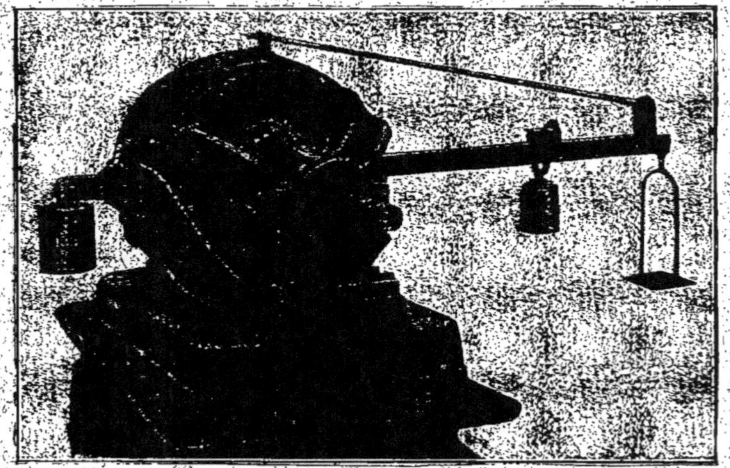

Fig. 81.

4° Il reste bien encore à considérer le frottement de l'induit et de l'accouplement dans l'air ambiant, nous y reviendrons plus loin ; mais dès maintenant nous dirons que dans la plupart des cas il est négligeable.

On peut, pour résumer ce qui précède, dire qu'en somme un tel appareil se comporte comme une série de freins de Prony ordinaires, de colliers différents sur poulies différentes, mais ayant tous un même bras de levier totalisateur.

Ces appareils s'exécutent avec plateaux pour les charges,

crochets pour suspendre les poids, ou encore fig. 81, avec un poids curseur de romaine.

Dynamodynamomètres avec changement de vitesse. — Dans le but d'utiliser la puissance entière de la dynamo-dynamométrique, quelle que soit la vitesse de la machine en essai, il convient de munir l'appareil d'un changement de vitesse permettant d'accélérer ou de diminuer la vitesse de l'induit. Pour que cet appareil n'introduise aucune perturbation dans la mesure, il faut et il suffit qu'il soit porté par la partie basculante c'est-à-dire l'inducteur.

Et en effet : dans ce cas, l'ensemble de l'appareil forme un système matériel en mouvement, qui ne renferme que des corps de révolution tournant autour d'axes parallèles avec une vitesse angulaire constante.

Et l'on sait que dans un tel système en mouvement l'ensemble des forces extérieures et des forces élémentaires d'inertie est un système de forces en équilibre, donc on a toujours :

$$\mathcal{M} = Pl.$$

Donc peu importe la place des organes, qui dans le frein transforment le travail, pourvu qu'il n'y ait pas à tenir compte des forces extérieures autres que l'action du moteur et celle des poids suspendus au levier.

Donc la conclusion suivante s'impose :

Si l'on utilise le changement de vitesse il faut prendre dans la formule donnant la puissance, la vitesse de la machine en essai.

Il reste maintenant à dire un mot des frottements dans l'air de l'induit et des accouplements.

Frottements dans l'air de l'induit. — A propos de l'emploi du changement de vitesse nous avons dit que les forces en jeu, sauf les poids et le couple de la machine en essai, ne devaient avoir aucun point d'appui extérieur, sinon elles introduisaient une perturbation dans la mesure. C'est le cas du frottement de l'induit dans l'air ou encore du plateau à broche d'accouplement. Il est facile de chiffrer la correction qui peut leur incomber en faisant tourner la dynamodynamométrique en moteur ; si ces frottements sont négligeables le bras de levier ou fléau de la romaine ci-dessus (fig. 77) restera en équilibre et, si l'équilibre est rompu, il suffira de mesurer la valeur du couple de rupture pour chiffrer la correction à faire pour le frottement dans l'air de l'induit ou de l'accouplement.

Approximation dans la mesure. — Il nous reste maintenant à chiffrer l'approximation dans la mesure fournie par ces appareils. La formule de la puissance est :

$$(1) \qquad W = Kpln$$

si nous la différentions nous avons (2)

$$(2) \qquad dW = Klndp + Kpndl + Klpdn$$

divisant pour avoir l'erreur relative chaque terme de (2) par W ou sa valeur (1) on obtient

$$\frac{dW}{W} = \frac{dp}{p} + \frac{dl}{l} + \frac{dn}{n}$$

Application. — Pour un moteur de 26 ch, 6 pour lequel on a eu pendant les essais à la dynamodynamométrique :

Poids suspendu : 15 k, 2 (la balance est sensible à 50 grammes lus à 1 mètre).

Bras de levier : 1 mètre.

Nombre de tours : 1 250 t/m (lus à deux tours près), on a

$$\frac{dW}{W} = \frac{50}{15\,200} + \frac{1}{1\,000} + \frac{2}{1\,250} = 0,006 \text{ soit } 0,6 \text{ \%}$$

c'est donc $\frac{dp}{p}$ le terme le plus fort ; il faut donc soigner la balance au point de vue de la sensibilité.

Freins hydrauliques. — Ces freins sont de deux types :
le frein Rateau et le frein Froude ; ils sont commodes quand
il s'agit d'absorber de très grandes puissances, par exemple
pour le freinage des machines marines ; ils deviennent très
intéressants quand la vitesse est grande, parce qu'alors, ils
sont peu encombrants.

Frein Rateau. — Un frein de ce genre est une véritable
pompe centrifuge, il se construira donc comme une pompe.
Nous analyserons alors dans ce but l'étude publiée par
M. Rateau au sujet des turbo-machines dans la *revue de Méca-*
nique 1897-1898-1899 et 1900 sur ces machines, étude que
nous allons résumer et à laquelle il y aura lieu de se reporter
pour le détail de la technique de ces machines.

M. Rateau établit *à la suite d'expériences* que : « Lorsque
l'ouverture sur laquelle fonctionne une turbo-machine est
constante pendant que (u) [1] varie, les quatre rapports
suivants restent constants ».

Ce qui peut également s'énoncer ainsi :

« Pour chaque type de turbo-machine et pour chaque
valeur de l'ouverture réduite sur laquelle fonctionne la
machine considérée, ces 4 coefficients ont des valeurs déterminées indépendantes de la vitesse de rotation et de la
grandeur de l'appareil ».

« Ces valeurs changent quand l'ouverture réduite change ».

Ces quatre coefficients sont :

1º Le *rendement mécanique* ρ ou rapport du travail
produit par seconde à l'énergie dépensée sur la machine
dans le même temps :

$$(1) \qquad \rho = \frac{\mathcal{C}_u}{\mathcal{C}_r} \text{ pour une réceptrice,}$$

et

$$\rho = \frac{\mathcal{C}_u}{\mathcal{C}_m} \text{ pour une génératrice}.$$

[1] u = vitesse périphérique de la roue.

alors pour une génératrice (pompe ou frein) :

$$\rho = \frac{\varpi QH}{\mathcal{C}_m}.$$

2° *Le coefficient de puissance* τ ou puissance transmise par l'arbre de la machine

$$(2) \qquad \tau = \frac{g\mathcal{C}_m}{\varpi u^3 R^2} \qquad \begin{array}{l} \mathcal{C}_m \text{ est le travail moteur} \\ \varpi \text{ est le poids du m}^3 \text{ du fluide} \end{array}$$

$$\left(\tau = \frac{\mu\delta}{\rho}\right).$$

$\mathcal{C}_c$ remplacera $\mathcal{C}_m$ dans le cas d'une réceptrice.

3° *Le coefficient manométrique* (μ). Il est défini ainsi : Le coefficient μ dit « coefficient manométrique » est égal au quotient par le carré de la vitesse périphérique du produit de l'accélération g due à la pesanteur par la hauteur H

$$(3) \qquad \mu = \frac{gH}{u^2} \qquad \begin{array}{l} \text{H est la hauteur de pression,} \\ u \text{ est la vitesse périphérique de la roue.} \end{array}$$

4° *Le coefficient de débit* (δ) est égal au quotient du débit dans l'unité de temps par la vitesse périphérique u et par le carré du rayon R^2

$$(4) \qquad \delta = \frac{Q}{uR^2} \qquad Q \text{ est le débit.}$$

5° *L'ouverture réduite* (φ) est égale à l'ouverture réelle O divisée par le carré du rayon périphérique

$$(5) \qquad \varphi = \frac{O}{R^2} \qquad O \text{ est l'ouverture réelle du circuit extérieur avec :}$$

$$O = \frac{Q}{\sqrt{2g\dfrac{H}{\varpi}}}$$

φ peut s'exprimer aussi en fonction des autres coefficients

$$\varphi = \frac{\delta}{\sqrt{2\mu}}.$$

6° Enfin, à ces formules il faut ajouter la formule fondamentale des turbo-machines, qui est établie à l'aide du théorème des moments des quantités de mouvement. On pourrait aussi l'établir par le théorème des forces vives comme on le fait pour l'écoulement des fluides ou celui des quantités de mouvement, comme le font la plupart des auteurs allemands.

Le théorème des moments de la quantité de mouvement [1] conduit à :

$$g(\rho H + h) = u_0 a_0 - u_1 a_1 \quad \text{pour les réceptrices,}$$

$$g\left(\frac{H}{\rho} - h\right) = u_1 a_1 - u_0 a_0 \quad \text{pour les génératrices.}$$

N. B. — Si la machine était parfaite et sans pertes on aurait :

$$gH = u_0 a_0 - u_1 a_1$$

a_0 est la projection de la vitesse absolue V_0 du fluide sur la vitesse d'entraînement u_0.

Calcul des vitesses a_0 **et** a_1. — Ces quantités se calculent par le théorème de Bernoulli dans chaque cas particulier. D'après

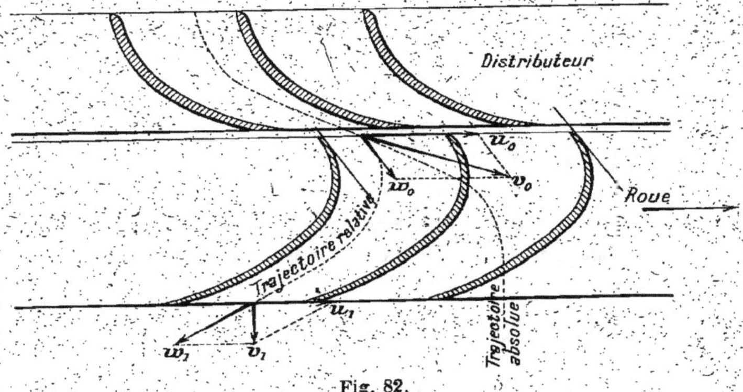

Fig. 82.

la direction du dernier élément des aubes du distributeur et d'après la pression qui existe à la sortie du distributeur on aura a_0 (fig. 82).

Pour avoir a_1 c'est un peu plus compliqué ; il faut connaître w_1 ; comme v_1 (vitesse absolue) est la résultante géométrique de u_1 et w_1 il en résulte que a_1 est égal à u_1 augmenté de la projection de w_1 sur u_1.

1. Voir RATEAU. *Revue Mécanique*, juillet 1897.

Il faut donc w_1, qui lui se calcule par le théorème de Bernoulli étendu au mouvement relatif, si on connaît p_1 et la perte de charge. Mais il vaut mieux encore déduire w_1 du débit en volume et calculer p_1 avec la formule de Bernoulli.

$$\frac{w_1^2 - u_1^2}{2g} + \frac{p_1}{\varpi} + z_1 = \frac{w_0^2 - u_0^2}{2g} + \frac{p_0}{\varpi} + z_0 - \xi,$$

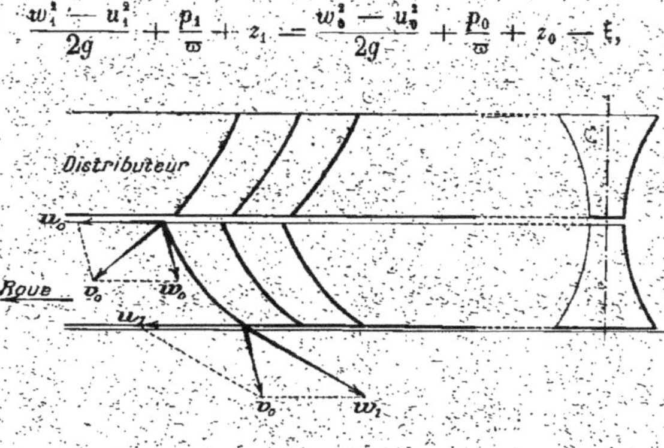

Fig. 83.

ξ est la perte de charge par frottement dans le canal,
w_0 est la vitesse relative à l'entrée,
$u_0 = \omega r_0$ et p sont les vitesses et pression à l'entrée,
z_0 est la hauteur de l'orifice d'entrée au-dessus d'un plan horizontal.

Exercice. — A titre d'exemple, calculer un frein hydraulique devant absorber 800 CV à 500 t/m.

Nous nous proposons de calculer ce frein en nous servant des caractéristiques d'une pompe Rateau caractérisée par les résultats d'essais de la figure 84 ci-contre.

Nous prendrons d'abord les constantes de la pompe pour $\delta = 0,24$ par exemple, de manière à travailler dans une région où le rendement baisse sensiblement (voir figure 84).

$$\text{Données.} \ldots \left\{ \begin{array}{l} \mathcal{C}_m = 800 \times 75, \\ \varpi = 1000 \text{ kgm}^3, \\ u = \dfrac{2\pi Rn}{60} = 52,36 R. \end{array} \right.$$

Avec la formule (2), page 196,

$$\tau = \frac{g \mathfrak{C}_m}{\varpi u^3 R^2}$$

dans laquelle on porte :

$$\mathfrak{C}_m = 800 \times 75 ; \quad \varpi = 1.000 \quad \text{et} \quad u = \frac{2\pi R n}{60} = 52,36 R$$

on trouve avec les coefficients suivants lus sur la courbe (fig. 79) pour

$$\delta = 0,24 ; \quad \tau = 0,22 ; \quad \rho = 0,55 ; \quad \mu = 0,50 \quad \text{et} \quad \varphi = 0,24$$

les valeurs suivantes ; pour R la valeur

$$R = 0^m,425 \quad \text{d'où} \quad u = 22^m,25.$$

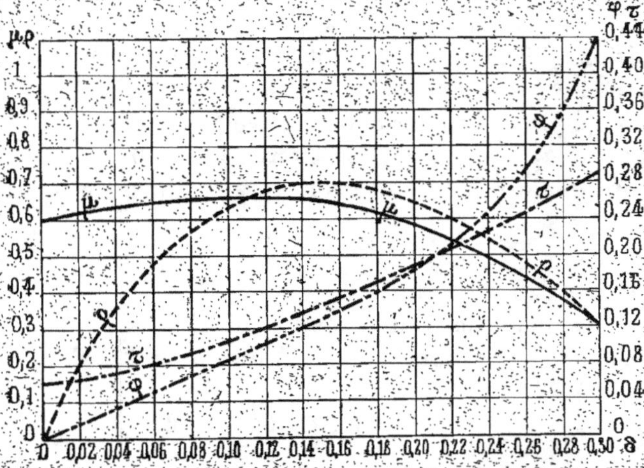

Fig. 84. — Pompe centrifuge Rateau. Diffuseur normal pour $d = 0,08$.

Avec la formule (3)

$$\mu = \frac{g H}{u^2} \quad \text{on aura :} \quad H = \frac{\mu u^2}{g} = 25^m,2.$$

Avec la formule (4)

$$Q = \delta u R^2$$

on constatera le débit correspondant qui ressort à $0 \text{ m}^3,925$

Vérifiant alors le travail absorbé par la formule (1)

$$\mathfrak{C}_m = \frac{\varpi QH}{\rho}$$

on trouve en chevaux 566, c'est-à-dire un chiffre un peu faible ; en augmentant le débit on arrivera facilement à absorber la puissance désirée.

Supposons en effet, que nous portions le débit dans une région où

$$\delta = 0,30$$

on aura alors

$$\tau = 0,29 ; \quad \rho = 0,3 ; \quad \mu = 0,3 ; \quad \varphi = 0,44.$$

Bien entendu R et u sont les mêmes. Si avec (2) on calcule $\mathfrak{C}_m$, on trouve pour la puissance absorbée dans ces conditions 792 ch. 5 : on est très près des 800 chevaux demandés.

Si avec (3) on calcule H on trouve 15 m. 20.

Si avec (4) on calcule Q on trouve 1 m³, 200.

Faisant alors la vérification du travail absorbé par

$$\mathfrak{C}_m = \frac{\varpi QH}{\rho}$$

on trouve 810 chevaux.

Si nous cherchions quel rendement il faut supposer pour absorber 800 ch. dans ces conditions nous l'aurions par (1)

$$\rho = \frac{1\,000 \times 1,2 \times 15,2}{80 \text{J} \times 75} = 0,304.$$

On voit que cela est bien d'accord avec les caractéristiques du frein.

Il convient maintenant de calculer la puissance qu'absorbera notre frein dans la région du rendement maximum, c'est-à-dire pour $\delta = 0,14$ auquel correspond

$$\tau = 0,14 ; \quad \rho = 0,7 ; \quad \mu = 0,65 ; \quad \varphi = 0,12.$$

Calculant par (2) la puissance absorbée on a :

$$\mathfrak{C}_m = \frac{0,14 \times \varpi u^3 R^2}{g} = \frac{0,14 \times 1\,000 \times 11\,100 \times 0,18}{9,81} = 28\,500$$

soit

$$\frac{28\,500}{75} = 380 \text{ chevaux}.$$

Si avec (3) on calcule H on trouve H = 33 mètres.
Si avec (4) on calcule Q on trouve Q = 0 m³, 5625.
Faisant alors avec (1) la vérification de la puissance absorbée on trouve :

$$\mathcal{C}_m = \frac{\varpi Q H}{\rho} = 26\,500 \qquad \text{d'où} \qquad \frac{26\,500}{75} = 352,5 \text{ chevaux}.$$

Ce qui correspond bien au calcul, car la différence résulte de la précision avec laquelle on a déterminé ρ ; en effet, si on calcule ρ par (1) en admettant 380 Ch. on trouve

$$\rho = \frac{\varpi Q H}{\mathcal{C}_m}$$

on a

$$\rho = \frac{1\,000 \times 0,5625 \times 33}{380 \times 75} = 0,65$$

au lieu de 0,70 que donne la courbe caractéristique.

Le même calcul pourrait se recommencer avec les courbes caractéristiques, que nous donnons d'une pompe Schabaver avec plus d'intérêt et de précision, puisque les figures données au sujet de cette pompe la définissent avec une plus grande précision encore.

Ouverture normale. — Elle sera donnée par :

$$(5) \qquad O = \frac{Q}{0,7\sqrt{2gH}}$$

avec $m = 0,7$ coefficient de dépense qu'il faut introduire dans la formule :

$$O = \frac{0\,\text{m}^3, 925}{0,7\sqrt{2g \times 25,2}} = 0\text{m}^2,059 \qquad \text{soit} \quad 6 \text{ décimètres carrés}.$$

On calculera l'ouverture maximum par exemple ainsi

$$O_{max} = \frac{Q_m}{0,7\sqrt{2gH}} = \frac{1\,\text{m}^3, 200}{0,7\sqrt{2g \times 15,2}} = 0\,\text{m}^2, 10 \qquad \text{soit} \quad 10 \text{ dcm}^2.$$

Enfin pour établir la balance, c'est-à-dire le bras de levier avec fléau multiplicateur comme dans les bascules, voir à ce sujet la figure 85, page 204, et 86 page 206.

Pour absorber des puissances aussi élevées, il est évident que la conversion du travail absorbé en chaleur échauffe considérablement l'eau de circulation du frein, qui parcourt un cycle fermé, il y a donc lieu de maintenir cette eau à une température acceptable en en renouvelant une partie. M. Rateau admet que l'on doit la calculer en tolérant 30° ; il admet même que l'on peut atteindre normalement 50°.

On déterminera donc la quantité d'eau à faire circuler par l'égalité suivante :

$$Q \times (t_{30} - t_{10}) = \frac{\text{chevaux} \times 75}{425}$$

t_{10} étant la température extérieure et la température à ne pas dépasser : 30°.

Remarque. — Il convient de remarquer, que les dimensions de ces différents appareils sont entre elles comme le cube des vitesses et la 5e puissance des diamètres, en effet :

$$\tau = \frac{g\mathfrak{C}_m}{\varpi u^2 R^2} \quad \text{et comme} \quad u = R\omega \quad \text{on a :} \quad \mathfrak{C}_m = K u^3 R^2 ;$$

donc faisant le rapport pour deux vitesses différentes pour un même frein on a :

$$\text{Première loi :} \quad \frac{\mathfrak{C}_m}{\mathfrak{C}_{m1}} = \left(\frac{u}{u_1}\right)^3.$$

C'est-à-dire que dans un même frein la puissance de freinage est proportionnelle aux cubes des vitesses angulaires. Si dans la formule (1) qui donne τ on remplace u^3 par sa valeur $R^3\omega^3$ et qu'on fasse le rapport on a :

$$\text{Deuxième loi :} \quad \frac{\mathfrak{C}_m}{\mathfrak{C}_{m1}} = \left(\frac{R}{R_1}\right)^5.$$

C'est-à-dire qu'à vitesses angulaires égales les puissances de deux freins géométriquement semblables sont entre elles comme les puissances 5emes des diamètres.

1. Voir 2° page 196.

Quelques freins existants. — En Allemagne, chantiers de Weser à Brême — 10.000 Ch. à 260 t/m, la puissance peut varier de 1 à 17, construit pour Diésel.

$$D = 2^m,20 \text{ à deux ouïes.}$$

Un frein construit pour les chantiers de Bretagne, à Nantes. Une seule ouïe pour avoir une poussée axiale comme avec l'hélice, pour freiner les turbines d'un bateau de guerre. Il fait 8.000 Ch. à 650 t/m ; D $= 1$ m. 20. La puissance varie de 1 à 10.

Un frein à La Courneuve 2.500 Ch. à 3.000 t/m.

Un frein de 800 Ch., 4.000 t/m 2 ouïes avec D $= 0^m$, 36 (fig. 85); il a permis de calculer l'équivalent mécanique trouvé égal à 426,86. (Voir page suivante le montage complet de ce frein, avec le dispositif de son bras de levier).

Les formules générales sur les turbo-machines s'appliquent aux pompes centrifuges, aux ventilateurs à basses et hautes pressions ; aux turbines hydrauliques ; aux turbo-compresseurs et dans une certaine mesure aux moulins à vent.

*
* *

Le frein ci-après (fig. 85) aurait les dimensions suivantes d'après l'échelle présumée :

Les dimensions de la roue mobile seraient :

$$2R = 0^m,360 ; \quad R = 0,18 ; \quad u = 75^m,20.$$

pour $\mu = 0,5$ on aurait H $= 290$ mètres et

$$\tau = \frac{g\mathfrak{C}_m}{\varpi u^3 R^2} = 0,242 \text{ à la limite,}$$

on supposant pour τ limite

$$\rho = 0,35 \quad \text{on a} \quad \delta = 0,17 \quad \text{et pour} \quad \rho = 0,55 : \delta = 0,27.$$

Si l'on prend

$$\delta = 0,20 \quad \text{on a} \quad Q = \delta u R^2 = 490 \text{ litres}$$

d'où

$$O = \frac{Q}{\sqrt{2gH}} = 64^{c^2}.$$

En adoptant le coefficient 0,7 on aurait 91 cm².

204

Or sur le dessin on trouve Ω de la roue $= 230$ cm², c'est-à-dire 2 fois 1/2 plus que les orifices de vannage calculés pour

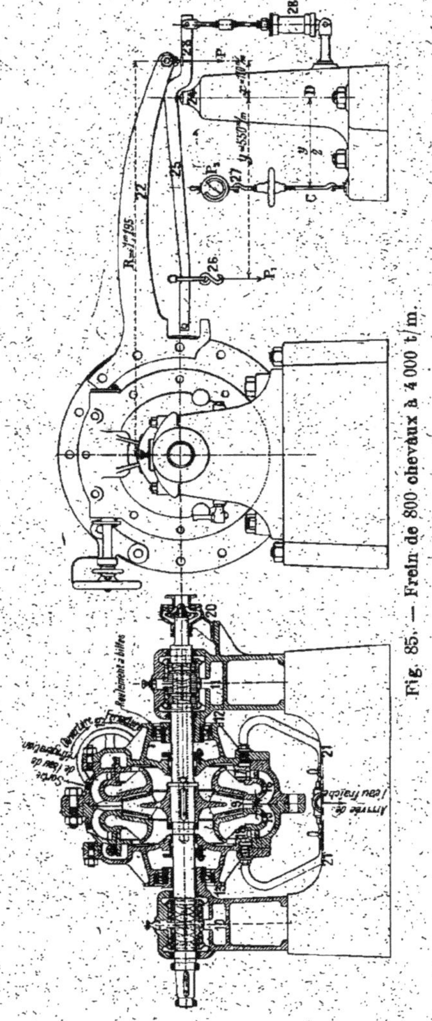

Fig. 85. — Frein de 800 chevaux à 4 000 t/m.

le débit maximum, pour tenir compte des cloisonnements et pêcher par excès.

Exemple d'un frein Rateau. — Montage du bras de levier du frein 800 Ch. à 4000 t/m. Ce frein était disposé comme l'indique le schéma ci-contre (fig. 86) avec :

$$\frac{y}{x} = 5 \quad \text{et} \quad CD = \frac{y}{5}.$$

La formule du frein de Prony est :

$$\mathcal{C}_r \text{ en ch}^x = \frac{PLN14}{10\,000}$$

alors ici

$$\mathcal{C}_r = \frac{14}{10\,000} \times N \times L \times \left(P_1 + \frac{p}{5}\right)\frac{y}{x}$$

prenant

$$\left\{ \begin{array}{l} L = 1^m,195 \\ CD = x \\ \frac{y}{x} = 5 \end{array} \right.$$

et effectuant les calculs on a :

$$\mathcal{C}_r \text{ en ch}^x = 0,00836\left[P_1 + \frac{p}{5}\right].$$

C'est avec ce frein que M. Rateau a trouvé 426,86 pour $\frac{1}{A}$; les fuites calorimétriques ont été déterminées en remplissant le frein d'eau chaude et en étudiant son refroidissement.

Pompe Schabaver (fig. 87 à 92). — *Exercice de calcul fait avec les courbes caractéristiques de la figure 88.*

Données de la pompe : $H = 50$; $Q = 0,1$.

Ouverture $O = \dfrac{0.1}{\sqrt{2g50}} = \dfrac{1}{316} = 0^{m^2},00316$.

Rayon par $r^2 = \dfrac{Q}{\varphi_n} = 0,04$ d'où $r = 0^m,20$ pour $\varphi_n = 0,079$.

Vitesse par $u^2 = \dfrac{gH}{\mu_n} = \dfrac{500}{0,55} = 910$ d'où $u = 30,2$.

Travail utile par — $\mathcal{C}_m = \dfrac{\varpi QH}{\rho_n} = \dfrac{5\,000}{0,6} = 8300$

soit $\dfrac{8300}{75} = 110$ chevaux.

Freins Froude. — Nous venons de voir par le détail comment on pouvait calculer un frein hydraulique ; il est bien évident que dans le cas d'un frein de ce genre, il y a

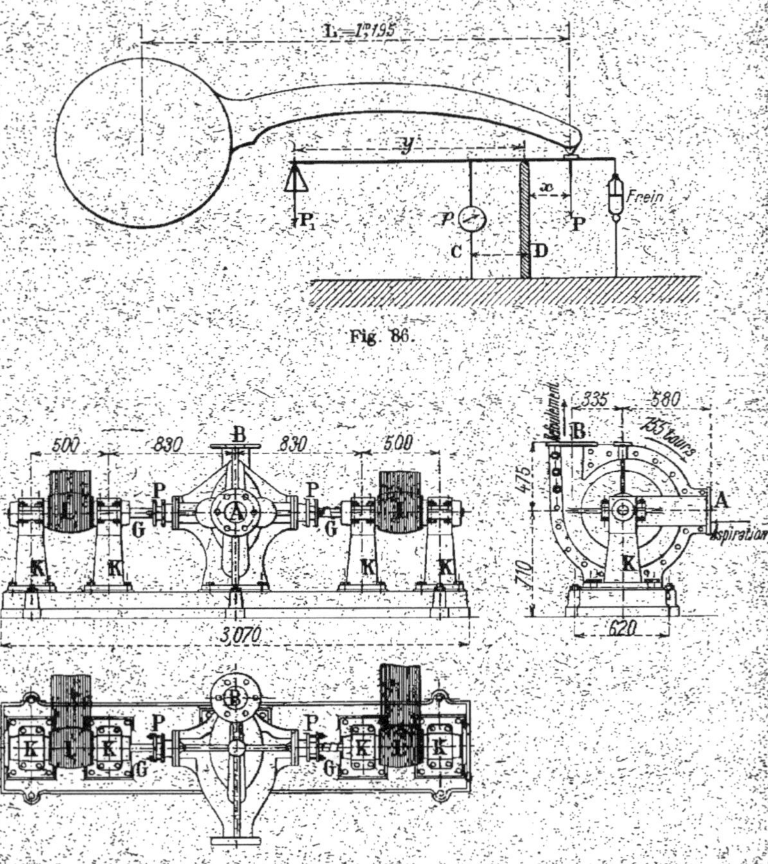

intérêt à choisir ρ aussi faible que possible, donc à avoir une machine d'un très mauvais rendement. C'est précisément ce que réalise le frein Froude ; c'est une pompe, mais une aussi mauvaise pompe que possible.

Cet appareil, comme le montrent les figures 93 à 96, se compose d'un rotor de pompe dans lequel sont tracées des

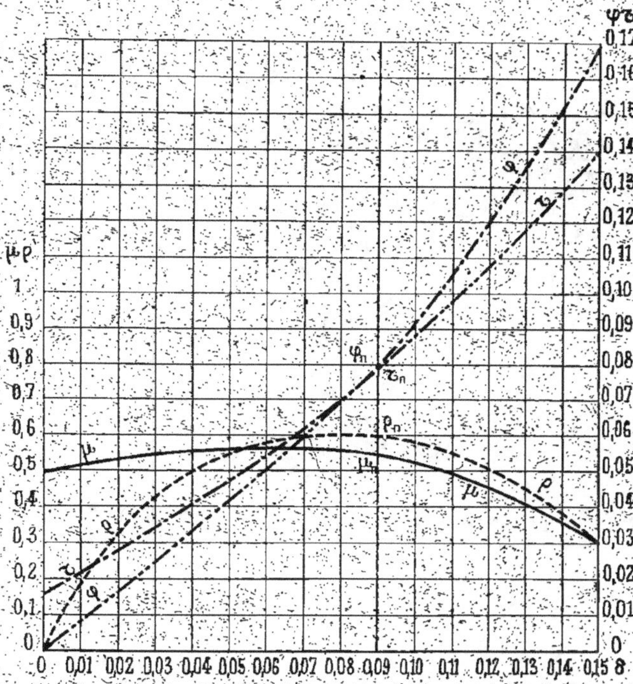

Fig. 88. — Pompe Schabaver.

Rendement $\rho = \dfrac{\varpi QH}{T_m}$;   Coefficient de puissance $\tau = \dfrac{g T_m}{\varpi u^3 R^2}$;

qui peut encore s'écrire :

$$\tau = \frac{\mu \delta}{\rho} \quad \text{avec} \quad u = \frac{\pi R}{30} n ;$$

Coefficient manométrique $\mu = \dfrac{g H}{u^2}$;   Coefficient de débit $\delta = \dfrac{Q}{u R^2}$;

Ouverture $O = \dfrac{Q}{\sqrt{2gH}}$;   Coefficient d'ouverture réduite $\varphi = \dfrac{\delta}{\sqrt{2\mu}}$.

alvéoles en forme de demi-œufs qui ont pour objet de brasser l'eau tout en assurant une circulation d'eau assez importante pour éviter un échauffement trop grand.

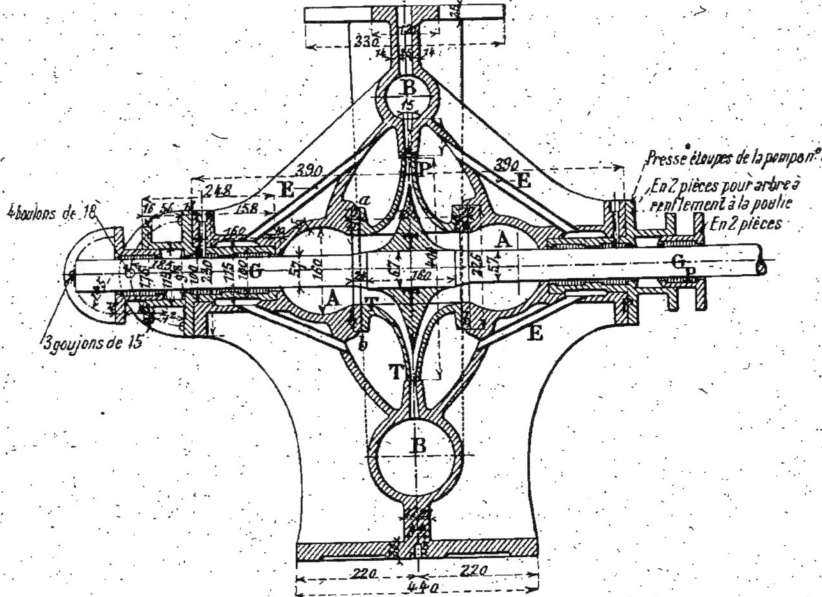

Fig. 89. — Coupe par l'axe par un plan vertical et par l'éjecteur d'amorçage.
On voit à l'arrière l'amorce de la conduite de refoulement.

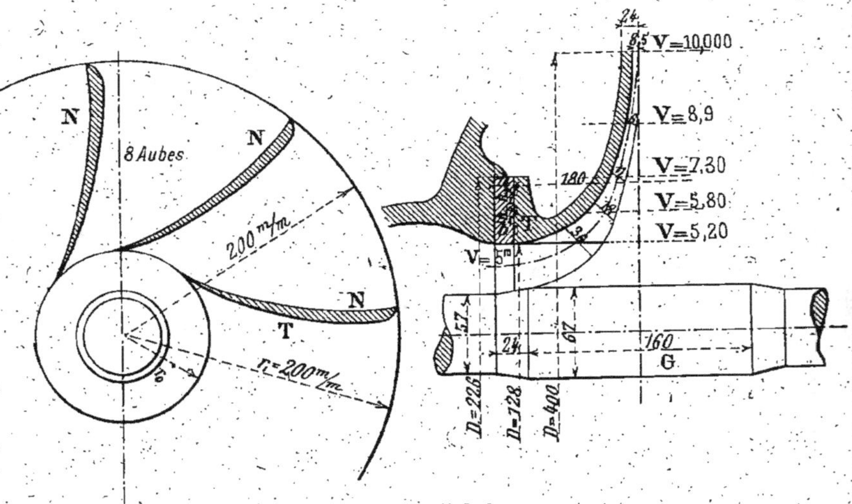

Fig. 90. — Détail de la roue

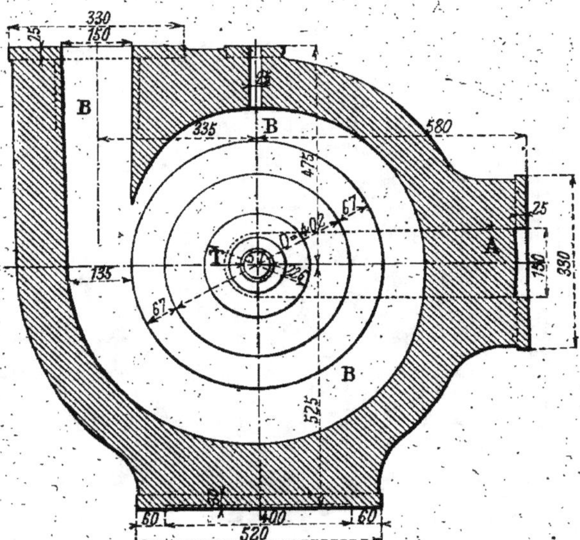

Fig. 91. — Coupe par un plan vertical perpendiculaire à l'axe montrant l'amorce de la conduite de refoulement.

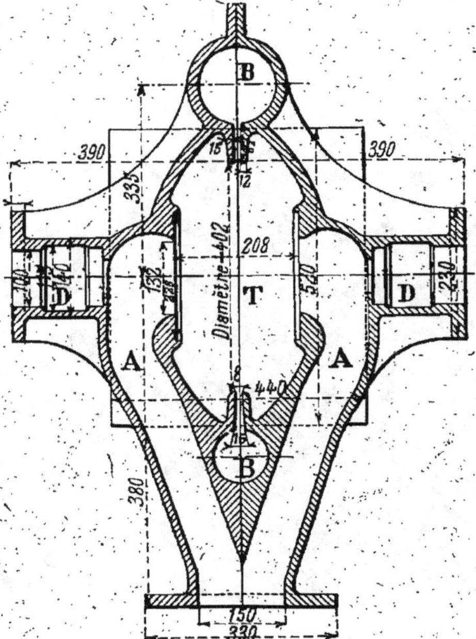

Fig. 92. — Coupe par un plan horizontal passant par l'axe, montrant l'arrivée d'eau dans les deux ouïes.

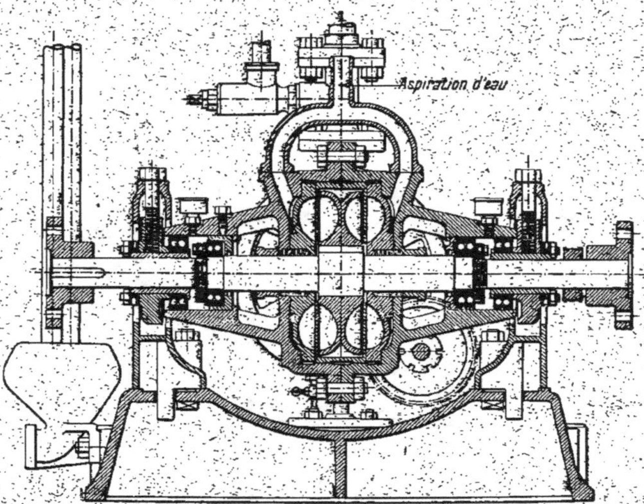

Fig. 93. — Coupe schématique d'un frein Froude.

Fig. 94. — Frein Froude.

Comme dans le frein Rateau, le stator est monté en balance et l'on mesure le couple d'entraînement, soit avec des poids, soit avec un dynamomètre ou une romaine (voir fig. 95 et 96).

Si le frein est bien monté, le palier dans lequel tourne

Fig. 95. — Frein Fronde.

l'arbre du rotor doit être porté par le stator, lequel repose à son tour sur les couteaux, rouleaux ou paliers à billes de la balance, comme le montre la vue de la figure 94.

Pour calculer un tel frein on pourrait déterminer pour l'un d'eux les courbes caractéristiques, comme nous l'avons fait pour les freins Rateau, en le traitant comme une pompe ; mais en l'absence de ces courbes caractéristiques on peut se donner une idée de l'ordre de grandeur du frein en appliquant les deux lois de similitude en partant d'un type connu.

Fig. 66. — Frein Froude.

Exemple de calcul. — Étant donné un frein connu capable d'absorber 500 Ch. à 300 t/m et ayant 0m, 60 de diamètre au rotor ; supposons que nous voulions obtenir les dimensions d'un frein capable d'absorber 800 Ch. à 500 t/m. Quel sera le diamètre du rotor ?

1º Supposons que nous fassions tourner le frein donné à 500 t/m ; on aura en vertu de la 1re loi ci-dessus :

$$\frac{500}{P_x} = \left(\frac{300}{500}\right)^3 \quad \text{d'où} \quad P_x = 2300 \text{ chevaux}$$

donc ce même frein à 500 t/m pourra absorber 2300 Chevaux.

2º Si maintenant nous conservons la même vitesse angulaire on pourra écrire en vertu de la 2e loi :

$$\frac{2300}{800} = \left(\frac{0,60}{\text{diamètre}}\right)^5 \quad \text{d'où} \quad \text{diamètre} = 0^m,50.$$

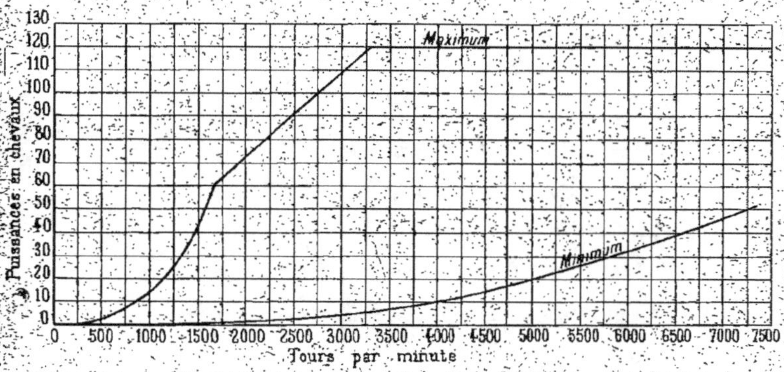

Fig. 97. — Diagramme des puissances minimum et maximum absorbées par un frein Froude type DP × 2.

Nous donnons d'autre part deux figures donnant les courbes d'utilisation des différents freins construits d'une manière courante par la maison Froude et une courbe complète d'un frein DPX₂.

Les figures 97, 98 et 99 donnent des courbes d'utilisation des différents types de freins exécutés par la maison «Froude».

Freins Charles Renard. — Les freins Charles Renard, appelés aussi moulinets Charles-Renard, sont des appareils de freinage très intéressants quand il s'agit d'absorber des puissances moyennes et surtout pouvant atteindre un nombre de tours très élevé.

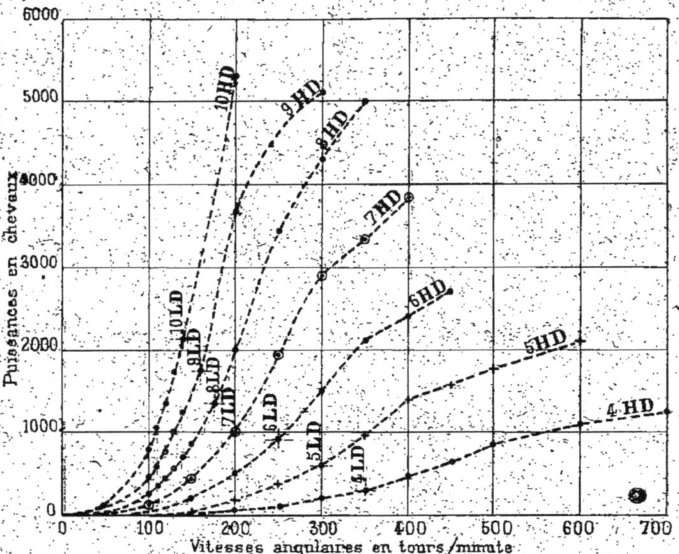

Fig. 98. — Courbes des puissances des freins Froude.

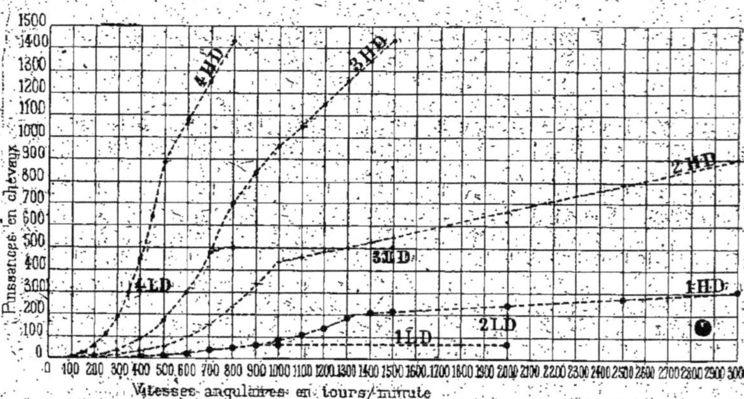

Fig. 99. — Courbes des puissances des freins Froude.

Le moulinet Renard se compose essentiellement d'une barre rigide fixée à l'extrémité de l'arbre du moteur à freiner et tournant dans un plan perpendiculaire à cet arbre ; à cette barre sont fixés deux plans carrés destinés par leur déplacement dans l'air à produire la résistance de freinage, comme le montre la figure ci-contre (figure 100).

Fig. 100. — Moulinet monté sur son chassis support.

Lorsque le moulinet est léger, il peut être monté comme nous venons de le dire sur l'arbre de la machine elle-même, mais c'est un cas exceptionnel ; en général, comme le montre la figure (100) le moulinet comporte un support spécial et il est fixé sur un arbre indépendant tournant entre deux paliers à billes, que l'on s'efforce de rendre aussi peu résistants que possible, pour qu'ils n'introduisent aucune perturbation dans la mesure. Du reste, on peut toujours imaginer une expérience de tarage qui donnerait la constante introduite par le frottement des coussinets ; tarage que l'on pourrait exécuter avec une machine dynamodynamométrique, ou encore avec la balance du Colonel Charles Renard dont nous parlerons plus loin.

Ce tarage s'impose dans le cas où l'on emploie le moulinet dans certaines conditions particulières, par exemple s'il fonctionne dans une cage de protection et si les pales passent trop près des parois. Il s'impose également pour la vérification de l'abaque-type établie par la loi de similitude.

Détermination et calcul des dimensions d'un moulinet. — Le grand intérêt de ces appareils est que le moulinet Renard, s'il est rigoureusement construit aux cotes qui caractérisent son numéro, peut être employé sans tarage préalable, si l'on observe pour sa mise en place les règles établies par le colonel Renard.

Nous allons donc tout d'abord définir les dimensions d'un moulinet correct.

Données de construction relatives aux moulinets. — *Module. Définition.* — Le module est un nombre par lequel il faut multiplier les dimensions du moulinet « unité » pour avoir les dimensions d'un moulinet correspondant à ce module ou numéro (car au lieu de dire : moulinet de module n on dit aussi moulinet n° n).

Dimensions des moulinets. — Si on désigne par μ le module on a : (fig. 101 et 102).

Longueur de la barre	$24\ \mu$
Largeur de la barre	$2\ \mu$
Épaisseur de la barre	$1\ \mu$
Diamètre des trous	$\dfrac{1}{10}\ \mu$
Écartement des trous	$1\ \mu$
Grands plans-côtés carrés	$6\ \mu$
Petits plans-côtés carrés	$3,5\ \mu$

N. B. — Le premier trou est percé à un module du bord extérieur de la barre, il porte le n° 11.

Dimensions peu observées. $\begin{cases} \text{épaisseur plaques :} & \dfrac{4}{55} \text{ de } \mu. \\ \text{diamètre de l'arbre :} & \dfrac{40}{55} \text{ de } \mu. \end{cases}$

Le percement de la plaque est fait comme le montre la

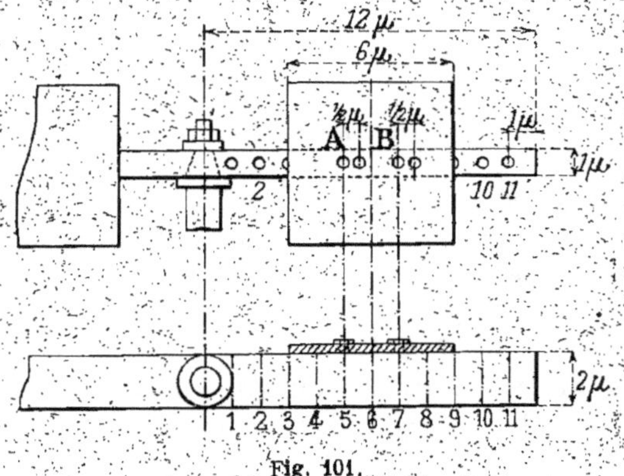

Fig. 101.

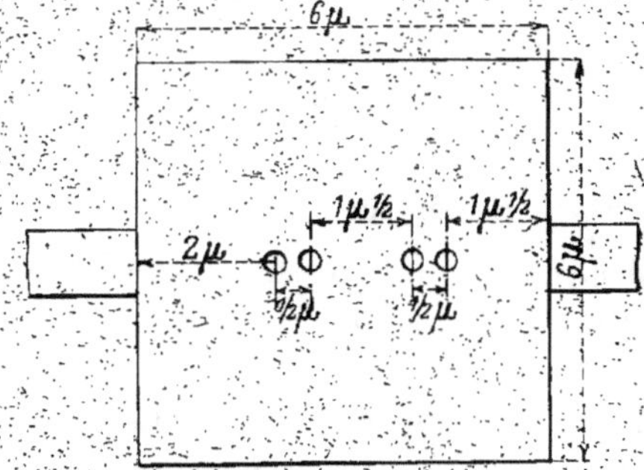

Fig. 102. — Grand plan du moulinet n° μ.

figure (102) pour lui permettre de se mettre en place dans les demi divisions entre deux trous.

N. B. — Voir au sujet des moulinets la communication du colonel Renard au Congrès de l'alcool en 1902 ; mais noter que les dimensions pratiques des plans ont été modifiées : elles ont maintenant $\dfrac{60}{10}\mu$ et non $\dfrac{60}{11}\mu$ pour les grands plans.

Formule du moulinet. — Les expériences faites par le colonel Renard aussi bien sur les hélices que sur les moulinets, expériences plusieurs fois vérifiées par plusieurs expérimentateurs, ont établi les deux lois suivantes :

$$(1) \qquad \frac{\text{Poussée}}{N^2} = \text{Constante}$$

et

$$(2) \qquad \frac{\mathcal{C}_r}{N^3} = \text{Constante.}$$

Si nous rapprochons cela des formules que nous avons vues précédemment, où nous avons dit d'après M. Rateau que pour les turbomachines :

$$(3) \qquad \mathcal{C}_m = K u^3 R^2$$

nous voyons l'analogie complète, puisque ci-dessus dans (1) et (2) N est le nombre de tours par minute, on a

$$\frac{N \times 2\pi R}{60} = u$$

qui porté dans (3) donne bien (2) ; or divisant (2) (qui donne le travail) par le chemin parcouru on a bien (1), l'effort résistant :

$$\text{Poussée} = \text{Constante} \times N^2.$$

Ceci n'a rien d'étonnant, puisque ces appareils sont bien des turbo-machines au sens propre du mot dont les a qualifiées M. Rateau.

Pour étudier la formule à laquelle répond le frein Renard, nous nous rappellerons que les lois de l'Aérodynamique ont établi que, dans le cas d'un plan orthogonal se déplaçant dans l'air, si on appelle R la résistance que l'air oppose au déplacement de ce plan, a le poids du litre d'air, S la surface et K un certain coefficient, nous savons que l'on a :

$$(3) \qquad R = a K S V^2$$

d'où le travail.

$$(4) \qquad \mathcal{C}_r = R \times V = a K S V^3.$$

Le coefficient K est connu et égal à 0, 83, mais pour un plan orthogonal ; or ici nous avons affaire à un plan animé d'un mouvement de rotation.

Fig. 103.

Si dans la formule (4) nous remplaçons V la vitesse par sa valeur on aura :

$$(5) \qquad \mathcal{C}_r = aKS\,\frac{\overline{2\pi r^3 N^2}}{60^2}.$$

Malheureusement K n'étant pas connu il faut déterminer expérimentalement la constante de la formule (5) ; c'est ce que Renard a fait avec sa balance (fig. 103).

Balance du Colonel Renard. — Les valeurs de K ont donc été déterminées expérimentalement avec la balance du colonel Renard.

Cette balance n'est en somme pas autre chose qu'une dynamo dynamométrique d'une sensibilité très grande, parce que la partie basculante a été montée sur des couteaux comme une balance, et pour situer le centre de gravité à une position convenable au-dessous de la droite passant par les couteaux, un contre-poids réglable et visible sur la figure 98 peut monter ou descendre sur l'axe qui le porte.

On peut en très peu de mots décrire une telle balance en disant : qu'elle se compose d'un moteur électrique destiné à actionner le moulinet et que ce moteur est fixé au fléau d'une balance ordinaire, les poids portés par les plateaux mesureront le couple engendré par le moulinet du fait de son appui sur l'air et, multipliant ce couple par la vitesse, on aura la puissance dépensée.

Mais cette balance de Renard n'a pas seulement servi à tarer tous les moulinets, elle a surtout mis en évidence la loi de similitude suivante dont nous avons précédemment parlé :

« Les constantes de deux moulinets sont entre elles comme « les puissances cinquièmes de leurs modules ».

Loi qui ne nous surprend en rien car elle résulte encore de ce que nous avons dit au sujet des autres turbo-machines. Et nous venons de l'écrire à nouveau ci-dessus formule (3). Si dans cette formule (3) :

$$\mathfrak{C}_r = \text{Constante} \times u^3 \times R^2$$

on remplace u^3 par sa valeur $\dfrac{2\pi R N}{60}$ on a bien :

$$(4) \qquad \mathfrak{C}_r = \text{Constante } R^5 N^3.$$

Pour vérifier cette loi, Renard a taré à la balance un certain nombre de moulinets et constaté que les autres rentraient bien dans la formule de similitude.

La formule du moulinet découle donc de celle établie ci-dessus :

$$\mathfrak{C}_r = a\mathrm{KSV}^3$$

elle a été donnée par Charles Renard sous la forme suivante :

Puissance en kilogrammètres. . . . $\left\} = a\mathrm{K}\left(\dfrac{\mathrm{N}}{1\,000}\right)^3\right.$

ou

Puissance en chevaux. . . . . $\left\} = \dfrac{a\mathrm{K}}{75}\left(\dfrac{\mathrm{N}}{1\,000}\right)^3\right.$

dans laquelle a est le poids du litre d'air ; N le nombre de tours du moulinet par minute.

Le coefficient K a été mesuré à l'aide de la balance pour les moulinets n° 1, 3 et 5, ce qui a permis en vérifiant la loi de similitude de calculer les coefficients pour les moulinets intermédiaires.

Loi de similitude. — Revenant sur ce que nous avons dit précédemment sur la loi de similitude on peut encore la mettre en évidence comme suit :

Nous avons écrit :

$$\mathfrak{C}_r = a\mathrm{KSN}^3 \quad \text{ou encore} \quad a\mathrm{KS}\left(\frac{2\pi r\mathrm{N}}{60}\right)^3.$$

Donc le travail est égal à une constante multipliée par une surface, multipliée encore par le cube d'une longueur, il est donc proportionnel à la cinquième puissance des dimensions du moulinet : μ^5 ; c'est toujours la théorie des turbo-machines.

On a donc :

$$\frac{\mathrm{K}_x}{\mathrm{K}_n} = \left(\frac{\mu_x}{\mu_n}\right)^5.$$

De sorte que la constante K_x d'un moulinet quelconque sera donnée en partant de la constante K_n d'un moulinet connu, multipliée par la puissance cinquième du rapport des modules

$$\mathrm{K}_x = \mathrm{K}_n\left(\frac{\mu_x}{\mu_n}\right)^5$$

et si nous partons du moulinet module 1

$$K_r = K_1 \mu^5.$$

Bien entendu, il y a pour un moulinet de même module autant de valeurs différentes de K_2 qu'il y a de positions différentes pour les plans de ce moulinet.

Applications pratiques. — Dans la communication du colonel Renard (frère de Charles Renard) insérée au compte rendu du Congrès de l'alcool 1902, déjà citée, on trouve (mais il ne faut pas oublier comme nous l'avons déjà dit, que les plans à cette époque avaient comme dimension du côté $\frac{60}{11}$ au lieu de $\frac{60}{10}$ adoptée aujourd'hui) que :

Pour les moulinets de module 1 on a :

Numéro du trou	1	4	5	6	7	8	9	10	11	Observation
Valeur de K pour $\mu = 1$ ou ce que nous désignons par A_m*	0,069	0,119	0,179	0,268	0,385	0,514	0,655	0,814	1,018	se rapporte aux grands plans.

* m correspond au trou variant de 1 à 11.

De sorte que d'après ce tableau on a :

$$K^i{}_{/m} = A_m \mu_n^5$$

c'est-à-dire que l'on obtient la valeur de K_n pour les moulinets $\mu_2 \mu_3 \mu_4 \ldots \mu_n$ en multipliant les valeurs de K_1 pour chaque trou par 2^5, 3^5, $4^5 \ldots n^5$.

Faisant ce calcul pour le trou n° 8 du moulinet n° 3 on a :

$$K_3{}_8 = 0,514 \times 243 = 125$$

donc

$$\frac{K_3}{75} = 2,083$$

pour un moulinet ayant pour côté du grand plan $\frac{60}{11}\mu$ alors que le même calcul appliqué aux moulinets actuels de côté $\frac{60}{10}\mu$ ou 6μ donnerait :

$$K_3 = 3,40.$$

Différentes formules du moulinet. — Dans une formule qui m'a été remise pour un moulinet Charles Renard de module 3,5 et le trou n° 8 je lis :

$$\text{Puissance en chevaux} = 7,35\left(\frac{N}{1000}\right)^3$$

évidemment la constante comprend le poids de l'air, pour mettre cette dernière en évidence il suffit d'écrire en admettant avec Renard :

$$a = 1,25 \text{ (correspondant à 759 millimètre de mercure et 9°).}$$

$$\text{Puissance en chevaux} = a \times 5,88\left(\frac{N}{1000}\right)^3.$$

Partant de cet exemple concret, moulinet $\mu = 3,5$ et trou n° 8, nous allons établir les différentes formules, suivant que l'on admet telle ou telle atmosphère « *Standard* ».

La différence résulte uniquement de la valeur admise pour a poids du litre d'air.

Or nous savons que :

$$a = 1,293 \times \left(\frac{273 + 0}{273 + t}\right) \times \frac{H}{760}$$

d'où

$$\frac{a_1}{a_2} = \frac{H_1}{H_2} \times \frac{1 + \alpha t_2}{1 + \alpha t_1} \quad \text{ou encore} \quad = \frac{H_1}{H_2} \times \frac{273 + t_2}{273 + t_1}.$$

1° *Formule générale du moulinet* $\mu = 3,5$ trou n° 8

$$\text{chevaux} = a \times 5,88\left(\frac{N}{1000}\right)^3 \quad \text{avec} \quad a = 1,293\left(\frac{273 + 0}{273 + t}\right)\frac{H}{760}.$$

2° *Formule pour un air standard* 0 et 760

$$\text{chevaux} = \overbrace{1,293 \times 5,88}^{7,6}\left(\frac{N}{1000}\right)^3 \times \varphi \quad \text{avec} \quad \varphi = \frac{273 + 0}{273 + t} \times \frac{H}{760}$$

c'est la formule précédente dans laquelle on convient de

ramener les mesures à un air de 0° et 760 millimètres de mercure ; φ donne bien 1 pour 0° et 760.

3° *Formule de Charles Renard.* — Charles Renard, à la suite de certaines considérations sur l'altitude moyenne du sol de la France au-dessus du niveau de la mer et de l'humidité moyenne annuelle de l'atmosphère, a établi par ses calculs, qu'il y avait intérêt à prendre comme moyenne l'air à 1,25, ce qui correspond, d'après son abaque, à avoir pour terme correctif l'unité pour 9° et 759 millimètres, dans ces conditions les formules seront :

$$\text{chevaux} = \overbrace{1,25 \times 5,88}^{7,35}\left(\frac{N}{1000}\right)^{3} \times \rho \quad \text{avec} \quad \rho = \frac{273 + 9°}{273 + t} \times \frac{H}{759}$$

qui donne bien $\rho = 1$ pour 9° et 759 mm. de pression.

4° *Formule pour 15° et 760.* — La tendance est aujourd'hui d'admettre comme air standard 15° et 760. C'est la manière de voir des Services techniques de l'aviation militaire. Dans ce cas la formule devient :

$$\text{chevaux} = \overbrace{1,2256 \times 5,88}^{7,21}\left(\frac{N}{1000}\right)^{3} \times \eta \quad \text{avec} \quad \eta = \frac{273 + 15}{273 + t} \times \frac{H}{760}$$

qui donne bien $\eta = 1$ pour 15° et 760 millimètres de pression.

Construction des abaques. — Pour la construction des abaques de la puissance il n'y a qu'à mettre en courbe les formules ci-dessus, quand on a fait choix de l'air « *standard* » adopté, les courbes, bien entendu faites pour chaque numéro de trous, déterminées ou vérifiées expérimentalement ; mais pour une première approximation on peut se servir du tableau donné plus loin, établi d'après quelques graphiques expérimentaux et intrapolation par la loi de similitude.

Les courbes sont accompagnées d'une abaque de correction, qui n'est autre que la mise en courbe de la formule

$$\frac{273 + t_1}{273 + t} \times \frac{H_1}{760}$$

Voir figures 107, 108, 109, 111 et 112.

Ces courbes ou abaques affectent la forme qu'indique la figure 104, elles sont la mise en courbe de la formule précédente, qui donne la puissance ramenée à l'état initial choisi.

A gauche le diagramme est limité par la courbe du trou 10,5, en haut à droite par la résistance de la matière et à droite par une verticale correspondant à la vitesse de 100 mètres par seconde, qu'il y a lieu de ne pas dépasser, sinon on entrerait dans une région où les lois de la résistance de l'air, que nous venons d'exposer, ne s'appliqueraient plus et il faudrait avoir recours à celles qui régissent la balistique.

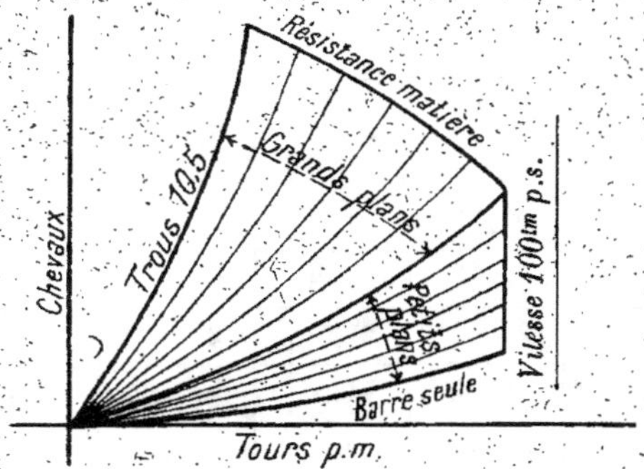

Fig. 104 — Diagramme d'emploi.

Les abaques ou diagrammes de puissance sont toujours accompagnés de l'abaque de correction, permettant de ramener les lectures faites à une température et à une pression quelconques à celles qu'on a choisies comme base, soit 0º et 760 $^m/_m$, soit 15º et 760 $^m/_m$, soit avec Charles Renard, air moyennement humide 0º et 1 kilogramme de pression.

Ces abaques de correction sont faciles à construire, elles affectent l'allure de la figure 109 et elles sont la traduction des formules précédentes (voir fig. 103 et 106)

$$\varphi, \rho \text{ ou } \eta = \frac{273 + 15}{273 + t} \times \frac{H}{760}$$

dans lesquelles on donne à η, ρ ou φ successivement les valeurs choisies 1, 2, 3, 4 (etc.) et l'on résoud l'équation en

TABLEAU I. — *Pour*

NUMÉRO

NUMÉRO DU MODULE	5	5 ½	6	6 ½	7	7 ½
1	0,00578	0,00703	0,00837	0,00981	0,01106	0,01231
1 ½	0,0439	0,0534	0,0635	0,0745	0,0840	0,0935
2	0,185	0,225	0 268	0,314	0,354	0,394
2 ½	0,559	0,683	0,811	0,949	1,076	1,208
3	1,380	1,691	2,000	2,340	2,670	3,024
3 ½	2,983	3,655	4,323	5,058	5,77	6,536
4	5,94	7,22	8,6	10,12	11,43	12,67
4 ½	10,37	12,67	15,05	17,77	20,01	22,34
5	17,0	20,9	24,75	29,3	32,9	37,0
5 ½	29,0	35,0	41,4	48,5	55,3	62,0
6	43,5	52,5	62,5	72,5	83,5	94,0
6 ½	64,9	78,3	93,2	108,2	124,6	140,2
7	90	111	131,5	152,5	182	202
8	175,6	216,6	256,6	297,5	355,1	394,1
9	317,7	390,6	462,5	547,5	614,8	691,4
10	544	668,8	792	937,6	1052,8	1184
11	876,1	1093,2	1275,5	1510,0	1695,6	1907,0
12	1353,6	1664,2	1970,7	2333	2619,7	2946,1
13	1862,1	2289,4	2711,1	3209,5	3603,9	4052,9
14	2846,2	3442,4	4092,8	4770,9	5470,1	6071,6
15	4315	5219	6205	7233	8293	9205

N.B. — Les chiffres inscrits donnent la valeur $\dfrac{aKn}{75}$ à mettre dans la formule du *les grands plans.*

DU TROU

8	8 ½	9	9 ½	10	10 ½
0,01384	0,01519	0,01669	0,01912	0,02147	0,02387
0,10510	0,11534	0,1267	0,1452	0,16304	0,18130
0,443	0,486	0,544	0,612	0,687	0,764
1,359	1,499	1,674	1,880	2,097	2,371
3,40	3,77	4,20	4,71	5,22	6,00
7,35	8,148	9,08	10,18	11,28	12,97
14,35	15,67	17,25	19,7	22,5	25,0
25,33	27,70	30,89	35,11	39,88	44,37
42,0	46,0	52,0	58,8	66,4	74,0
69,5	76,5	84,0	96,5	106,94	119,2
105	120	132	152	170	190
156,7	179,0	196,9	226,8	253,6	283,5
230	255	276	321	363	405
448,7	497,5	538,5	626,3	708,2	790,1
784,9	859,6	971,8	1098,8	1240,9	1382,9
1344	1472	1664	1881,6	2124,8	2368
2164,6	2370,8	2680	3030,5	3422,1	3813,8
3344,3	3662,8	4140,5	4682	5287,1	5892,3
4600,7	5038,9	5696,1	6441	7273,5	8106
6857,9	7481,2	8240,4	9460	10733,7	12143,2
10397	11342	12493	14342	16273	18410

colonel Renard pour les grands plans : Puissance en chevaux $= \dfrac{aKn}{75}\left[\dfrac{N}{1\,000}\right]^3$.

TABLEAU II. — *Pour les petits plans.*

NUMÉRO DU MODULE	NUMÉRO DU TROU						
	Barre seule	4	5	6	7	8	9
1	0,00124	0,00182	0,00226	0,00284	0,00346	0,00415	0,00481
2	0,0396	0,0583	0,0723	0,0910	0,1108	0,1329	0,1539
3	0,300	0,425	0,550	0,6875	0,8562	1,0375	1,2125
4	1,2875	1,8287	2,2952	2,8923	3,5454	4,3105	4,9262
5	3,4	5	6,5	8,2	10,2	12,7	5
6	9,5	13,5	17,3	21,5	26,7	32,5	38
7	20	28,5	36,2	46	56	68,5	79
8	39	55,6	70,6	89,7	109,3	133,6	154,1
9	63,5	93,4	121,5	153,2	190,6	237,3	280,3
10	108,8	160	208	262,4	326,4	406,4	480
11	175,2	257,7	334	425	525,7	654,5	773
12	270,7	398,1	512,6	662,9	812,2	1011,2	1194,4
13	372,4	547,7	705,2	911,9	1117,3	1391,1	1643,1
14	635,2	916,2	1148,4	1453,8	1783,6	2145,0	2496,6
15	963	1389	1741	2204	2704	3252	3785

N. B. — Il est à remarquer que les petits plans ne sont guère utilisés en pratique.

calculant H en fonction de t ; comme cette fonction est une droite, deux points suffisent à déterminer chaque ligne correspondant à une valeur déterminée du terme de correction.

*
* *

Les figures 106 à 112 donnent des graphiques de moulinets et d'abaques de correction pour différents numéros et différents choix d'état initial.

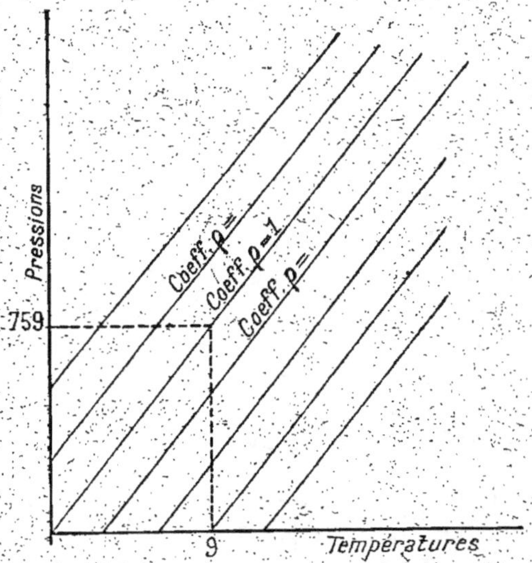

Fig. 105. — — Abaque de correction.

Nous donnons aux tableaux de la page 226, 227 et 228 les coefficients déduits à la fois des courbes expérimentales et d'intrapolation par application de la loi de similitude, qui permettent d'établir pour chaque n° de moulinet et chaque trou du même moulinet la formule correspondante et, partant, de tracer l'abaque de ce moulinet.

Nous donnons également figure 106, des courbes des valeurs de K d'après ces tableaux, qui permettent de se rendre compte de l'exactitude avec laquelle la valeur de ce coefficient K est obtenue.

Les figures 107 à 112 sont des courbes de moulinets et d'abaques de correction pour :

Moulinet normal Charles Renard, poids air 1 k. 25. Moulinet n° 6 (figure 107).

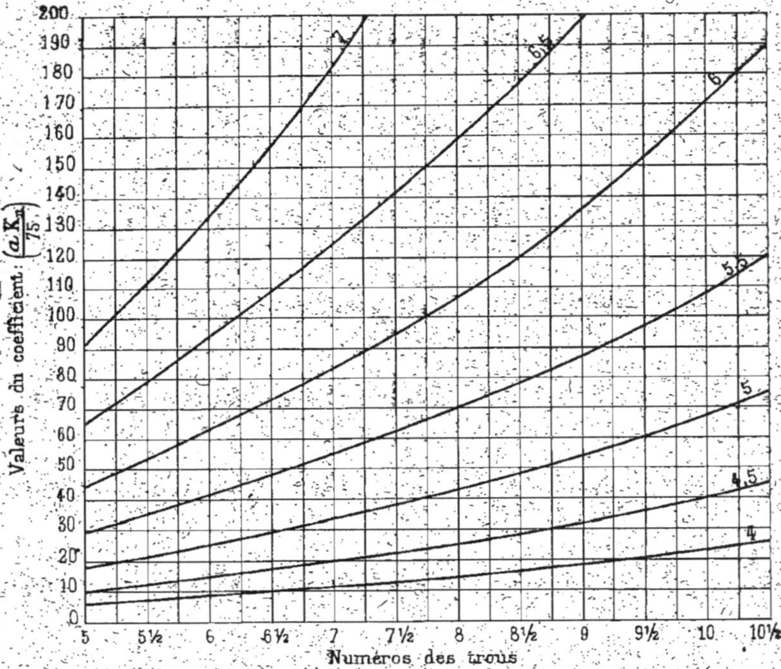

Fig. 106. — Courbes des coefficients des moulinets n°ˢ 4 à 7. Moulinets Renard avec 1.25 comme densité de l'air.

Moulinet normal Charles Renard, poids air 1 k. 25, moulinet n° 5 (figure 108).

Abaque de correction pour mètre cube d'air égal à 1,25, (figure 109).

Moulinet Renard pour 15° et 760 $^{m}/_{m}$ taré sur banc avec 2 paliers à billes et tachymètre Tell n° 2,5 (figure 110).

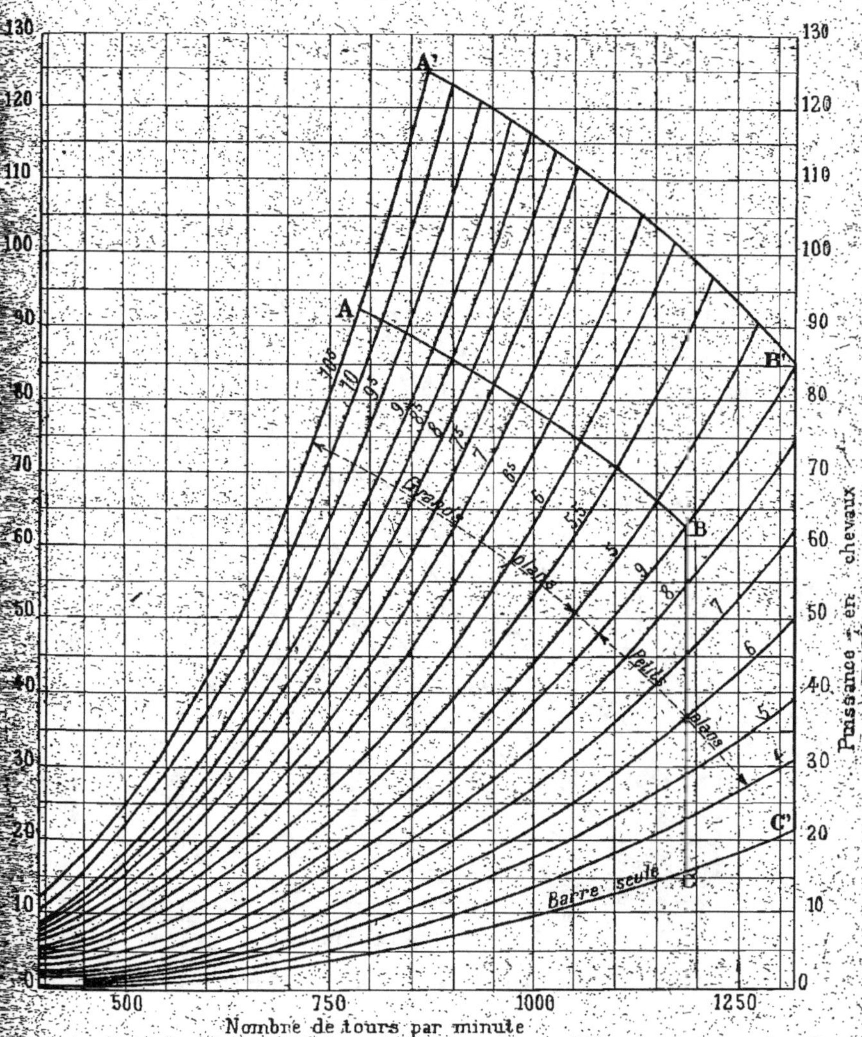

Fig. 107. — Moulinet Charles Renard normal n° 6. Poids de l'air : 1 kg. 250.

Moulinet Renard pour 15° et 760 $^m/_m$ taré sur banc avec 2 paliers à billes et tachymètre Tell n° 3,5 (figure 111).

Abaque de correction pour moulinet 15° et 760 (figure 112).

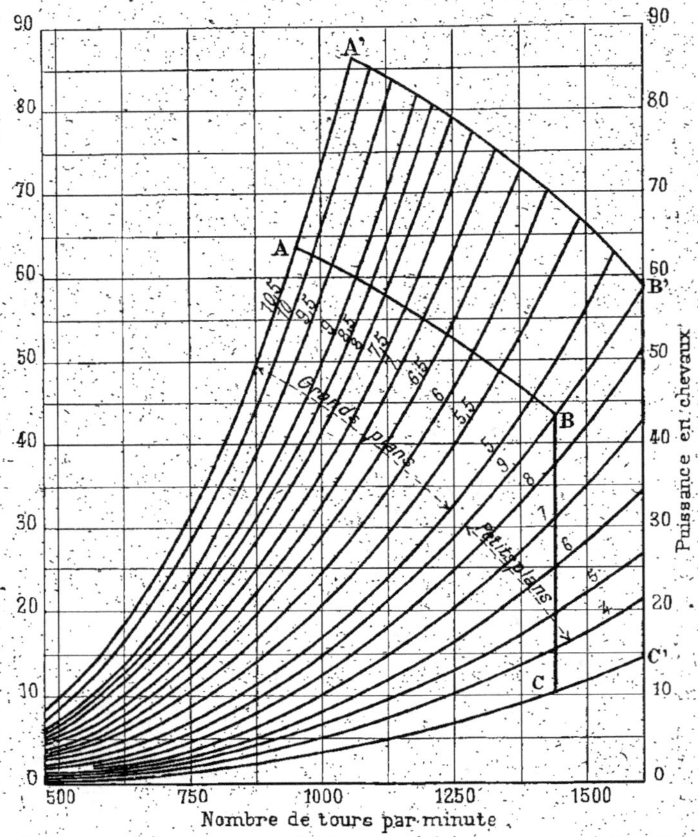

Nombre de tours par minute

Fig. 108. — Moulinet Charles Renard normal n° 5. Poids de l'air : 1 kg. 260.

Voir tableaux (pages 226, 227 et 228) permettant d'après quelques tarages et la loi de similitude de donner la formule d'un moulinet d'un module déterminé pour un trou déterminé.

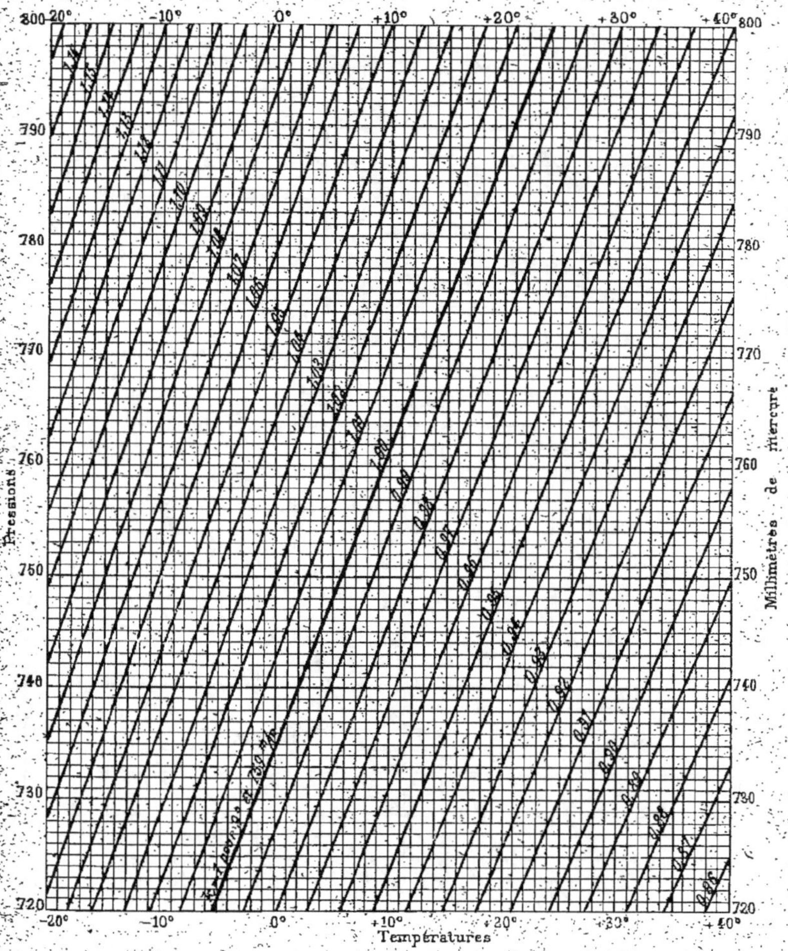

Fig. 109. — Abaque de correction pour moulinets Charles Renard.
Poids du m³ d'air = 1 kg. 250

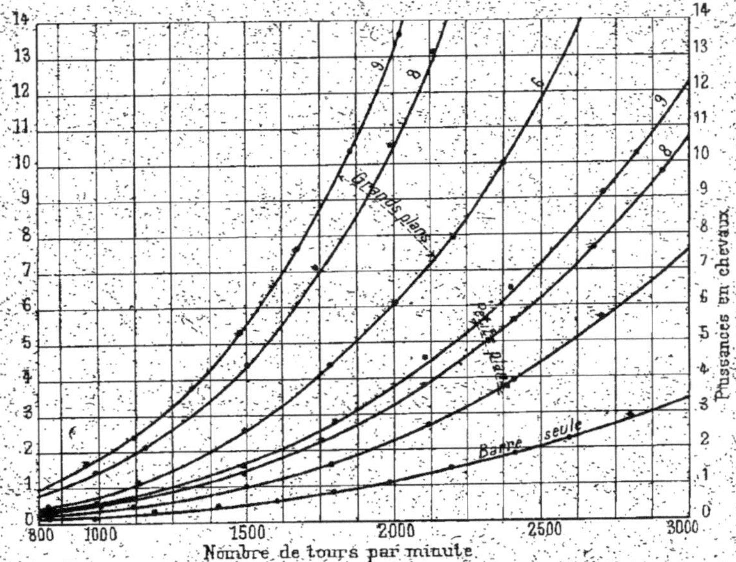

Fig. 110. — Moulinet n° 2,5.

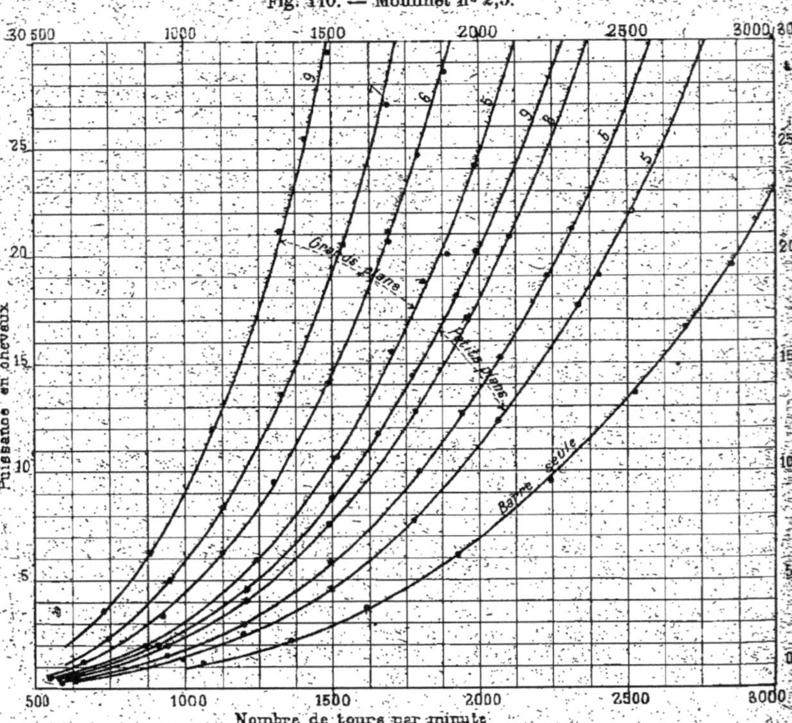

Fig. 111. — Moulinet n° 3,5.

Ces graphiques, figures 110 et 111, sont à employer pour 15° et 760 millimètres de pression. Les moulinets sont disposés spécialement comme suit : Montage sur banc avec deux paliers à billes. Moulinet en porte à faux conduisant un tachymètre Tell par chaîne et roues dentées.

Bancs-balances. — Enfin le dernier appareil de freinage dont nous ayons à nous occuper est le banc-balance (fig. 113).

Le banc-balance est une plate-forme sur laquelle on fixe le moteur à essayer. Ce banc est disposé de telle manière que la plate-forme supportant le moteur peut tourner autour d'un axe de rotation qui la supporte parallèlement à l'axe du moteur.

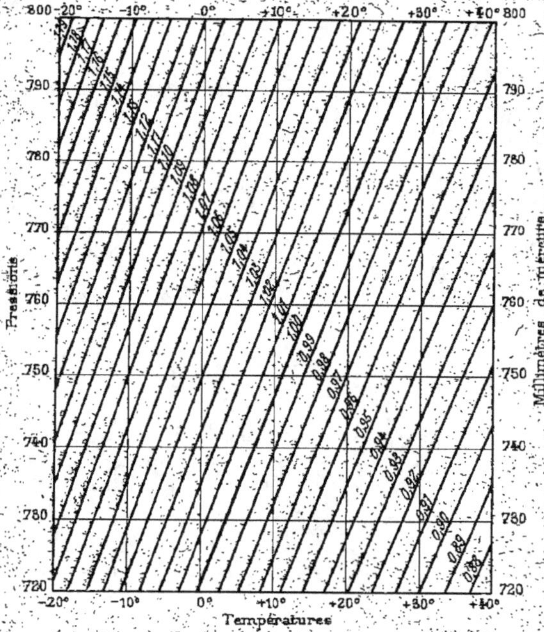

Fig. 112. — Abaque de correction pour moulinet à 15° et 760 millimètres.

Par un procédé quelconque, moulinet, hélice, ou tout autre moyen prenant un point d'appui extérieur, on freinera le moteur ; l'action du freinage fera naître un couple dont la réaction se transmettant à la plate-forme, sera mesurée par des poids ou un dynamomètre relié à elle par un bras de levier de longueur mesurée.

Comme pour la balance Charles Renard, un contrepoids

d'équilibre fixé sous la plateforme permettra de régler sa sensibilité en plaçant au bon endroit le centre de gravité du système (voir fig. 113, 114, 115).

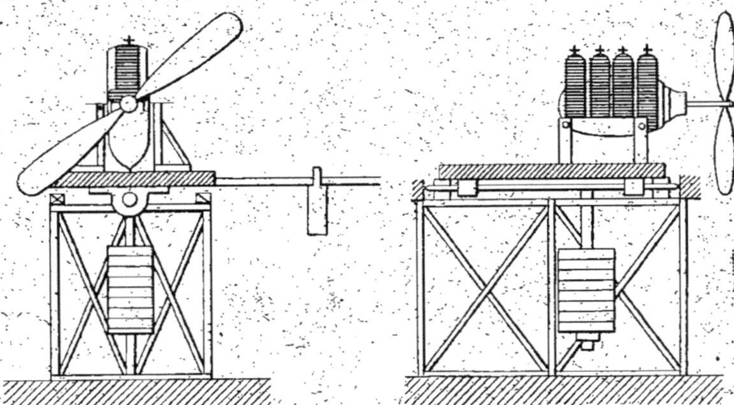

Fig. 113.

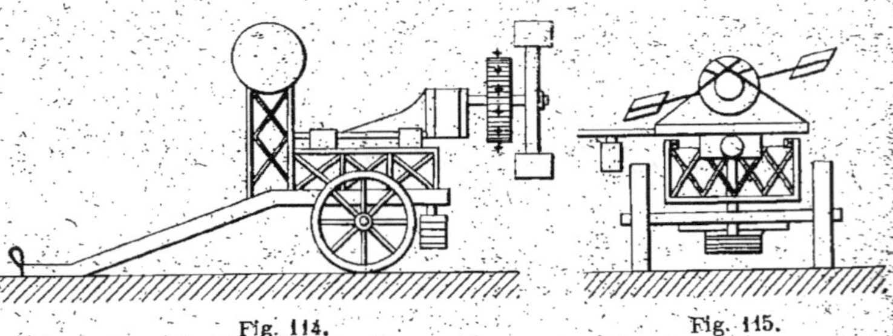

Fig. 114.   Fig. 115.

Précautions à prendre. — Il faut éviter que les remous de l'hélice ou du moulinet ne viennent troubler la mesure en faisant basculer le banc par action du courant d'air entraîné par le mode de freinage adopté.

Il faut également se préoccuper de l'action des gaz d'échappement, qui peuvent aussi fausser la mesure pour la même raison. Il y a lieu de les évacuer par une conduite dirigée parallèlement à l'axe de rotation du banc.

Enfin le moulinet ou l'hélice servant au freinage doivent

absolument travailler dans un milieu homogène, ce qui n'est pas toujours le cas ; alors on peut éviter l'incorrection dans la mesure en prenant certaines précautions, par exemple :

Dans le cas des moteurs rotatifs (fig. 114 à 118) a refroidissement dans l'air, leurs essais au point fixe font qu'ils refroidissent insuffisamment ; alors on est conduit à les enfermer dans une sorte de boite nommée « escargot » (fig. 116), qui fonctionne comme le stator d'un ventilateur, dont le moulinet et le moteur rotatif constituent le rotor.

Dans ces conditions, le moteur étant disposé sur son affut ou banc-balance, comme le montrent les figures 114 et 115, puis introduit dans l'escargot (fig. 116), les pôles du moulinet

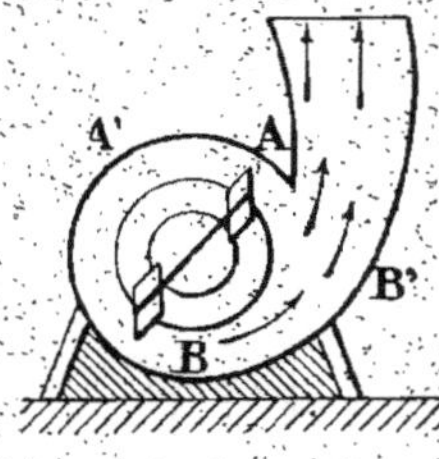
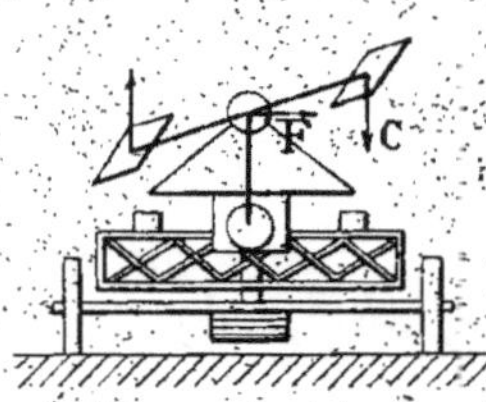

Fig. 116.   Fig. 117.

fonctionnent dans un milieu dont la résistance est maxima en AA' et minima en BB'. Dans ces conditions l'action sur le banc est faussée ; car le système des forces peut se réduire à un couple C plus (fig. 117) une force F, qui faisant basculer le banc, fausse la mesure. En effet, si nous nous reportons à la figure 118, dans laquelle T et t représentent les forces qui s'opposent à la rotation du moulinet, on peut au centre de rotation O appliquer deux forces égales et opposées T, puis deux autres égales à t sans rien changer à l'équilibre du système. Si nous composons les deux couples (1) et (2), il reste au centre de rotation du moteur la force (T — t). Les couples peuvent être transportés en Ω et l'on peut écrire :

Moments des deux couples sont : (T + t)R ; s'ils étaient

seuls, on aurait, égalant les moments (si p est le poids équilibrant les couples) :

$$(T + t)R = p\lambda.$$

Mais il reste la force $T - t$ appliquée au centre O qui donne, parce qu'il faut l'équilibrer par un poids p' :

$$(T - t)l = p'\lambda.$$

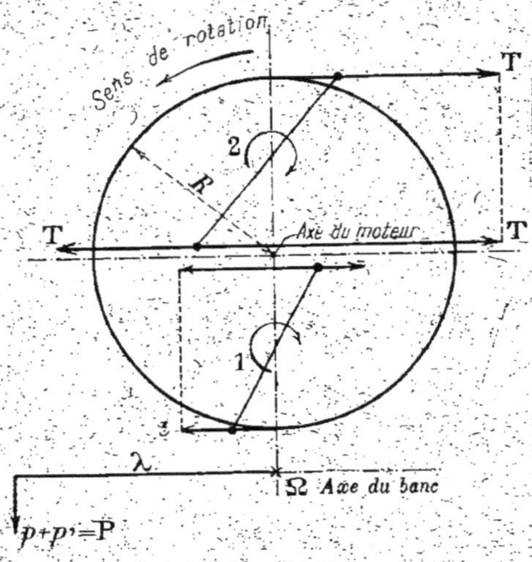

Fig. 118.

En conséquence $p + p' = $ P est égal au couple de freinage du moteur plus le moment de la force $T - t$ qu'il faut faire disparaître, si l'on veut obtenir une mesure correcte.

Un moyen simple d'éliminer l'action de cette force est de confondre les axes de rotation du pont avec celui du moteur, c'est-à-dire rendre l nul ; dans ce cas la force $T-t$ agissant sur l'axe de rotation du pont se trouve tirer sur un point fixe et son action n'intervient plus.

* *

Les dynamomètres de transmission des autres genres, bien que très nombreux, sont peu employés pour les essais des machines dès que l'on désire une précision un peu élevée. Nous ne nous en occuperons pas ici.

Parmi les appareils de ce genre nous rappelons que la dynamo dynamométrique n'est pas autre chose qu'un dynamomètre de transmission et qu'elle présente l'avantage sur les autres d'être en même temps un appareil étalon.

CHAPITRE X
DES TRANSMISSIONS PAR COURROIES

Le montage des appareils de freinage ou de transmission de puissance que nous venons d'examiner, freins ou dynamomètres de transmission, implique la possibilité d'une attaque directe de la machine en essai, ce qui souvent est impossible à exécuter : alors il faut passer par l'intermédiaire d'une courroie et de poulies. Dans ces conditions, il est indispensable de pouvoir se rendre compte d'une manière aussi exacte que possible du rendement d'une telle transmission.

Cela nous conduit donc à l'étude du fonctionnement d'une transmission par courroie.

La courroie tient sur la poulie qu'elle conduit ou par laquelle elle est conduite à cause de son adhérence qui résulte du frottement. Nous allons donc définir ce que l'on appelle le coefficient de frottement.

Coefficient de frottement. — Lorsqu'un corps pesant A repose sur une surface S horizontale, l'expérience montre que (fig. 119) pour déplacer le corps sur cette surface, il faut exercer un effort horizontal F, qui est proportionnel au poids P du corps A et à un certain coefficient constant f de telle sorte que l'on a, quand le mouvement est établi et en régime :

$$F = P \times f.$$

On obtiendra donc la valeur du coefficient f en faisant la mesure de F puisque :

$$f = \frac{F}{P}.$$

Ceci revient à dire que lorsque le mouvement est établi en régime, le corps A étant en équilibre sous l'action des 3 forces qui le sollicitent, chacune d'elles est égale et directement opposée à la résultante des deux autres, et partant cela implique que la réaction du plan sustentateur dans le cas du déplacement de ce corps ne soit pas normale au plan mais dirigée suivant ON ; de telle sorte que l'on a, si ON fait un angle φ avec la normale :

1°. En projetant sur OX

$$- N \sin \varphi = F.$$

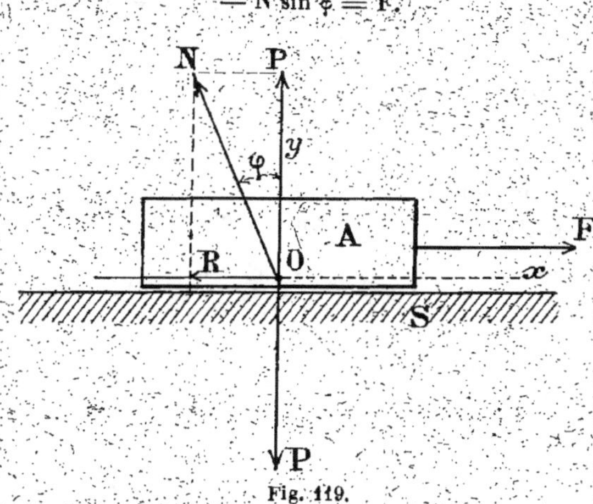

Fig. 119.

2° D'autre part en projetant sur OY :

$$- P = N \cos \varphi.$$

Si nous divisons ces deux égalités membre à membre nous avons

$$\frac{F}{P} = \operatorname{tg} \varphi$$

ce qui nous montre que $\operatorname{tg}\varphi$ n'est autre chose, par définition, que le coefficient de frottement, donc :

$$f = \operatorname{tg} \varphi.$$

Équilibre dynamique d'une courroie sur une poulie. — Nous pouvons maintenant très facilement établir les équations d'équilibre d'une courroie en mouvement sur sa poulie.

Considérons (fig. 120) un élément de longueur $\rho d\alpha$, la courroie étant en mouvement, il est en équilibre relatif sur la poulie, ce qui s'exprime en écrivant que les projections sur deux axes de coordonnées, des forces qui le sollicitent sont nulles.

Ces forces sont évidemment :

1° et 2° T et $T + dT$, tensions des deux brins ;

3° R, la réaction oblique de la poulie qui fait avec la normale un angle φ tel que :

$$\text{tg } \varphi = f$$

et enfin 4°, si on appelle P le poids de l'unité de longueur de la courroie, ou poids du mètre courant :

$$\frac{P \times \rho d\alpha}{g} \times \frac{V^2}{\rho} = \frac{PV^2 d\alpha}{g}$$

est la valeur de la force centrifuge.

Prenant pour OX la direction de la tangente et pour OY la normale à l'élément $d\alpha$ et projetant on a :

$$(a) \qquad - T \cos \frac{d\alpha}{2} + (T + dT) \cos \frac{d\alpha}{2} - R \sin \varphi = 0$$

$$(b) \qquad - T \sin \frac{d\alpha}{2} - (T + dT) \sin \frac{d\alpha}{2} + \frac{PV^2 d\alpha}{g} + R \cos \varphi = 0$$

remplaçant $\cos \dfrac{d\alpha}{2}$ par 1 et $\sin \dfrac{d\alpha}{2}$ par $\dfrac{d\alpha}{2}$ on a facilement pour a :

$$dT = R \sin \varphi$$

et pour b ;

$$Td\alpha - \frac{PV^2 d\alpha}{g} = R \cos \varphi$$

d'où l'on tire en divisant membre à membre :

$$\frac{dT}{T - \dfrac{PV^2}{g}} = \text{tg } \varphi d\alpha = f d\alpha$$

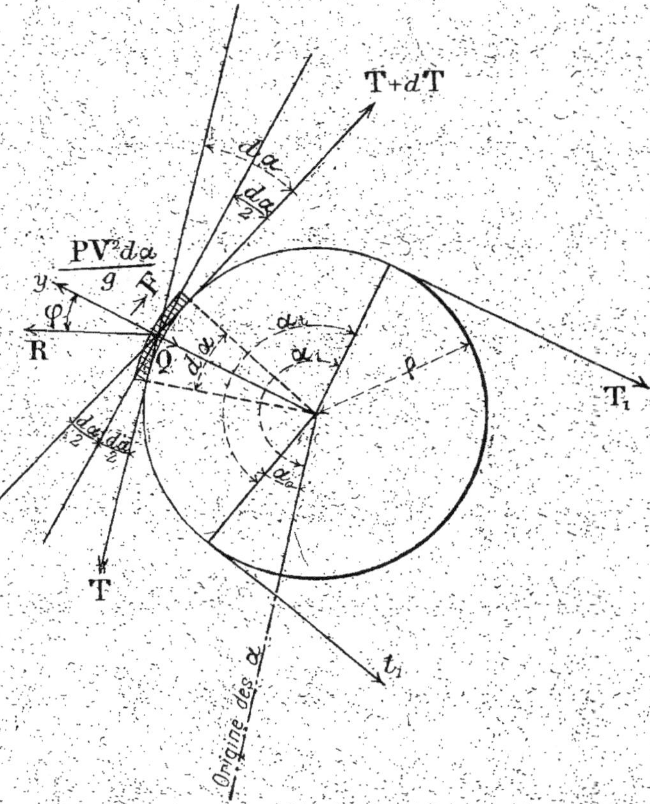

Fig. 120. — Légende.

T_1 étant la tension du brin conducteur ou actif en kilogrammes ;

t_1 étant la tension du brin conduit ou passif en kilogrammes ;

$M = T_1 - t_1$ étant l'effort tangentiel en kilogrammes ;

e base des logarithmes népériens $= 2,74828$;

log. vulgaire de $e = 0,43429$;

f : étant le coefficient de frottement (cuir sur fonte $= 0,28$, cuir sur bois ou carton $= 0,448$) ;

s : étant la longueur de l'arc embrassé en mètres (on prend le plus petit si les poulies sont inégales) ;

ρ : étant le rayon de la poulie en mètres ;

α : étant l'arc correspondant à l'arc embrassé exprimé en radians, c'est l'angle trigonométrique qui est égal au rapport de la longueur de l'arc au rayon, il se mesure en radians ;

θ : étant l'angle embrassé exprimé en degrés ;

P : étant le poids de l'unité de longueur de courroie ;

on a : $\qquad \alpha = \dfrac{\pi}{180} \times \theta^\circ = \dfrac{s}{\rho}$ ou encore $\alpha = 0,01745 \times \theta^\circ$.

qui intégrée donne :

$$\mathrm{Lg}_e\left(\mathrm{T}_1 - \frac{\mathrm{PV}^2}{g}\right) - \mathrm{Lg}_e\left(t_1 - \frac{\mathrm{PV}^2}{g}\right) = f(\alpha_1 - \alpha_0)$$

intégrale définie entre T_1 et t_1 à partir d'une origine α_0 pour l'angle d'enroulement, intégrale qui peut encore s'écrire

(1)
$$\frac{\mathrm{T}_1 - \dfrac{\mathrm{PV}^2}{g}}{t_1 - \dfrac{\mathrm{PV}^2}{g}} = e^{f\alpha_1}$$

$e = 2,71828$ la base des logarithmes népériens

$$\alpha = \frac{\pi}{180} \times \theta^0 = \frac{s}{\rho} \text{ ou encore } \alpha = 0,01745 \times \theta^0.$$

Calcul d'une courroie. — Si on néglige la force centrifuge l'équation (1) devient :

(2)   (a)
$$\frac{\mathrm{T}}{t} = e^{f\alpha}$$

écrivant d'autre part, que la puissance transmise par l'effort tangentiel à la poulie est égale à la puissance qu'on veut transmettre, on a une deuxième équation :

(3)   (b) $$(\mathrm{T} - t) \times \mathrm{V} = \mathrm{N}\,75.$$

Les deux équations (2) et (3), si on admet un coefficient f déterminé, permettent de calculer T et t. Ayant T, on calcule la section de la courroie telle, que le cuir ne travaille pas à plus de 250 à 300 grammes par millimètre carré.

Pour le cuir sur poulie en carton ou en bois, on peut admettre pour f la valeur 0,45 ; pour le cuir sur fonte $f = 0,28$.

Mesure de la perte de puissance dans une transmission par courroie. — Les pertes dans une transmission par courroie se composent de différents éléments, que nous allons successivement analyser. Ces pertes sont d'abord ce que l'on appelle le *glissement fonctionnel* ou *élastique* ; puis le glissement réel ; la raideur et enfin les coussinets des paliers des arbres de la transmission à cause de leur frottement.

1° Glissement fonctionnel. — Du fait de son élasticité, comme la courroie s'enroule sur la poulie motrice sous une tension T et qu'elle se déroule ou quitte cette poulie sous une tension t, il faut forcément qu'il se produise un glissement sur la poulie, qui fait cheminer la courroie en sens inverse du mouvement de la poulie motrice ; sur la poulie conduite elle chemine au contraire dans le même sens.

On a quelquefois appelé ce glissement *« vermiculaire »*, on voit en effet que la courroie doit, d'après ce qui précède, se comporter un peu à la manière d'un ver qui rampe, d'où cette appellation.

Quoi qu'il en soit, ce phénomène peut se chiffrer comme suit et c'est par un exemple concret que nous ferons le mieux saisir la chose :

Exemple. — Sous une charge de T kilogrammes ou 250 grammes par millimètre carré l'allongement du cuir est de 40 millimètres pour un mètre. Donc, si nous considérons cette fois-ci une poulie conduite, d'un côté de la poulie il se déroule 1 mètre + 40 millimètres, alors qu'il s'enroule seulement 1 mètre + allongement sous la tension t.

Or pour $\alpha = \frac{1}{2}$ circonférence on a $e^{fx} = 4,1$ avec $f = 0,45$, l'allongement sous la tension t est donné par :

$$\frac{T}{t} = \frac{40}{x} \quad \text{d'où} \quad x = \frac{40}{T/t} = \frac{40}{4,1} = 10$$

de sorte que le rapport :

$$\frac{1^m + 10^{m/m}}{1^m + 40^{m/m}} = 0^m,97 \text{ pour un mètre,}$$

nous donne le glissement vermiculaire ou fonctionnel, soit 3 %.

Autrement dit, pour 1 mètre + 40 millimètres sortis il est entré 1000 millimètres + 10 millimètres, donc pour 1 mètre il est entré $0^m,97$ seulement, donc le glissement a été de 3 % (Voir Kretz, *Annales des Mines* (1862).

2° Glissement propre. — S'il y a du glissement réel ou glissement propre, il sera accusé par la différence de vitesse des deux poulies, laquelle correspond à la somme des deux glissements : le glissement réel + le glissement élastique, fonctionnel ou vermiculaire.

3° Raideur. — Enfin reste un dernier élément de pertes à imputer encore à la courroie elle seule, c'est celui qu'on appelle la raideur, c'est-à-dire la difficulté que la courroie rencontre à s'enrouler sur la poulie ou à se dérouler, suivant qu'elle est plus ou moins souple ; il faut bien remarquer que ce dernier élément correspond non seulement à la raideur mais surtout à la perte que la courroie éprouve du fait de son frottement dans l'air.

Cette quantité est obtenue par différence entre la perte totale de la transmission et les pertes que nous venons d'énumérer précédemment.

Pour opérer ces mesures il faut placer la courroie sur un banc d'essai (représenté fig. 122), avec lequel on détermine les courbes des graphiques des fig. 121-123 et 124 à l'aide des appareils principaux suivants :

a) Des compte-tours magnétiques, qui donnent les glissements totaux ;

b) Un banc-balance sur lequel est placé le moteur, qui donne $T + t$ la somme des tensions des deux brins ;

c) des dynamodynamométriques, qui par la mesure des couples donnent $T - t$, c'est-à-dire l'effort tangentiel correspondant à la puissance à transmettre et en outre les couples, ainsi mesurés sur les deux poulies la poulie motrice et la poulie receptrice, donnent par leur différence la perte totale de puissance due à la courroie.

Nous verrons plus loin la description détaillée de cet appareil de mesure.

4° Frottement des coussinets des paliers. — Enfin un dernier élément de perte est celui qui est dû au frottement des paliers sur lesquels tire la courroie. Celui-ci s'obtient par le calcul, il n'est pas mesuré par le banc d'essai, car il n'incombe pas directement à la courroie ; il dépend avant tout du type des coussinets choisis. Il est égal au produit de la pression sur les coussinets par leur coefficient de frotte-

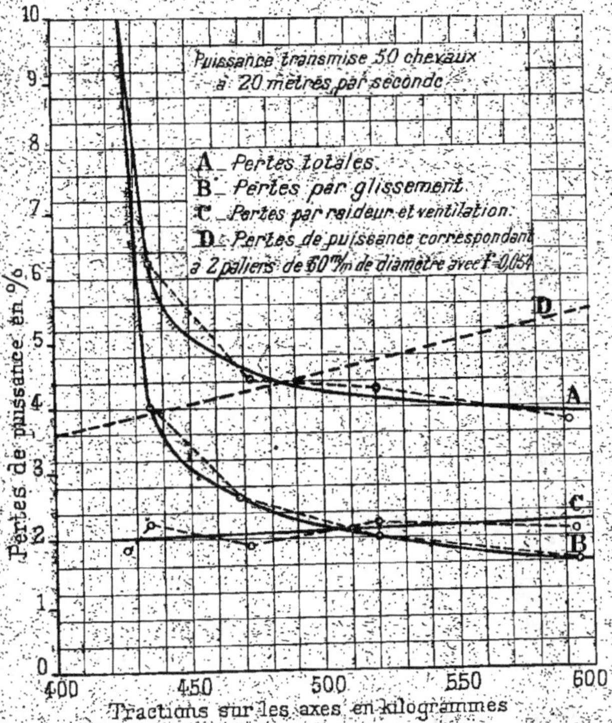

Fig. 121. — Pertes totales de puissance dans une transmission par courroie (courbe A) comparées aux pertes correspondant aux paliers (courbe D).

ment. Ce coefficient peut du reste être déterminé à part et il dépend avant tout de la nature des coussinets employés. On voit sur la figure 121 le résultat d'un calcul qui, reporté sur ce graphique, donne l'importance relative de la perte occasionnée par deux coussinets ordinaires par rapport aux autres pertes de la courroie. La perte correspondant à

des coussinets de ce type est de l'ordre des pertes totales
de la courroie.

Appareil de mesure des pertes d'une courroie. — Le banc
d'essai se compose (fig. 122) de deux dynamodynamométriques, dont l'une est montée sur un banc-balance.
La courroie, placée sur les poulies de ces machines, fonctionne normalement entre son moteur et son frein, sous un
angle d'enroulement de 180° ; c'est le moteur qui est placé
sur le banc-balance.

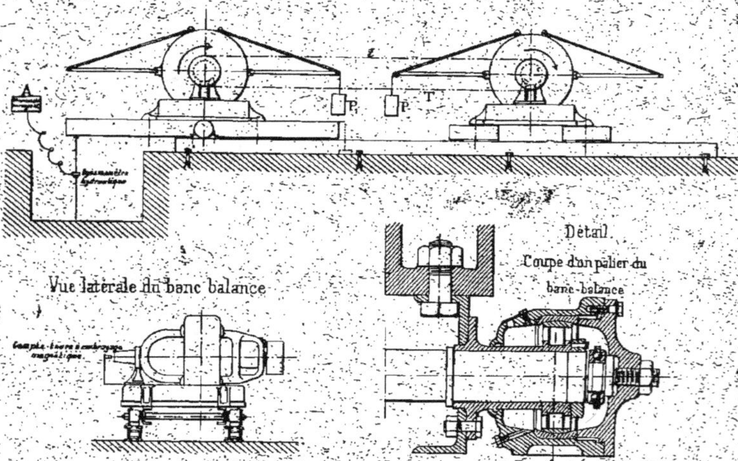

Fig. 122. — Banc d'essai des courroies du Laboratoire des Arts et Métiers.

La technique expérimentale consiste à mesurer les pertes
en partant d'une tension élevée très au-dessus de la tension normale de la courroie pour terminer l'essai lorsque,
par diminution de cette tension, les pertes deviennent très
grandes et pratiquement inacceptables.

Les figures 123 et 124 donnent les graphiques établis
d'après les résultats de ces mesures. On y voit la courbe des
pertes totales A ; celle des pertes par glissement B, directement mesurées ; la troisième C correspondant à la raideur
est obtenue par différence des deux autres.

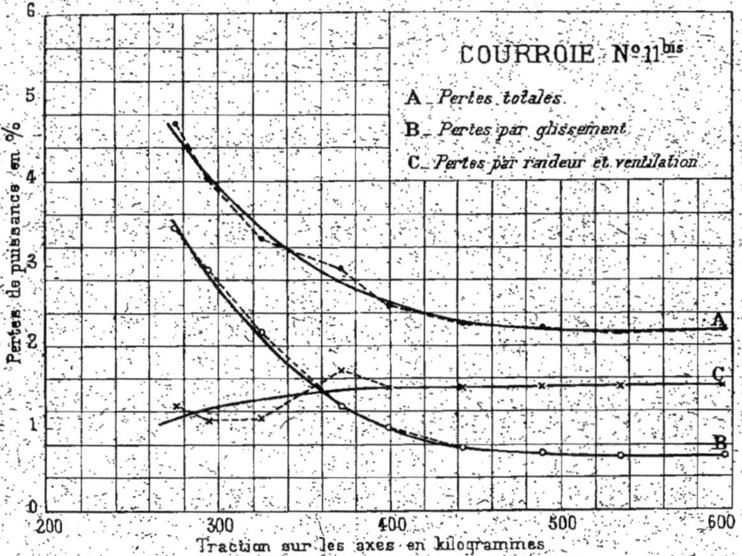

Fig. 123.

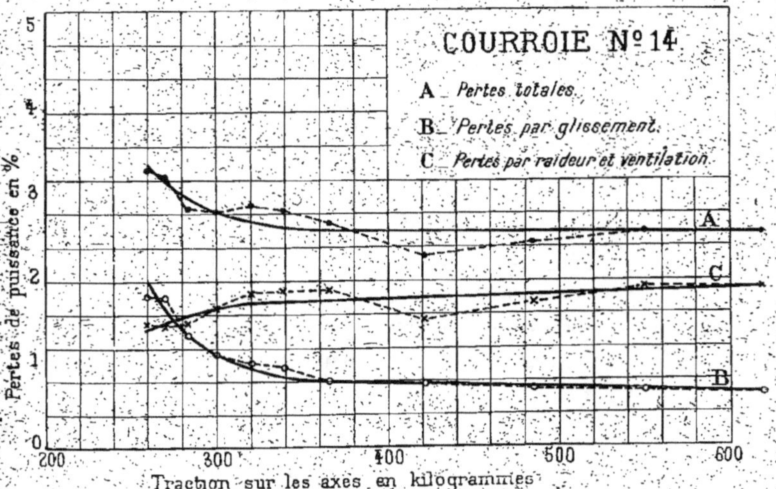

Fig. 124.

Il ne nous reste plus, maintenant, qu'à montrer la correction de la mesure fournie par le banc-balance du banc d'essai, pour que cet appareil soit entièrement défini.

Ce banc-balance (fig. 125) tourne autour de son axe, et, comme dans le cas du moulinet, on a affaire à un couple et à une force puisque T et t sont de valeurs différentes. Alors le raisonnement déjà fait pour le moulinet page 238 nous donne (voir fig. 125) :

$$(T - t)R = pL$$

pour les couples et

$$(T + t)l = p'L$$

Comparaison des deux dispositifs mécaniques des appareils d'essai des moteurs ou moulinets sur banc-balance et des courroies sur banc-balance et dynamo-dynamomètre.

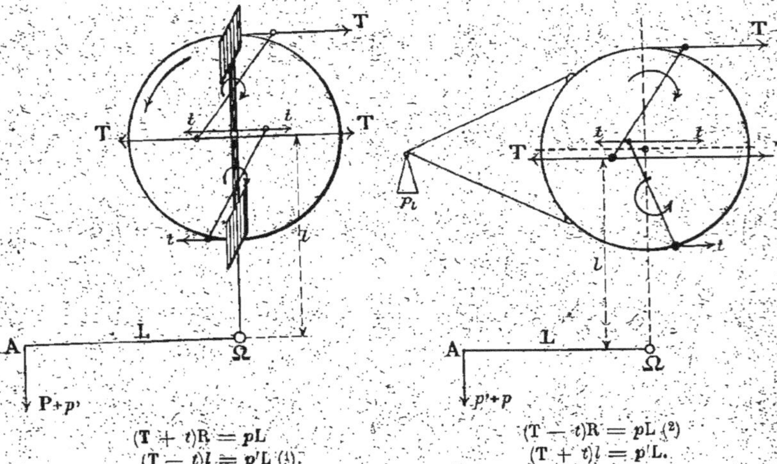

$$(T + t)R = pL$$
$$(T - t)l = p'L \ (1)$$

$$(T - t)R = pL \ (2)$$
$$(T + t)l = p'L.$$

1. Le moment $p'L$ est à annuler en confondant les axes O et Ω ; ce qui donne $l = 0$ on supprime ainsi la force p'.

2. Ici il faut éviter que le couple ne marque en A ; alors on l'équilibre par la charge du bras de levier p_l de la dynamo dynamométrique qui équilibre et supprime la force p.

Fig. 125.

pour les forces restantes appliquées en O ; mais dans ce cas particulier la charge du bras de levier de la dynamo-dynamométrique, qui par le poids p_l mesure et équilibre le couple, empêche ce dernier de marquer sur le dynamomètre A du pont ; donc ce dynamomètre donnera seulement

$$p' = (T + t)\frac{l}{L}$$

c'est-à-dire la somme des tractions des deux brins.

Sur la figure 125 nous rapprochons du graphique du banc des courroies celui du moulinet et nous voyons que : alors que dans le premier il faut mettre en évidence la force $(T + t)$ appliquée au centre O, dans le 2e cas, celui du moulinet, il faut au contraire neutraliser la force $T - t$ pour obtenir une mesure correcte du couple ; donc dans le cas du banc des courroies c'est au contraire le couple qu'il faut équilibrer pour faire apparaître la force de traction.

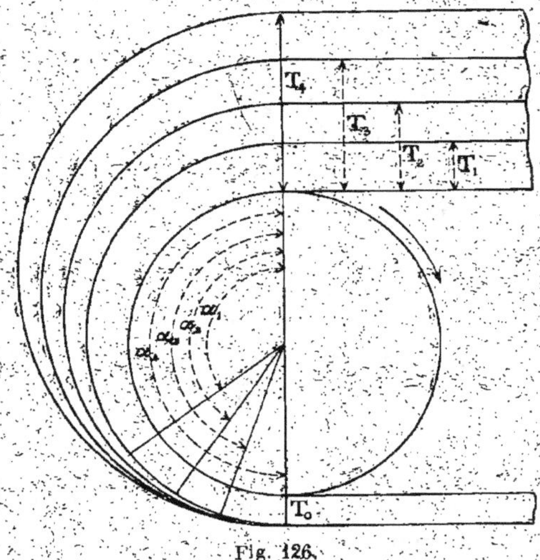

Fig. 126.

Signification de l'exposant $f\alpha$. — Nous avons dit que f était la valeur du coefficient de frottement ; quant à l'angle α il faut bien se rendre compte de ce qu'il représente.

Sur la figure 126 ci-contre nous avons représenté les différentes valeurs de l'angle α correspondant à des tensions différentes T_1, T_2... du brin actif.

Si l'on se rappelle la manière dont nous avons établi la formule dite de Rankine $T = T_0 e^{f\alpha}$, nous voyons que pour une tension d'entrée T_1 la valeur T_0 sera atteinte pour un angle α_1, puis la tension T_0 restera constante sur la poulie jusqu'à la sortie de la courroie.

Donc pour le fonctionnement normal de notre transmission un angle d'enroulement α_1 eut été suffisant et c'est celui qui doit figurer dans l'équation exponentielle de Rankine, un angle plus grand n'a pas de signification dans la formule. Cependant un angle plus grand que α_1 est nécessaire pour constituer ce que nous pouvons appeler une réserve ; $\alpha_4 - \alpha_1$ sera l'angle de réserve. En effet, si la tension de fonctionnement par suite d'une raison quelconque, par exemple d'une puissance momentanément plus grande à transmettre, ou par suite d'une variation momentanée du coefficient de frottement, si la tension de travail devient T_2, T_3 et T_4 on voit que l'angle α nécessaire pour éviter le glissement deviendra α_2, α_3, α_4 ; si la tension dépasse T_4 l'angle α deviendra insuffisant, la réserve étant épuisée, la courroie se mettra à glisser au-delà de toute proportion admissible et elle tombera de la poulie.

C'est sur ces conceptions mécaniques du fonctionnement des courroies, qu'est fondée la théorie qui est exposée dans le Bulletin n° 21 du Laboratoire d'Essais et résumée dans le Bulletin des Ingénieurs civils de France de juillet et septembre 1922.

A savoir :

1° Que l'arc d'enroulement de la courroie sur la poulie se divise en deux parties :

a) l'arc passif sur lequel la courroie se meut sur la poulie sans glissement ;

b) l'arc actif sur lequel le glissement relatif croît avec la vitesse relative, c'est-à-dire de zéro au commencement de l'arc actif jusqu'à un maximum $v_1 - v_0$ à la sortie de l'arc ;

v désigne la vitesse relative d'un point de la courroie par rapport à la poulie,

ρ_0 désigne le glissement propre ou glissement d'ensemble à l'enroulement, constant pour tous les points de la courroie.

2° Que la variation du coefficient de frottement réel du cuir sur la poulie est une fonction croissante de la vitesse relative des surfaces de contact (en accord avec Gerkens) ; la formule dite de Rankine (trouvée et indiquée en réalité il y a plus de deux siècles par le physicien français Joseph Sauveur) ne donnant qu'un frottement apparent, si on le déduit brutalement de la formule.

Ce point est mis en évidence par les essais statiques, courroie fixe sur poulie mobile, qui indiquent bien que f en fonction de φ est du genre hyperbolique.

$$f = f_1 - \frac{a}{v + b}$$

où f_1, a et b sont des constantes et φ la vitesse de glissement.

Alors l'élasticité, qui était un défaut dans une théorie prenant pour base f constant, peut, dans une certaine mesure, devenir une qualité avec f croissant avec la vitesse relative, car, dans ce cas, on peut fonctionner avec une courroie moins tendue, donc moins charger les paliers et si l'on perd un peu sur les glissements on peut, dans certains cas, gagner plus sur la perte due aux paliers.

On avait, jusqu'à aujourd'hui, fait la théorie des courroies comme si le frottement du cuir sur la poulie était assimilable au frottement d'un solide sur un solide, donc caractérisé par un coefficient de frottement constant.

Au plus avait-on admis que les valeurs à adopter pour ce coefficient devaient, dans une certaine mesure, être choisies en tenant compte des conditions de fonctionnement de la transmission, en particulier de la vitesse.

Les expériences ont montré, que le coefficient de frottement était une fonction croissante de la vitesse relative de la courroie par rapport à la poulie ou vitesse de glissement.

Cette fonction peut se déterminer par des essais spéciaux ne nécessitant pas la mise en marche d'une transmission, mais seulement en opérant sur un élément de courroie.

La vitesse de glissement en un point de la poulie est la somme de la vitesse due au glissement d'ensemble de la courroie, ou glissement proprement dit qui conserve la même valeur sur toute la partie de la jante de la poulie enveloppée par la courroie et de la vitesse due au glissement fonctionnel. Cette dernière dépendant de la déformation progressive de la courroie, qui varie d'un point à un autre de la poulie.

La vitesse de glissement, et par suite le coefficient de frottement, sont donc variables d'un point à un autre de la poulie. Il existe une méthode de calcul compatible avec ces faits, dont les résultats concordent avec les mesures expérimentales, que nous avons exécutées.

Mais remarquons que le glissement fonctionnel se produit en d'autant moins de temps que les poulies tournent plus vite, la vitesse de glissement due au phénomène, et par suite le coefficient de frottement, croissent donc avec la vitesse linéaire de la courroie.

En introduisant dans la formule de Rankine la fonction représentant la variation du coefficient de frottement en fonction de la vitesse relative de glissement, l'équation différentielle devient :

$$dT = \left(T - \frac{PV^2}{g}\right) f\,[v_0 + EV(T - T_0)]\,d\alpha$$

qui donne par son intégration (voir Bulletin n° 21 du Laboratoire d'Essais du Conservatoire National des Arts et Métiers) les valeurs de α et on pourra à toute valeur de la tension faire correspondre la valeur de l'arc d'enroulement strictement nécessaire.

Enfin, puisque nous avons montré (voir 1° et 2°) ce qu'est l'angle actif α et l'angle passif et que f est fonction de v, on peut tracer le diagramme suivant, figure 127, ainsi constitué ; des diagrammes d'essais, nous extrayons les glissements % et nous traçons une courbe de la forme (g) ; nous traçons la courbe donnant l'arc d'enroulement actif (α) puis celle donnant le coefficient de frottement apparent (f_α).

Ce rapprochement nous permet, en traçant la droite α_a correspondant à l'enroulement réel, de nous rendre compte de la valeur à admettre pour f à mettre dans la formule de Rankine ordinaire pour calculer la courroie.

Il est évident, que le point d'intersection des deux courbes α actif calculé et α_a, voir fig. 127, partage le diagramme en deux régions : à droite l'angle d'enroulement possède ce que nous avons appelé de la réserve et dans cette région la courroie fonctionne avec du glissement élastique seul; au point d'intersection la réserve est épuisée et on entre dans la région de gauche où commencent les glissements propres,

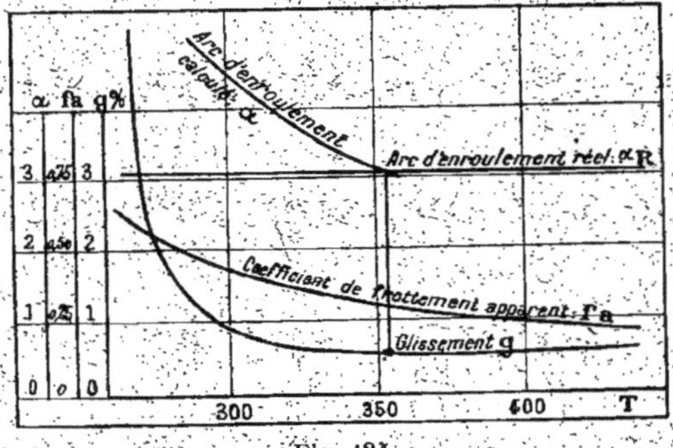

Fig. 127.

qui tout de suite atteignent une acuité telle que la courroie fonctionne mal et tombe de sa poulie.

Nous arrêterons ici cette brève analyse des points principaux de nos études sur le fonctionnement des courroies, renvoyant ceux que la question intéresse particulièrement et qui désirent l'approfondir : au Bulletin du Laboratoire d'Essais [1].

Applications. Enrouleur Leneveu. — Dans le cas où l'on a à conduire une poulie très petite par une plus grande, ou

---

1. *Bulletin du Laboratoire d'Essais du Conservatoire National des Arts et Métiers* nº 21 : « Recherches techniques et expérimentales sur le fonctionnement des courroies de transmission » par MM. AUCLAIR, BOYER-GUILLON et COULMEAU. Béranger, éditeur, 15, rue des Saints Pères.

à opérer un très grand rapport de vitesse, on voit que l'angle α sur la petite poulie peut devenir très petit et par suite occasionner des glissements. Il est alors intéressant de pouvoir augmenter cet angle et créer la réserve dont nous venons de parler qui, dans ce cas particulier, pourrait être inexistante. C'est alors que l'enrouleur Leneveu devient intéressant ; son objet est, comme on le voit, d'augmenter l'angle α ou encore, peut-on dire, de prendre α aussi grand que possible, pour rendre t, la tension du brin passif, aussi petite que possible ; ce qui est intéressant non seulement pour réduire au minimum le taux de travail du cuir, mais aussi pour rendre la traction sur les arbres aussi faible que possible.

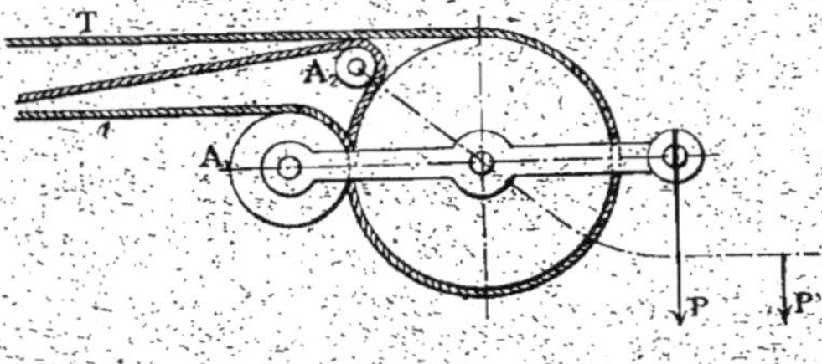

Fig. 128.

Cet enrouleur, représenté schématiquement figure 128, se compose d'un galet A_1 ou A_2 qui oblige la courroie à s'enrouler sur la poulie. Un contrepoids P ou P' assure la position du galet. On voit que si le galet est en A_1 l'arc embrassé a pour valeur $\frac{3\pi}{2}$ et avec $f = 0,28$ (coefficient de frottement cuir sur fonte) on a $T = t \times 8,3$.

Si on prend un angle d'enroulement encore plus grand le galet passant en A_2 on a :

$$\alpha = \frac{\pi \times 7}{4} \text{ avec } f = 0,448$$

(coefficient de frottement du cuir sur poulie en bois ou en carton) on a :

$$T = t \times 11,74$$

soit donc

$$M = T - t = t(11,74 - 1) \quad \text{d'où} \quad t = \frac{M}{10,74}$$

si on appelle M l'effort tangentiel moteur.

Travail du cuir d'une courroie. — En pratique on calcule la section du cuir d'une courroie en millimètres carrés, par la formule

$$S = \frac{10}{3} T$$

dans laquelle T, tension du brin tendu, doit être exprimée en kilogrammes. Si on utilise un enrouleur on pourra se contenter de prendre pour la section de la courroie :

$$S = \frac{10}{3} M$$

parce que, dans ce cas, T diffère très peu de l'effort M à transmettre, c'est-à-dire que l'on suppose t nul ou très petit.

Avec un enrouleur (conférence de M. Teisset à la Société des Ingénieurs civils, en septembre 1905) la tension du brin mou serait comprise entre 1/10 et 1/200 de l'effort à transmettre.

Les formules ci-dessus conduisent à consentir pour le cuir un taux de travail de 300 gr. par millimètre carré.

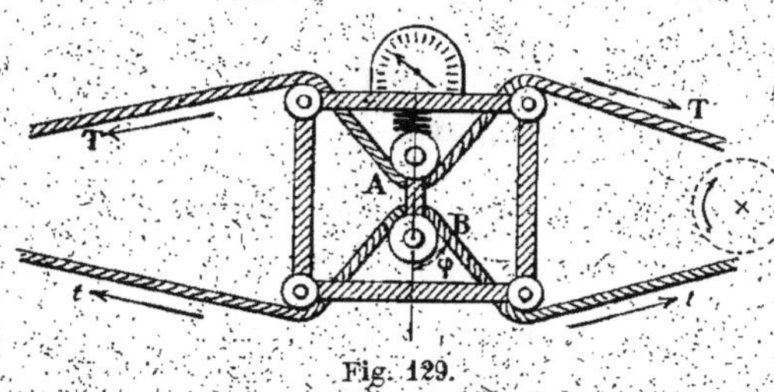

Fig. 129.

Application. — *Utilisation de la courroie comme dynamomètre de transmission.*

Ce dynamomètre de transmission (fig. 129) exécute directement la mesure $T - t$; il donne donc M ; d'autre part, en mettant sur le galet un régulateur à boule actionnant une aiguille ou un cinémographe, on enregistrera la vitesse V de la courroie. On peut ainsi inscrire M et V sur un papier dont le déroulement est actionné par un mouvement d'horlogerie, et avoir à chaque instant le travail transmis en faisant le produit M × V. Les graduations du cadran ne seraient pas équidistantes, car elles sont proportionnelles à l'angle φ ; on voit donc que l'appareil, pour fonctionner normalement doit réaliser la fixité des points A et B ou au moins leur variation de position dans des limites très restreintes ; mais cela n'est pas une condition absolue.

Cet appareil existe et dans certains cas il peut rendre des services.

Application. — *Formule pour calculer la largeur d'une courroie* : Calculer la largeur à donner à une courroie pour transmettre une puissance de N chevaux à la vitesse V.

De ce qui précède résultent les 3 équations fondamentales suivantes :

(1) $\qquad T = te^{f\alpha}$ sans tenir compte de la force centrifuge

(2) $\qquad T - \dfrac{PV^2}{g} = \left(t - \dfrac{PV^2}{g}\right)e^{f\alpha}$ en tenant compte de la force centrifuge

(3) $\qquad T - t = M \quad$ d'où $\quad (T - t)V = MV = N \times 75$ kilogrammètres.

La vitesse linéaire en mètres par seconde est liée au rayon de la poulie r exprimé en mètres par :

$$V = \frac{2\pi rn}{60}$$

n étant le nombre de tours par minute.

Appelons L la largeur de la courroie en centimètres, supposons son épaisseur égale à 5 millimètres, alors sa section sera :

$$50 \times L \text{ mm}^2.$$

Si nous admettons que le cuir travaille à 0 k. 250 par

millimètre carré, cette courroie pourra transmettre un effort tangentiel T égal à :

(a)
$$T = 12,5 \, L \, \text{kg}.$$

La courroie devant transmettre une puissance de N chevaux à la vitesse V on doit avoir :

(b)
$$(T - t)V = 75 \, N.$$

Introduisons enfin le poids P en kilogrammes par décimètre carré de courroie, de manière que LP soit le poids en kilogrammes de l'unité de longueur de la courroie, nous pourrons écrire en tenant compte de la force centrifuge :

(c)
$$\frac{T - \dfrac{LPV^2}{g}}{t - \dfrac{LPV^2}{g}} = e^{f\frac{s}{\rho}}.$$

Entre les 3 équations (a) (b) et (c) éliminons T et t, il restera une équation donnant l'inconnue L ; calcul effectué on a :

(d)
$$L = \frac{e^{f\frac{s}{\rho}}}{e^{f\frac{s}{\rho}} - 1} \times \frac{N \times 75}{V\left(12,5 - \dfrac{PV^2}{g}\right)}$$

Exemple. — Considérons le cas particulier d'une courroie pesant 53 grammes par dcm² et devant transmettre 1 cheval sur une poulie de 0 m. 40 de diamètre, tournant à 477 tours par minute, la courroie s'enroulant sur une demi-circonférence (prenons $f = 0{,}448$ cuir sur carton ou bois) nous avons : pour les données V, N, s et ρ les valeurs :

$$10 \text{ m. par seconde} = V$$
$$1 \text{ cheval} = N$$
$$0{,}628 = s$$
$$0^{\text{m}}{,}20 = \rho.$$

Résolvant (d) on trouve :

$$L = 1{,}324 \times \frac{75}{V\left(12,5 - \dfrac{PV^2}{g}\right)} = 0 \text{ cm},83 \text{ par cheval.}$$

Si on négligeait la force centrifuge on trouverait

$$L = 0 \text{ cm}, 79,$$

mais il faut remarquer que la vitesse de la courroie n'est pas très grande et que l'on admet couramment 20 m. par seconde et plus ; il n'est pas courant de dépasser 30 mètres.

En résumé, pour 8 mm. 3 de largeur, une telle courroie pourra transmettre un cheval à 10 mètres de vitesse dans les conditions ci-dessus ; donc pour N chevaux à transmettre il faudra une largeur de courroie N fois plus grande, donc N $\times$ 0,83 centimètres.

CHAPITRE XI

MESURE DES DÉBITS HYDRAULIQUES
MESURE DE LA VITESSE D'UN COURANT GAZEUX
MESURE DES ACCÉLÉRATIONS
FORMULE DE LA PUISSANCE D'UN MOTEUR A 4 TEMPS

Débits hydrauliques. — Pour mesurer un débit d'eau on emploie, soit des réservoirs jaugés ou pesés s'il s'agit de petits débits, soit des bâches à orifices ou des déversoirs, genre rigole de Bazin, si l'on a affaire à des débits très importants.

Pour de très gros débits, quand il n'est pas possible de créer un déversoir, cas qui se présente souvent pour les turbines à basses chutes, on en est réduit à faire la mesure dans le canal de fuite par des procédés que nous étudierons plus loin.

Nous passerons successivement en revue les appareils de jaugeage ordinairement utilisés.

Hectolitres jaugeurs. — De ces appareils rien de spécial à dire, ils sont gradués par pesée et en général contiennent 100 litres. Ils ont la forme d'un cylindre de petit diamètre par rapport à sa hauteur. Ils possèdent une soupape à la partie inférieure pour opérer une vidange rapide et commode.

Bâches à orifices. — Les bâches à orifices sont des réservoirs, en général cylindriques, dans lesquels on recueille l'eau à jauger en y maintenant un écoulement tel, que la hauteur d'eau dans la bâche reste constante ou à peu près constante.

L'écoulement de l'eau se fait à travers un orifice en général

en mince paroi, quelquefois de forme profilée. Dans le cas
d'un orifice quelconque la formule à laquelle répond le débit
de la bâche, si h est la hauteur de charge au-dessus de l'orifice, exprimée en centimètres d'eau, Q le débit en décilitres
par seconde, S la surface de l'orifice en décimètres carrés, est :

$$Q = Sm\sqrt{2gh}\,(1)$$

($m = 0,6$ pour un orifice en mince paroi débitant sous une
charge voisine de 1 mètre).

Dans le cas où, à la fin de la mesure, le niveau de l'eau
dans la bâche ne serait pas le même qu'au début, il y aurait
lieu de faire une correction en ajoutant ou retranchant le
volume correspondant de celui donné par la formule. Il faut
l'ajouter si le niveau final est supérieur à celui du début et
le retrancher dans le cas contraire. En effet, dans le 1er cas
il y a suralimentation de la bâche et dans le 2e cas sous-
alimentation.

Dans le cas où la bâche serait munie d'un orifice carré ou
rectangulaire, (m) prendrait les valeurs données dans le tableau suivant :

Charge sur le sommet de l'orifice	Valeurs de (m) pour les hauteurs d'orifices			
	5 centimètres	3 centimètres	2 centimètres	1 centimètre
0 mètre 700 mm...	0,627	0,629	0,637	0,640
0 mètre 800 mm...	0,627	0,629	0,636	0,637
0 mètre 900 mm...	0,626	0,628	0,634	0,635
1 mètre 000 mm...	0,626	0,628	0,633	0,632
1 mètre 100 mm...	0,625	0,627	0,631	0,629
1 mètre 200 mm...	0,624	0,626	0,628	0,626

Si l'orifice carré était noyé la formule serait :

$$Q = mS\sqrt{2g(h-h')}$$

1. On peut également prendre les dimensions suivantes : S en mètre carré,
h en mètres et Q en mètres cubes/seconde.
Voir au sujet des bâches la Revue de Métallurgie vol. VIII n° 3 mars 1911.

Ajutage Venturi. — Pour des débits importants et surtout quand il s'agit de conduites forcées, l'ajutage Venturi peut donner des résultats intéressants et précis.

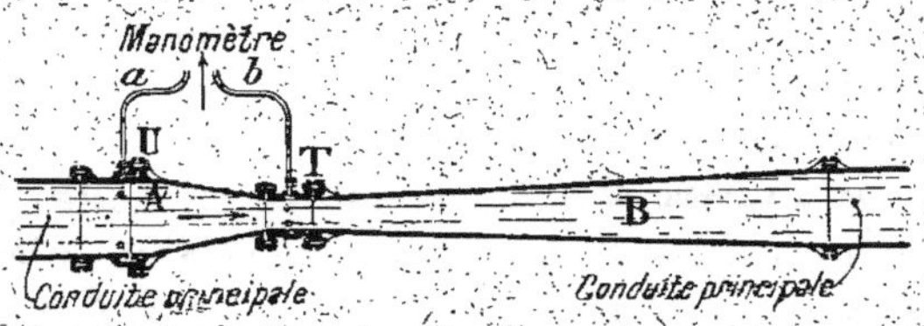

Fig. 130.

Cet appareil, inventé par l'ingénieur Clemens Herschell se compose (fig. 130) de deux troncs de cônes A et B aux dimensions relatives données par la figure. Le cône convergent A est muni à sa partie la plus large, c'est-à-dire celle de la conduite forcée, d'une prise de pression (a). Le cône divergent B est réuni au cône A par un raccordement cylindrique T autour duquel on pratique la prise de pression (b). Ces deux prises (a) et (b) se rendent aux deux branches P_2 et P_1 d'un manomètre différentiel (fig. 131) dans lequel on lira la différence de pression qui existe entre les deux chambres U et T du venturi.

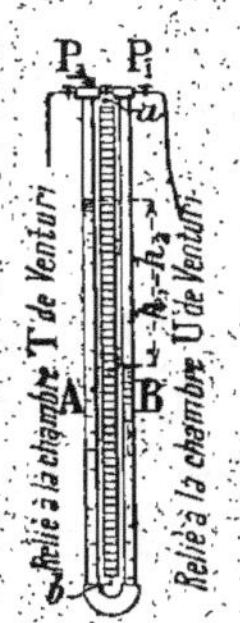

Fig. 131.

Les dimensions d'un venturi que nous avons essayé sont :

Diamètre de la conduite	800 mm.
Diamètre de la section rétrécie	141 mm.
Longueur du convergent	800 mm.
» du divergent	1ᵐ910 mm.
» de la partie cylindrique	220 mm.

La courbure méridienne du convergent est largement concave. Le coefficient de ce venturi est : K = 65,29 (résultat de son tarage).

La formule du débit d'un venturi est :

$$Q = K \sqrt{h_1 - h_2}\ (^1)$$

Q est le débit en litres par seconde ;

$h_1 - h_2$: la lecture faite au manomètre différentiel exprimée en mètres d'eau ;

K : un coefficient expérimental.

Ce qu'il y a d'intéressant en ce qui concerne les venturi, c'est que ce coefficient K peut très bien se calculer d'une manière suffisamment exacte en appliquant à l'appareil la formule générale de l'équation de Bernoulli, en tenant compte de la viscosité du liquide

$$\frac{V_1^2 - V_4^2}{2g} + \frac{P_1 - P_0}{\varpi} + Z_1 - Z_0 + \frac{1}{\varpi} \int_{s_0}^{s_1} \frac{R}{\varpi}\, ds = 0\ (^2).$$

T₁ T₂ a
D=0,m300 A   D=0,m180 B
0,410   1,200
0,600   1,500

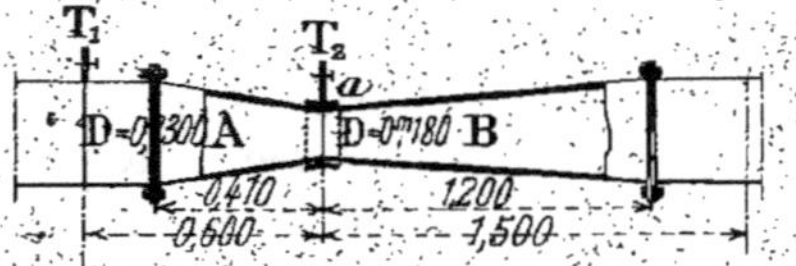

Fig. 132.

Si l'on calcule avec ces données le coefficient de débit des venturis représentés figures 130 et 132 et qu'on vérifie ces chiffres expérimentalement on trouve :

		Venturi figure n° 132	Venturi figure n° 130 (¹)
Coefficient de débit { calculé......		112,9	66,2
{ mesuré.....		106,6	65,3

1. Voir *Bulletin du Laboratoire d' Essais des Arts-et-Métiers*, n° 15.

---

1. K est déterminé par l'équation de Bernouilli et la condition de continuité :

$$K = \varphi\, \frac{S_1 S_1 \sqrt{2g}}{\sqrt{S_1^2 - S_4^2}}.$$

Voir Revue de Métallurgie volume VIII n° 3 mars 1911.

2. Voir « *Théorie des Eaux courantes* » de Mr Boussinesq pages 72 et 112.

Enfin ces appareils sont très intéressants parce qu'ils ne produisent presque pas de perte de charge dans la conduite, le divergent reconstituant la plus grande partie de la perte de pression due au convergent. Pour le venturi représenté figure 125 il a été trouvé les chiffres ci-dessous :

Débits en litres par seconde	40	50	60	70	80	90	100	110	120
Pertes de charge en mm d'eau	18	23	32	45	60	78	97	117	138

Déversoir en mince paroi. — Dans le cas de gros débits sous faibles chutes on peut souvent, soit en amont, soit en aval de la turbine, faire le jaugeage en utilisant un déversoir en mince paroi.

Il y a lieu de construire un tel déversoir suivant les indications données par Bazin dans les Annales des Ponts et Chaussées (1888, 2e semestre, page 432).

Ce déversoir en forme de rigole de Bazin doit être exécuté sans contractions latérales, c'est-à-dire que le déversoir doit avoir la même largeur que le canal. Dans le cas où cela ne serait pas réalisable il faudrait mettre des planches en amont du déversoir pour prolonger la largeur de la crête, c'est-à-dire exécuter une fausse paroi en planches.

La mesure de la charge h au-dessus de la crête doit être faite à une distance de 5 mètres en amont de la crête, et toujours d'au moins 4 fois la hauteur h mesurée.

Il faut aussi permettre à l'air de circuler sous la nappe et de pouvoir s'échapper librement par les côtés, sinon il y aurait adhérence ou soulèvement et le débit serait faussé par augmentation ou par défaut.

Il faut mettre des joues latérales en aval pour éviter l'épanouissement de la nappe.

Le déversoir et sa paroi doivent être bien verticaux. La pente du fond doit être de 1 %.

Un tel appareil correctement construit répond à la formule :

(1)
$$Q = mlh\sqrt{2gh}$$

dans laquelle le coefficient

$$m = \mu\left[1 + 0{,}55\left(\frac{h}{h+p}\right)^2\right]$$

p étant la hauteur de la crête du déversoir au-dessus du fond du canal et μ un coefficient déterminé par les expériences de Bazin et qui décroit lentement quand h augmente. Voir le tableau ci-dessous.

Charges h	Valeurs limites de μ corresp.	h	μ	h	μ	Observation
0,05	0,4481	0,26	0,4187	0,52	0,4113	On peut représenter très approximativement les valeurs de μ par la formule : $\mu = 0{,}405 + \dfrac{0{,}003}{h}$ lorsque h est supérieur à 0m10.
0,06	0,4427	0,28	0,4181	0,54	0,4108	
0,07	0,4391	0,30	0,4174	0,56	0,4103	
0,08	0,4363	0,32	0,4168	0,58	0,4099	
0,09	0,4340	0,34	0,4162	0,60	0,4095	
0,10	0,4322	0,36	0,4156	0,62	0,4091	
0,12	0,4291	0,38	0,4150	0,64	0,4087	
0,14	0,4267	0,40	0,4144	0,66	0,4084	
0,16	0,4246	0,42	0,4139	0,68	0,4080	
0,18	0,4229	0,44	0,4134	0,70	0,4077	
0,20	0,4215	0,46	0,4128			
0,22	0,4203	0,48	0,4122			
0,24	0,4194	0,50	0,4118			

Erreur relative. — Si l'on écrit l'erreur relative que l'on peut commettre avec cet appareil on a :

$$\frac{\Delta Q}{Q} = \frac{\Delta m}{m} + \frac{\Delta l}{l} + \frac{3}{2}\frac{\Delta h}{h}$$

ce qui nous montre que l'erreur sur h est 1 fois et demie plus importante que celle que l'on peut commettre sur l.

D'où la conclusion qu'il faut dans un déversoir bien construit réduire la largeur pour avoir une hauteur plus grande, surtout dans le cas des faibles débits.

La grande profondeur p du canal atténue le mouvement oscillatoire de la nappe. Ce mouvement gêne la mesure de h ; c'est pourquoi il faut la faire dans un puits mis en communication avec la rigole par une conduite étranglée de manière à amortir les pulsations.

Cas d'un déversoir à contractions latérales. — Dans le cas d'un déversoir présentant une, deux ou n contractions latérales, il faut dans la formule (1) ci-dessus remplacer l par $(l - \frac{n}{10}h)$ soit dans le cas général de deux contractions : $(l - 0,2h)$.

Quant à (m), on prend la valeur donnée par Bazin dans le tableau ci-dessus. Ce qui est admissible si L est voisin de l, c'est-à-dire si le déversoir est presque de la même largeur L que le canal.

Dans le cas où l est très petit par rapport à L on prend la formule de débit :

$$Q = \mu\left[1 + K\left(\frac{l}{L}\right)^2\left(\frac{h}{h+p}\right)^2\right]lh\sqrt{2gh}$$

avec $K = 0,55$ déterminé par Bazin ; bien entendu il faut encore ici appliquer le correctif de Francis $(l - \frac{n}{10}h)$ pour tenir compte des contractions latérales.

Jaugeage dans un canal de fuite. — Dans un canal de fuite il est souvent impossible de construire un déversoir,

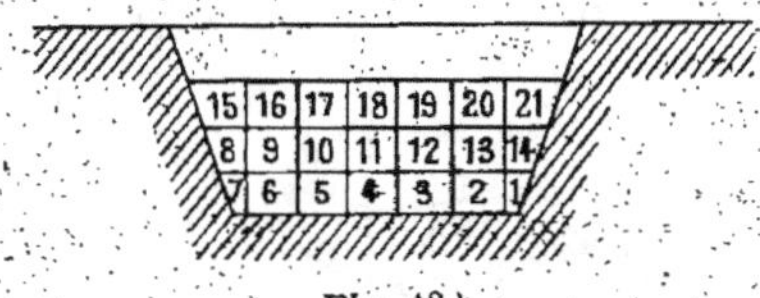

Fig. 133.

on en est alors réduit à prendre le profil exact du canal dans un plan vertical et à diviser cette section en cases numérotées, figure 133, dans lesquelles on fera la mesure de la vitesse du courant d'eau.

Les mesures des vitesses se feront soit à l'aide du moulinet Ott, ou de Woltmann, soit avec le tube de Pitot-Darcy, ce dernier appareil pouvant s'employer pour l'eau et pour l'air.

Moulinet. — Le moulinet Ott ou de Woltmann se compose d'une petite hélice mue par le courant liquide dont il n'y a qu'à compter les tours pour avoir la vitesse de l'eau. Un tel appareil a besoin d'être préalablement taré pour déterminer son coefficient. Cette opération se fait en eau calme soit au manège, soit à l'aide d'un pont roulant se déplaçant sur un bassin. On peut également le comparer en eau en mouvement avec un tube de Pitot-Darcy, le coefficient de tarage de cet appareil étant l'unité, l'expérience l'a démontré.

Tube de Pitot-Darcy. — Le tube de Pitot-Darcy se compose de deux ajutages (fig. 137) l'un dirigé contre le courant, l'autre dont le plan d'ouverture est parallèle au courant.

Le premier enregistre une pression $p + \dfrac{v^2}{2g}$ c'est-à-dire la somme des pressions statique et dynamique, alors que le second n'enregistre que p, la pression statique. Si nous réunissons ces deux ajutages aux deux branches d'un manomètre différentiel nous y lirons seulement la pression h correspondant à $\dfrac{v^2}{2g}$, d'où la vitesse cherchée.

Mesure du débit. — Pour avoir le débit dans notre canal de fuite il suffira d'intégrer les vitesses par tranches hori-

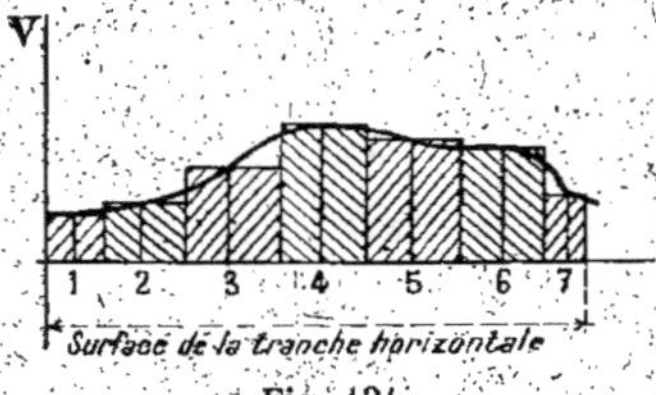

Fig. 134.

zontales puis, par une nouvelle intégrale des tranches, on aura la vitesse moyenne (fig. 134).

Ces intégrations se font au planimètre.

Méthode volumétrique de M. Bellet ([1]). — Cette méthode

1. Voir « *La mesure du débit dans les essais des turbines hydrauliques* » par MM. COTE et BELLET chez Gratier et J. Rey éditeurs à Grenoble page 46. Voir aussi la « *Houille Blanche* » de février 1904.

consiste à se servir de la chambre d'eau, qui alimente la conduite forcée de la turbine. On la cloisonne (fig. 135) de manière à pouvoir isoler par la manœuvre d'une vanne rapide la partie qui alimente directement la conduite. On dispose un appareil repérant le niveau, par exemple un flotteur. On ferme la vanne rapide puis quand le niveau a baissé on l'ouvre à nouveau.

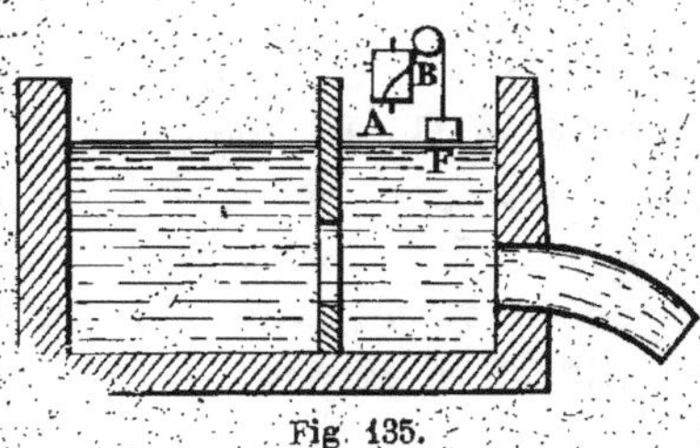

Fig. 135.

Le flotteur F décrit sur un tambour d'horlogerie la courbe ABC, qui représente les débits en fonction des temps, donnés par le tambour enregistreur, figure 136.

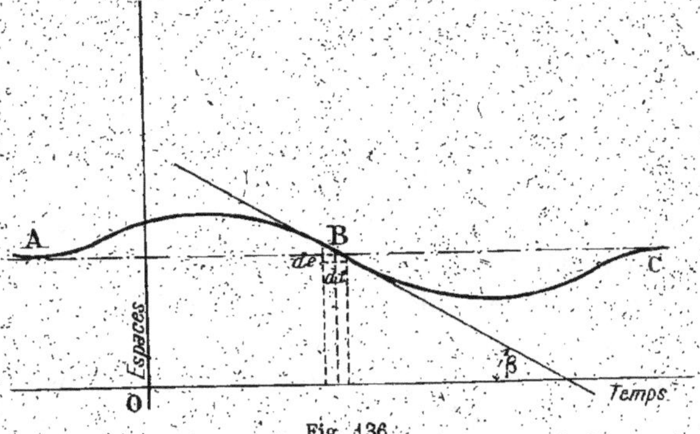

Fig. 136.

Évidemment, la tangente à cette courbe au point B du niveau moyen donne la vitesse d'abaissement du plan d'eau, donc si l'on connaît avec précision pour l'avoir relevé avec soin le profil du réservoir au plan d'eau moyen, le débit sera donné par l'équation :

$$Q = KS \operatorname{tg} \beta$$

S étant la section du niveau moyen et K une constante propre de l'appareil enregistreur de niveau étudié préalablement. En effet on a :

$$de = dt\, \mathrm{tg}\, \beta \quad \text{donc} \quad \mathrm{tg}\, \beta = \frac{de}{dt} = \text{vitesse.}$$

Jaugeage des conduites forcées. — La méthode la meilleure est celle qui consiste à remplacer un élément de conduite par un venturi, appareil que nous avons précédemment étudié.

Dans le cas où les méthodes déjà vues ne peuvent s'appliquer (déversoir en amont ou en aval de la turbine) il ne reste plus qu'à utiliser les deux procédés suivants, sur lesquels nous n'insisterons pas, étant donnés leur peu de précision et leur difficulté d'emploi.

Méthode des ondes colorées. — Cette méthode consiste à injecter dans la conduite des colorants et à compter le temps que met l'eau à véhiculer ce colorant d'un point A à un point B. Connaissant d'autre part le diamètre uniforme de la conduite on aura le débit.

En pratique on lance deux ondes colorées, la première pour avertir de la 2ᵉ qui sera lancée 5 minutes après.

Méthode chimique. — Comme dans la méthode précédente on injecte en amont de la turbine une solution dosée, on opère un prélèvement d'eau en aval de la turbine. La dilution de la solution donne le débit Q. Les teneurs en sel sont inversement proportionnelles aux volumes d'eau.

La difficulté dans l'application de cette dernière méthode réside, surtout pour les turbines à basses chutes et à gros débits, à obtenir dans le canal de fuite une dissolution homogène ou un mélange parfait, c'est à peu près impossible. C'est croyons-nous, un procédé de jaugeage qui à notre connaissance, n'a pas donné de résultats intéressants.

Mesure de la vitesse d'un courant gazeux. — Cette mesure de vitesse se fait avec le tube de Pitot-Darcy, dont nous avons parlé pour la mesure de la vitesse des courants hydrauliques.

Tube de Pitot-Darcy. — Cet appareil (fig. 137) se compose de deux ajutages A et B. Le premier présente une ouverture dirigée en face des filets du courant gazeux à étudier, l'autre B présente au contraire, une ouverture dirigée dans un sens perpendiculaire au premier, c'est-à-dire parallèle aux filets gazeux.

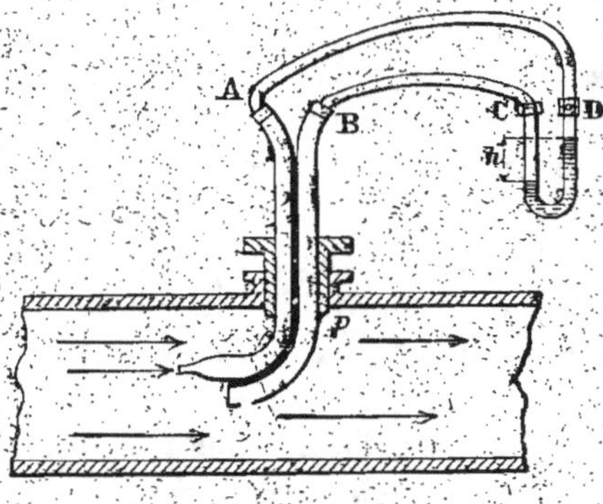

Fig. 137.

Ces deux ajutages sont chacun réunis à l'une des branches d'un manomètre différentiel CD.

Théorie de l'appareil. — L'ajutage A, dans la conduite où il règne une pression p et une certaine vitesse du courant d'air correspondant à une pression dynamique $h = \dfrac{v^2}{2g}$ enregistre donc la somme des pressions statique et dynamique soit :

$$p + \frac{v^2}{2g}$$

alors que l'ajutage B, à cause de la direction particulière de son orifice, n'enregistre que la pression p.

Si on les réunit sur le même différentiel CD, les pressions

p se détruisent et il ne reste que la pression dynamique.
L'équation d'équilibre peut s'écrire comme suit :

$$h = p + \frac{v^2}{2g} - p$$

d'où

$$v = \sqrt{2gh}.$$

on pourrait y introduire la densité du fluide (voir ci-dessous).

Etalonnage. — Un tel appareil correctement construit
a pour coefficient de tarage l'unité. Du reste, avant son
emploi, il est bon de l'étudier dans une soufflerie à filets
parallèles. Pour cela, on monte l'appareil à l'intérieur de la
soufflerie en branchant sur le manomètre les deux ajutages
A et B, ensuite on immobilise l'ajutage B en ouvrant le
manomètre différentiel du côté BC dans la chambre de repos
elle-même ; la mesure ne doit pas changer.

En effet, dans la chambre règne la même pression statique que dans la veine fluide, et la vitesse d'écoulement de
l'air dans la veine se produit sous la différence de charge h,
qui existe entre la pression extérieure et celle de l'intérieur
de la chambre de repos. Comme dans un appareil de ce
genre, c'est l'orifice de prise de pression de l'ajutage B fig. 137
devant lequel le passage de l'air à la vitesse V peut fausser
la prise de pression (p), on voit que l'étude d'un tube de
Pitot-Darcy par la méthode que nous venons d'indiquer
donne toute garantie puisqu'elle supprime à volonté précisément cette partie de l'appareil.

Un tube, ainsi étalonné entre des vitesses V_1 et V_2, pourra
être employé en toute sécurité pour des mesures comprises
entre ces vitesses.

**Formule générale de la vitesse lue avec cet appareil et correction
due à la densité du fluide et à la pression du jour.** — La formule
d'emploi est :

(1) $$V = \sqrt{2gh \text{ (air)}}$$

c'est-à-dire que la pression h doit être exprimée en colonne du fluide considéré. Comme dans notre cas nous avons en général affaire à de l'air et que les pressions h sont lues en millimètres d'eau, nous pouvons écrire que

$$h_{air} = h_{eau} \times \frac{1\,000}{1,293}$$

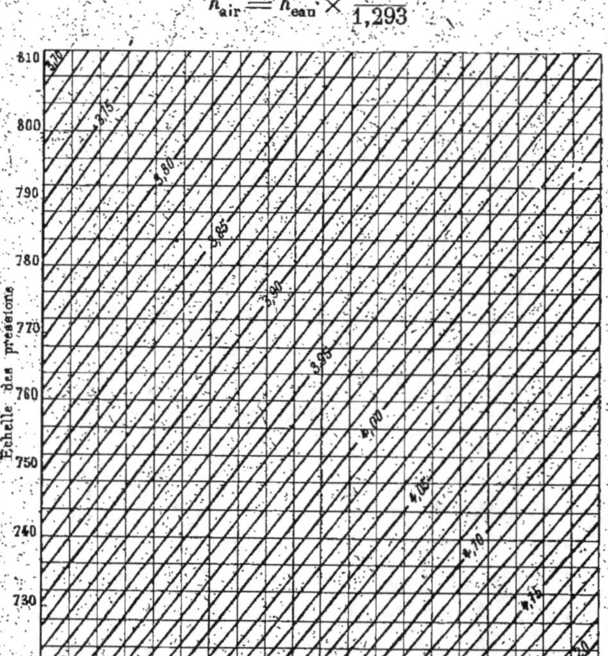

Fig. 138.

ou mieux :

$$h_{air} = h_{eau} \times \frac{1\,000}{d_{air}}$$

or la densité de l'air étant donnée par :

$$d = \frac{1,293}{1 + \alpha\theta} \times \frac{H}{760}$$

il est facile de construire l'abaque de la figure (138), qui donne le coefficient K à mettre dans la formule (1), si on y exprime h en millimètres d'eau. En effet, cette formule devient en faisant sortir $2g$ du radical :

$$V = \sqrt{\frac{2g}{d_{\text{air}}}} \times \sqrt{h \text{ (mm. d'eau)}} = K \sqrt{h \text{ (mm. d'eau)}}.$$

En particulier, pour 15° et 760 millimètres de pression $K = 4$ et l'on a :

$$V = 4\sqrt{h \text{ (mm. d'eau)}}$$

V est exprimé en mètres par seconde.

D'après ce que nous venons de dire ci-dessus, le facteur K a pour valeur :

$$HK^2 \times 1,293 = 14911,2 \frac{T}{273}$$

qui représente l'équation d'une droite en fonction de H et T. On construira donc cet abaque en donnant à K une série de valeurs constantes et en résolvant l'équation par rapport aux deux variables H et T par lesquelles se feront les entrées dans l'abaque (voir fig. 138.)

Accéléromètre à maxima. — Cet appareil, dont nous avons déjà dit un mot au chapitre VI, a pour objet la mesure directe des accélérations. Il sert en particulier à la détermination des propriétés élastiques des bandages des roues des véhicules, ainsi que celles des suspensions générales des châssis automobiles [1]. Il a également été employé de concert avec un seismographe pour l'étude des percussions ou vibrations, que peuvent avoir à supporter les routes ou les immeubles riverains [2].

Les véhicules ont à supporter de la part de la route sur laquelle ils circulent des chocs faisant naître des vibrations, qui dépendent de l'état de la route et de la construction des véhicules. Les vibrations détériorent le châssis et les organes mécaniques de la voiture. Pour atténuer dans la

---

1. Voir « encyclopédie Baillière » *Les Automobiles* par M. BOYER-GUILLON.
2. Voir à ce sujet le *Bulletin des Inventions de mai* 1925 et le *Bulletin des Ingénieurs Civils de juillet* 1913.

mesure du possible leur effet désastreux, on a placé entre le châssis et les essieux des ressorts, et entre la roue et la route des bandages élastiques.

Une bonne suspension élastique doit pouvoir procurer aux voyageurs le confortable souhaité et amortir les vibrations nuisibles au véhicule (²).

Pour déterminer les propriétés élastiques des systèmes de suspension soumis au Laboratoire d'Essais du Conservatoire National des Arts et Métiers, en vue d'essais comparatifs, MM. Auclair et Boyer-Guillon ont étudié un accéléromètre représenté fig. 139.

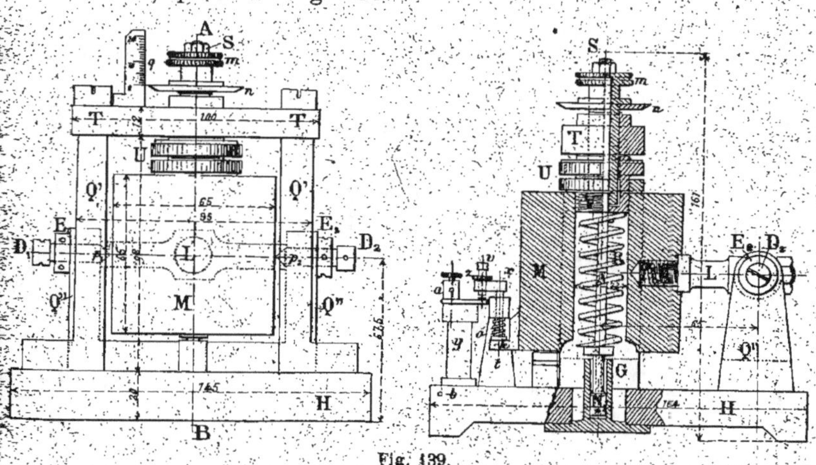

Fig. 139.

Cet appareil, qui n'est autre qu'un accéléromètre à maxima, se compose d'une masse pesante M en bronze, cylindrique, du poids de 1ᵏ,772 grammes, guidée par un levier L en acier en forme de T, assujetti à tourner autour de l'axe D_1D_2. Le réglage de ce bras de levier se fait à l'aide de deux vis à pointes D_1p_1 et D_2p_2 munies de contre-écrous E_1E_2, qui viennent les bloquer après le réglage précis. Le levier de guidage L, et ses tourillons, sont portés par les deux chaises en bronze Q''; Q'' boulonnées sur le socle général H de l'appareil.

La masse M, destinée à osciller suivant la verticale, est soulevée par un ressort R, qui est logé dans un évidement cylindrique percé dans l'axe de la masse. Ce ressort, du type de ceux employés dans les indicateurs de Watt pour machines à vapeur, est interchangeable, et peut être à volonté remplacé par un autre, dont la flexibilité doit être choisie de manière à correspondre à l'essai en cours. Il est vissé à sa partie supérieure, en V, dans la pièce à tête molletée U, qui est elle-même vissée dans la pièce M, dont elle fait pour ainsi dire partie. Son autre extrémité est supportée par la tige guide NN_1 qui fait corps avec la vis Smn, mais dans laquelle elle peut tourner. Cette vis se termine à sa partie inférieure par une partie soigneusement taraudée pénétrant dans un écrou correspondant T, qui fait partie du fer à cheval $Q'TTQ'$, boulonné sur le socle et supportant tout le système de suspension.

La tige NN_1 est guidée à sa partie inférieure par un écrou tubé G, vissé en dessous du socle H. La vis $Sm\ n$, dont nous venons de parler, a pour objet de mesurer et de faire varier à volonté la tension du ressort R, qui vient appliquer la masse M contre la butée T. C'est dans ce but qu'elle porte à sa partie supérieure la pièce molletée m, qui, saisie par l'opérateur entre le pouce et l'index, permet, en tournant la vis de gauche à droite, de remonter d'autant la tige NN_1 et, partant, d'augmenter la compression du ressort R. Une échelle q graduée en millimètres, et fixée sur l'étrier $Q'TTQ'$, permet de lire exactement la quantité dont on a comprimé le ressort R. A cet effet, la vis tendeur Sm porte un plateau n, gradué sur sa circonférence, permettant de lire le centième de millimètre comme sur un palmer.

Enfin, l'appareil est complété par l'interrupteur [1] de courant a, z, t, qui permet de se rendre compte du moment précis où la compression du ressort est suffisante pour cor-

___

1. Dans les appareils actuels, cet interrupteur spécial est supprimé.

respondre à la valeur de l'accélération que l'on mesure. Cette condition est atteinte quand la rupture du courant n'a plus que tendance à se produire.

Cet appareil « interrupteur » comporte une borne a montée sur un support isolant y, et une pièce mobile zxt, servant à établir ou à couper le courant, qui est montée sur le support o non isolé. Cette pièce mobile est constituée par un axe xt passant à frottement doux dans la tête du support o, elle est rappelée vers le bas par un ressort. Une vis v à pointe platinée, munie d'un contre-écrou z, sert à régler le contact avec précision. Une butée k, portée par la masse M, vient actionner l'interrupteur en agissant sur l'axe xt. Le contact est rompu quand la masse M bute en T, il est au contraire établi quand la masse M a tendance à quitter sa butée T. Le passage de la position de rupture à celle de contact ou vice-versa, est transmise à l'oreille de l'expérimentateur par une membrane téléphonique, montée en série avec un accumulateur entre les bornes a et b.

L'instrument se place, soit sur le plancher de la voiture, soit sur les essieux, en un mot à l'endroit du châssis où l'on veut étudier les vibrations qu'il supporte.

La tension du ressort R donne la valeur de l'accélération du point du châssis où l'on a placé l'appareil.

Plateforme d'essai des automobiles. — Il est bien évident que pour comparer entre eux des bandages pneumatiques et des roues élastiques, ou deux châssis analogues, dont les suspensions sont différentes, il faudra, non seulement opérer à des vitesses connues, avec des charges égales, mais encore les faire passer exactement sur les mêmes obstacles. C'est pourquoi ces essais doivent se faire, non pas sur une route quelconque, mais sur un chemin de roulement spécial, et sur des obstacles de profil et de hauteur exactement calibrés.

Ce chemin de roulement est constitué par deux grands tambours de 2 mètres de diamètre, il sert aussi aux essais de détermination de puissance des voitures automobiles, sur la jante desquels on visse les obstacles de profils et hauteurs calibrés. Ces obstacles sont fixés à des distances convenables, suivant la vitesse à laquelle les expériences ont lieu, et suivant les effets qu'on désire produire. Des appareils enregistrent le chemin parcouru et le temps, pendant que l'accéléromètre enregistre la valeur de l'accélération à l'endroit du véhicule où il est placé [1].

Mesure fournie par l'accéléromètre. — Au moment où le poids a tendance à se décoller, l'équilibre des forces auxquelles la masse M est soumise nécessite que l'on ait :

$$T = P + m\gamma \quad \text{avec} \quad P = t$$

T est la tension du ressort au moment de la mesure, exprimée en kilogrammes d'après l'échelle du ressort, t, la tension du ressort au repos, P, le poids de la masse mobile ($1^k,772$ grammes) ; g, l'accélération due à la pesanteur, soit 9,81 mètres à Paris.

En remplaçant dans l'équation ci-dessus P et m par leur valeur on a :

$$(6) \qquad \gamma = (T - t)\frac{g}{P} = 5,54(T - t).$$

Il nous a paru intéressant de donner ici l'équation générale de cet appareil comparé aux appareils analogues ; cette note résulte d'études faites en collaboration par MM. Boyer-Guillon et Auclair.

L'ensemble de l'appareil est porté par un bâti disposé de telle manière que les conditions suivantes soient réalisées :

1° l'axe A est horizontal ;

2° Lorsque la masse M est en contact avec la butée B, le

---

1 Voir un exemple d'un essai de ce genre : *Revue de Mécanique* du 31 juillet 1912 et pour l'accéléromètre de rotation voir : *Bulletin de la Société d'Encouragement de novembre* 1921 voir également les *Bulletins de la Société des Ingénieurs Civils* de juillet 1912 et juillet 1913.

centre de gravité G de cette masse est dans le plan horizontal passant par l'axe A ;

3° La ligne d'action du ressort T est verticale, et elle passe par le centre de gravité G de la masse M. Nous supposons enfin que la masse du levier et de l'axe d'oscillation est négligeable par rapport à la masse de M.

Dans ces conditions de construction bien définies, l'appareil est fixé sur le châssis d'une voiture automobile. Nous supposons que les déplacements de ce châssis, dus aux inégalités de la route, peuvent être assimilés à des mouvements d'ensemble purement verticaux, et nous nous proposons de définir d'une manière rigoureuse comment les accélérations du châssis peuvent être mesurées à l'aide de l'appareil.

Ce que nous observons, c'est le mouvement relatif de la masse M par rapport à son bâti ; faisons pour un instant abstraction de la butée.

On sait que le mouvement relatif peut être défini par les mêmes équations, que le mouvement absolu, à la condition d'ajoindre aux forces réellement agissantes les forces dites de Coriolis. Dans le cas où le mouvement d'entraînement est une translation, ces forces de Coriolis se réduisent à la force centrifuge $\frac{P}{g}\gamma$; c'est notre cas.

Nous devons donc étudier le mouvement de la masse M, sous l'action combinée de cette force et des forces réellement agissantes. Ces forces sont le poids P de la masse, la traction du ressort T, les réactions de ses supports sur l'axe de suspension A.

Le mouvement de la masse M est une rotation, de vitesse angulaire ω autour de l'axe A. Nous le définirons par l'équation qui résulte du théorème de la variation du moment de la quantité de mouvement.

La quantité de mouvement de la masse M tournant autour de l'axe A, à la vitesse ω est : (fig. 140)

$$M(\rho^2 + a^2)\omega$$

expression dans laquelle a est la distance de l'axe A au centre de gravité G de la masse M, et ρ le rayon de giration de cette masse par rapport à un axe parallèle à A, et passant par son centre de gravité. On a ainsi, en remarquant que les lignes d'action des trois premières forces agissant sur M sont verticales, et passent par son centre de gravité :

$$(7) \qquad M(\rho^2 + a^2)\frac{d\omega}{dt} = -\frac{P}{g}\gamma a + (T - P)a.$$

Cette équation est rigoureuse tant que l'on suppose que la masse d'inertie s'écarte assez peu du plan horizontal de l'axe A, pour qu'il soit permis de négliger l'obliquité des des forces $\frac{P}{g}\gamma a$, T et P. Elle nous suggère trois manières de concevoir l'application de l'instrument.

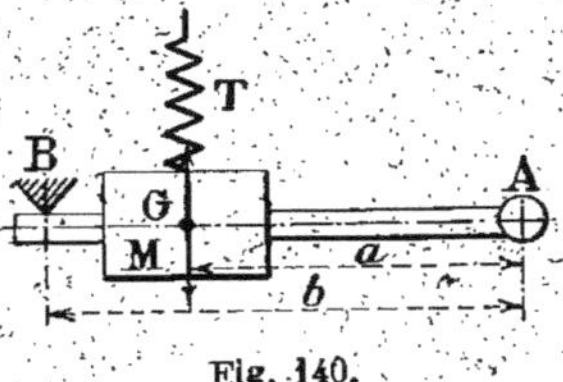

Fig. 140.

1° *Vibromètre*. — Nous pouvons supposer que l'action du ressort T est constamment égale au poids de la masse d'inertie ; l'équation prend alors la forme :

$$M(\rho^2 + a^2)\frac{d\omega}{dt} = -\frac{P}{g}\gamma a$$

par conséquent, l'accélération angulaire $\frac{d\omega}{dt}$ est proportionnelle à l'accélération linéaire γ du châssis sur lequel est fixé l'accéléromètre. Il en résulte que les écarts angulaires de la masse M sont proportionnels aux déplacements linéaires du support de l'instrument, et celui-ci peut tracer un diagramme de ces déplacements. Il est clair que l'amplitude maximum du déplacement doit demeurer inférieure à la valeur à partir de laquelle la condition d'applicabilité de l'équation cesse d'être remplie.

L'instrument ainsi employé est le vibromètre dont on se sert dans la marine pour l'étude des trépidations des navires.

2° *Pendule Desdouits* : On peut disposer l'appareil de manière à faire varier la tension du ressort d'une façon continue, de telle sorte que $\frac{d\omega}{dt}$ reste nul : dans ces conditions, si, au début de l'expérience, la masse M était au repos relatif, la vitesse angulaire $\frac{d\omega}{dt}$ aura toujours une valeur très faible, et si la tension du ressort est proportionnelle à l'élongation angulaire de M, ce sera cette élongation qui mesurera l'accélération. Mais on conçoit que l'appareil ne puisse ainsi être employé que pour la mesure d'accélérations assez lentement variables.

3° *Accéléromètre à maxima, Boyer-Guillon et Auclair* : Enfin, s'il s'agit de déplacements d'amplitude quelconque, et d'accélérations rapidement variables, il faut avoir recours à une autre disposition pour que la butée de l'appareil, aux extrémités de sa course, ou ses lancés, ne perturbent pas les mesures.

Imaginons donc que T soit supérieur à P, mais que la masse M soit maintenue immobile par une butée. Tant qu'elle restera en contact avec cette butée, $\frac{d\omega}{dt}$ demeurera nul, et l'équation (7) devra être remplacée par la suivante qui définit la réaction de la butée :

$$0 = -\frac{P}{g}\, a\gamma + (T - P)a - bK.$$

De cette équation on ne peut en général pas déduire la valeur de K, puisqu'on n'a qu'une relation pour définir γ et K, mais du moment où γ atteint une valeur telle que la masse M se met en mouvement, la valeur de la réaction de la butée passe par zéro, et par suite, à cet instant, la valeur de γ se trouve mesurée ; et l'on retombe ainsi sur l'équation (6) donnée plus haut.

On voit ainsi le caractère qui différencie cet instrument

des deux précédents ; un asservissement plus grand de la masse d'inertie a permis d'aborder un cas où les deux autres appareils étaient impuissants, le premier à cause de l'étendue des déplacements du châssis, le second à cause de la rapidité avec laquelle varie l'accélération du châssis. Toutefois, cette extension de l'emploi du pendule d'inertie n'a pu être obtenue qu'en sacrifiant la continuité des mesures.

Moteurs à explosions. — Les desiderata dans la bonne exécution de ces moteurs peuvent s'exprimer dans les quelques principes suivants :

1º Eviter autant que possible le refroidissement de la chambre d'explosion ; malheureusement il faut sur ce point compter avec la résistance des matières constituant le moteur.

2º Introduire dans la cylindrée le plus grand poids possible de gaz carburé ; mais la limite est l'allumage prématuré.

3º Maintenir le mélange au point de saturation le plus avantageux.

4º Autant que possible augmenter la course.

Différentes formules de construction. — Moteurs à essence d'automobiles. Différents techniciens donnent les formules suivantes :

Hospitalier	$N = (3{,}5 \text{ à } 4{,}4)\, n\lambda\delta^2$
Ringellmann	$N = 3{,}37 \quad n\lambda\delta^2$
Witz	$N = 3{,}8 \quad n\lambda\delta^2$
Vigreux	$N = 3{,}22 \quad n\lambda\delta^2$
Moreau	$N = 3{,}33 \quad n\lambda\delta^2$

Aimé Witz donne la formule :

$$N = 3{,}78\, n\lambda\delta^2 \text{ pour le gaz de ville et l'alcool}$$
$$N = 3\, n\lambda\delta^2 \text{ pour le pétrole et le gaz pauvre.}$$

A ces formules nous préférons substituer celle dite « au litre mille tours », c'est-à-dire une formule qui donne la puissance en fonction du volume engendré par tour et dans laquelle un coefficient variable tiendra compte de l'agent moteur employé. Cette formule s'écrit :

$$(1) \qquad N = V \times \frac{n}{1\,000} \times K$$

K est un coefficient relatif au genre et à l'utilisation du moteur

$$V = \frac{\pi \delta^2}{4} \lambda \times \varepsilon$$

ε est le nombre de cylindres du moteur.

Nous pouvons ainsi écrire la formule (1) comme suit :

$$(2) \qquad N = \left(\frac{\pi \delta^2 \lambda}{4 \times 1\,000} \right) \times n \times K.$$

Le volume est évalué en litres et le coefficient K doit être pris comme suit :

K = 9 pour les moteurs fixes d'aviation ;

K = 8 pour les moteurs rotatifs ;

K = 4 à 5 pour les moteurs d'automobiles dits non poussés.

N. B. — Pour un moteur poussé la formule (2) donne :
$$N = 0,007\, n \lambda \delta^2$$
en prenant pour unité le litre, si on prend le mètre cube pour pouvoir la comparer aux formules ci-dessus on a :
$$N = 7\, n \lambda \delta^2$$
c'est-à-dire pour un moteur poussé un coefficient double de celui des formules des différents auteurs cités ci-dessus.

CHAPITRE XII

APPLICATIONS
EXEMPLES D'ESSAIS DE MACHINES A VAPEUR
COMPRESSEURS ET VENTILATEURS
RENDEMENT

Applications. — Nous sommes maintenant, après ce que nous avons vu, en mesure d'organiser un essai de machine quel que soit son type.

En particulier une machine hydraulique nécessitera, si c'est une réceptrice, un frein capable d'absorber sa puissance. Il donnera par sa mesure, T_u, le travail utile fourni par la réceptrice. Il faudra ensuite déterminer le travail moteur dépensé sur la machine, T_m, ce sera le produit de la hauteur de chute par le débit. Nous venons de voir comment on mesurera les débits suivant les cas qui se présenteront.

Le rendement sera :

$$\frac{T_u}{T_m} = \rho.$$

Dans le cas d'une génératrice, une pompe par exemple, la dynamo-dynamométrique, qui l'actionnera, fournira le travail moteur T_m dépensé sur la pompe et la connaissance du débit et de la hauteur d'élévation donnera le travail utile T_u fourni par la pompe. Le rendement sera encore :

$$\frac{T_u}{T_m} = \rho.$$

Il n'y a pas lieu de donner ici des exemples plus détaillés du montage de ces essais, car ils se comprennent d'eux-mêmes et sont analogues à ceux des autres machines déjà vus.

Essais des machines à vapeur. — Pour essayer un moteur à vapeur il faut, comme ci-dessus, d'une part le freiner à l'aide d'un appareil de mesure, qui donnera la puissance utile qu'il peut fournir, soit P_u. D'autre part il faudra connaître sa consommation, ce qui pourra, suivant le cas, se faire en condensant la vapeur après son travail dans les cylindres, si l'on dispose de condenseurs par surface ce sera la mesure la plus précise et la plus rapide. Dans le cas où il serait impossible d'opérer ainsi, on en serait réduit à faire la mesure sur le générateur de vapeur, ce que nous savons faire. On prendra bien entendu toutes les précautions voulues pour recueillir les eaux de purge et admettre à la machine à vapeur de la vapeur saturée sèche ou surchauffée suivant les cas.

On donne en général la consommation par cheval-heure.

Enfin on déterminera le rendement.

On appelle rendement thermique d'une machine : « Le quotient de l'énergie disponible sur l'arbre même de la machine ou à la sortie de l'appareil essayé (T_u travail utile) exprimé en calories, par les calories dépensées dans la machine pour produire ce travail utile dans les conditions de l'essai ».

$$\rho = \text{rendement thermique} = \frac{\dfrac{75 \times 3600}{425}}{\text{pouvoir calorifique} \times \text{consommation par cheval/heure}}$$

$$= \frac{635,3}{\text{pouvoir calorifique} \times \text{consommation par cheval/heure}}$$

Quelques chiffres pratiques de rendement. — Chaudières : 0,6 à 0,7 ;

Moteurs à gaz pauvre (450 gr par cheval heure) : 0,19 ;

Moteurs à essence (240 gr. par cheval heure) : 0,24 ;

Machines à vapeur ordinaires : (8 kg de vapeur saturée, 12 kilogrammes de pression par cheval heure) : 0,118 ;

Turbines à vapeur de grande puissance (800 gr charbon par cheval heure) : 0,095 ;

Locomotives à 1 kg, 5 de charbon par cheval heure : 0,051.

Exemple d'essai d'une machine demi-fixe compound à surchauffe. — *Données* :

Générateur		Machine		
Surface grille	$0^{m2}688$	Course des pistons		0^m460
Surface de chauffe (côté eau)	$25^{m2}440$	Diamètre des cylindres	HP.	0^m215
			BP.	0^m410
Surface de chauffe (sur-chauffeur)	$12^{m2}225$	Diamètre des tiges	HP.	0^m045
			BP.	0^m045

Durée de l'essai : 8 heures.

Résultats :

CHAUDIÈRE	*Vapeur..*	Pression moyenne	11,94 kg/cm²
		Surchauffe moyenne	144 degrés C.
		Température de la vapeur surchauffée	334 degrés C.
	Charbon..	Briquettes d'Anzin (12,87 matières volatiles, 2,3 cendres)	8 500 calories (charbon sec)
		Charbon par heure et m² de surface de grille	99^k200
		Vaporisation par kg de charbon brut	8^k291

$$\rho_1 = \frac{\text{chaleur reçue par l'eau}}{\text{chaleur fournie par le combustible}} = 0,708.$$

MACHINE	Nombre de tours par minute		177,30
	Puissance effective		111,54 chev.
	Consommation par cheval-heure effectif	en charbon brut	0^k610
		en vapeur	5^k070

$$\text{Rendement de la machine} : \rho_2 = \frac{635,3}{5,07 \times 729,30} = 0,172$$

Rendement de l'ensemble chaudière-machine :

$$\rho = \frac{635,3}{8\,500 \times 0,610} = 0,122.$$

Vérification

$$\rho = \rho_1 \times \rho_2 = 0,708 \times 0,172 = 0,1218.$$

Essais des machines thermiques en général. — Nous n'insisterons pas plus longtemps sur ces dispositifs d'essais, qui consistent toujours à mesurer T_u le travail utile, d'une part et T_m le travail dépensé sur la machine pour lui faire produire ce travail utile, d'autre part.

Dans le cas des moteurs à explosion on fera un choix judicieux du frein d'après les principes donnés au chapitre IX. On construira des courbes donnant la puissance en fonction de la vitesse à carburateur complètement ouvert, puis on tracera la courbe de consommation et celle des couples. Enfin nous terminerons ces exemples par l'étude de deux types d'essais assez spéciaux : les compresseurs et les ventilateurs.

LES COMPRESSEURS

Technique des essais. — Les essais des compresseurs sont certainement parmi les expériences mécaniques les plus difficiles à conduire et à effectuer, surtout parce que les formules théoriques qu'on peut leur appliquer ne correspondent pas à la réalité. Admettra-t-on la compression isothermique ou adiabatique ou encore des formules empiriques, moyen terme entre les deux ?

En ce qui concerne ces essais, c'est en général la formule adiabatique que l'on applique et cela se comprend.

Quoi qu'il en soit, nous allons exposer les 2 ou 3 méthodes qui sont employées et nous fixerons par un exemple général les manières de procéder aux calculs.

Quand on a affaire à un compresseur destiné à tel ou tel usage, il est évident que la technique expérimentale peut varier. Un compresseur destiné à remplir des réservoirs à haute pression pour torpilles ne sera pas essayé comme un compresseur devant fournir un débit continu d'air sous pressions moins élevées, pour marteaux pneumatiques par exemple.

Dispositif expérimental. — En général les essais sont disposés de manière à déterminer le rendement du compresseur sous le débit qu'il doit fournir.

Alors le compresseur est conduit par une dynamo-dynamométrique, qui mesurera le couple, d'où le travail dépensé sur le compresseur pour effectuer le débit prévu.

On mesurera d'autre part l'énergie recueillie dans le réservoir de débit, et le quotient de ces deux quantités donnera le rendement.

Toute la difficulté réside dans la détermination du débit : voici comment on procède en général.

Le réservoir de refoulement est muni d'orifices calibrés de dimensions voulues pour maintenir la pression requise dans le réservoir lorsque le compresseur débite en régime. Ces orifices peuvent être, suivant les circonstances : des orifices en mince paroi ou des tuyères convenablement profilées, pour donner des coefficients de débit aussi rapprochés que possible de l'unité.

Ces orifices pourront du reste être étalonnés par des expériences préalables ou consécutives aux essais.

Enfin leur vérification et surtout la connaissance de leur coefficient de débit sera d'autant mieux connue, que l'orifice débitera sous basse pression, c'est-à-dire 8 ou 10 centimètres d'eau par exemple.

Pour atteindre ce résultat on fait débiter le compresseur dans un premier réservoir à haute pression, lequel est mis en communication avec le réservoir à basse pression portant le ou les orifices de débit, et la conduite de communication de ces deux réservoirs comporte une vanne de réglage. Ce dispositif a également l'avantage de permettre un réglage plus facile de la haute pression sous laquelle doit fonctionner le compresseur ; car avec l'orifice choisi, même s'il ne correspondait pas exactement au débit sous une basse pression déterminée d'avance, on pourra y parer en jouant dans une certaine mesure sur la pression de régime du réservoir à basse pression. Enfin et dans bien des cas le fait d'opérer sous basse pression présente aussi l'avantage de permettre l'emploi de la formule simple de la vitesse :

$$v = \varphi \sqrt{2gh},$$

le point le plus important étant avant tout la détermination du coefficient φ.

Formules de débit. — Il s'agit de mesurer la vitesse de l'air débité par l'orifice.

Nous avons établi la formule dite de St Venant au chapitre VII auquel nous renvoyons :

$$\text{Débit en m}^3/\text{sec. en fluide détendu} = KS\sqrt{2g\left(\frac{m}{m-1}\right)v_1 p_1\left[1-\left(\frac{p_2}{p_1}\right)^{\frac{m-1}{m}}\right]}$$

(Voir chapitre VII page 158),

connaissant les coefficients de contraction et la section de l'orifice, on a facilement le débit.

On peut aussi déterminer le débit en se servant de la formule de Rateau, que nous avons également exposée au chapitre IV page 68 et chapitre VII page 162.

$$Q_m = 1{,}164\sqrt{T}.$$

Enfin il est souvent demandé en pratique dans les essais de compresseurs d'employer les formules données dans les formulaires (par exemple « Hospitalier ») [1], qui sont les suivantes :

Ecoulement adiabatique. — Cas de l'écoulement sous des pressions quelconques [2] :

Vitesse :

$$v = 396\,m\varphi\sqrt{\frac{p_1-p_2}{p_1}\times\frac{1+\alpha\theta}{\delta}}\ \text{en mètres/seconde.}$$

$$M_t = 495\,m\varphi S\sqrt{\frac{p_1(p_1-p_2)\delta}{1+\alpha\theta}}\ \text{en kg/seconde [3]}$$

dans laquelle on prend δ air $= 1{,}25$.

1. Cette formule est quelquefois désignée sous le nom de « Formule de la Marine. »

2. Formulaire Hospitalier, édition 1916, page 262.

3. Pour passer de la vitesse au poids il faut multiplier le volume par le poids du mètre cube de gaz ; or, si S est la section, le volume est :

$$V \times S = 396\,m\varphi S\sqrt{\frac{p_1-p_2}{p_1}\times\frac{1+\alpha\theta}{\delta}}$$

qu'il suffit de multiplier par le poids su mètre cube. Or le poids du mètre cube d'un gaz est :

$$\frac{\delta_{\text{air}}\times\delta\times p_1}{1+\alpha\theta}$$

qui porté dans l'équation ci-dessus en prenant la densité de l'air $= 1{,}25$ donne bien :

$$Q = 495\,m\varphi S\sqrt{p_1(p_1-p_2)\frac{\delta}{1+\alpha\theta}}.$$

Débit :

S est la section de l'orifice en mètres carrés ; p_1 et p_2 les pressions en kg/cm² ;

φ le coefficient de contraction relatif à la forme de l'orifice ;

m un coefficient de réduction fonction de $\dfrac{p_1}{p_2}$ dont les valeurs sont données dans le tableau ci-dessous ;

d est la densité relative du gaz par rapport à celle de l'air.

TABLEAU [1]

$\dfrac{p_1}{p_2}$	m	$\dfrac{p_1}{p_2}$	m	$\dfrac{p_1}{p_2}$	m
1,001	1,00	2,2	0,811	6,5	0,689
1,01	0,999	2,4	0,796	7,0	0,685
1,1	0,984	2,5	0,789	7,5	0,681
1,2	0,963	2,6	0,782	8,0	0,678
1,3	0,939	2,8	0,770	8,5	0,675
1,4	0,919	3,0	0,7605	9,0	0,673
1,5	0,901	3,5	0,741	9,5	0,671
1,6	0,883	4,0	0,726	10,0	0,669
1,7	0,867	4,5	0,715	15,0	0,655
1,8	0,854	5,0	0,706	20,0	0,646
1,9	0,841	5,5	0,699	100,0	0,636
2,0	0,830	6,0	0,694	∞	0,633

Valeur du coefficient de contraction φ :

Orifice en mince paroi.............................. $\varphi = 0,65$
Ajutage cylindrique................................ $\varphi = 0,83$

Ajutage conique convergent pour les angles ci-dessous :

angle	0°	10°	30°	40°	50°	90°	180°
φ	0,83	0,98	1,00	0,95	0,80	0,72	0,65

Ajutage conique divergent :

angle	0	5	7	10	30	60 et plus
φ	0,83	1,87	2,03	4,24	0,98	0,83

[1] Formulaire Hospitalier page 242 édition 1912, page 262 édition 1916.

Autre dispositif d'essai. — Dans le cas d'un compresseur destiné à remplir un réservoir dans un temps déterminé, on fera débiter le compresseur sur un réservoir de capacité connue et l'on mesurera les pressions obtenues en fonction des temps, ainsi que les puissances en fonction des pressions (fig. 141). Avec ces deux déterminations, qu'on peut traduire en courbes, on construira une troisième courbe des puissances en fonction des temps, qui donnera en la plani-

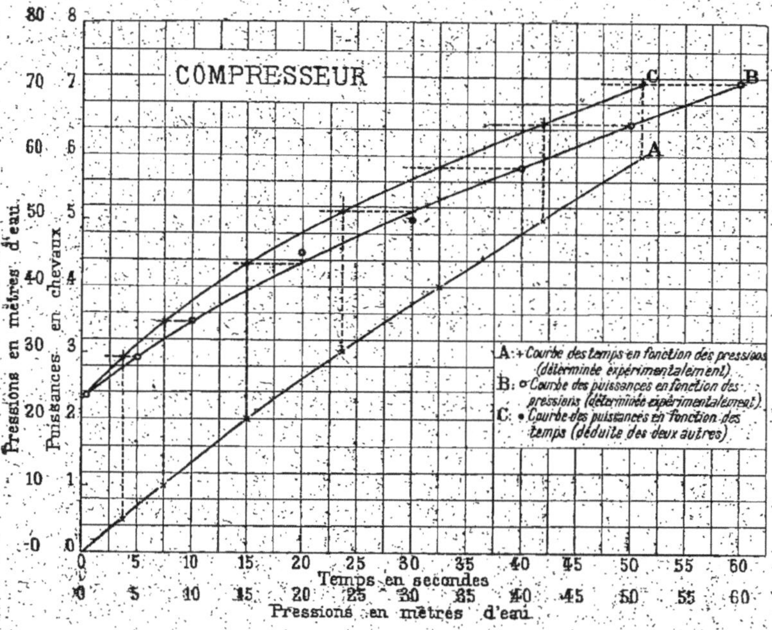

Fig. 141.

métrant le travail dépensé sur le compresseur ou la puissance moyenne pour comprimer l'air dans le réservoir à la pression d'utilisation. On aura d'autre part le travail recueilli en appliquant au réservoir de pression la formule du travail adiabatique, compte tenu des corrections de volume dues à la température, comme l'indiquera l'exemple donné plus loin.

Le quotient de ces deux mesures fournira le rendement.

Rendement sous débit constant. — Dans le cas du réservoir à écoulement, le travail accumulé dans le réservoir est donné par la formule du travail adiabatique (voir chap. VII).

Or nous avons vu (chap. VII) cas de la détente d'un gaz que, s'il s'agit d'un gaz permanent, si l'état initial (fig. 142) est caractérisé par $p_1 v_1 t_1$ et l'état final par $p_0 v_0 t_0$, le travail extérieur de détente est donné par :

$$\mathcal{T}_r = \int_{v_1}^{v_0} p\, dv$$

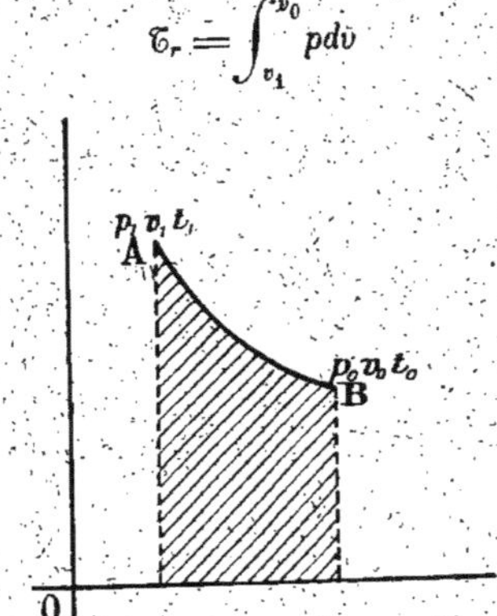

Fig. 142.

qui intégrée donne, voir page 153 :

$$(1)\quad \mathcal{T}_r = v_1 p_1 \frac{1}{m-1}\left[1-\left(\frac{p_0}{p_1}\right)^{\frac{m-1}{m}}\right] \quad \text{ou encore} \quad = v_1 p_1 \frac{1}{m-1}\left[1-\left(\frac{v_1}{v_0}\right)^{m-1}\right]$$

Or, dans le cas du compresseur c'est cette intégrale changée de signe qu'il faut prendre.

Voici l'énergie contenue dans le gaz comprimé dans le réservoir ; mais il faut remarquer, que le compresseur, dans le cas de l'écoulement continu du gaz sous la pression de régime, a non seulement à chaque coup de piston à comprimer son gaz, mais l'ayant comprimé à la pression du réservoir il doit encore le refouler dans le réservoir à cette pression, par conséquent fournir encore un travail égal au volume refoulé sous la pression de refoulement, qu'il y aura lieu d'ajouter à l'énergie contenue dans le gaz et donnée par la formule (1) ci-dessus.

Travail d'un compresseur : *Formule adiabatique.* — Le travail est représenté par l'aire $aABb$ (fig. 143) qui, dans le cas de la détente est parcourue dans le sens BA et dans le cas de la compression dans le sens AB. L'une est donc, par rapport à l'autre, la même intégrale changée de signe ; dans un cas le travail est positif, dans l'autre cas c'est du travail résistant.

L'intégrale se résout comme suit :

$$\text{Travail (ou surface } b\text{BA}a) = \int_{p_1 \text{ ou } v_1}^{p_0 \text{ ou } v_0} p\,dv \ (1) \left\{ \begin{array}{l} \text{avec la relation de l'adiabatique} \\ pv^m = p_0 v_0^m = p_1 v_1^m \ (2). \end{array} \right.$$

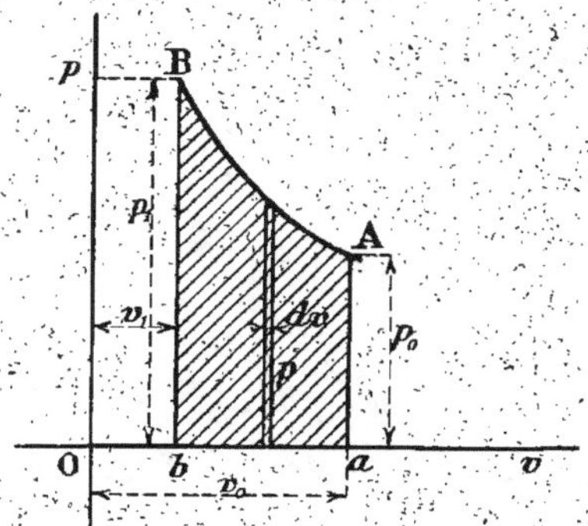

Fig. 143.

Dérivant (2) on a :

$$v^m dp + mpv^{m-1} dv = 0$$

divisant par v^{m-1} on a :

$$v\,dp + mp\,dv = 0$$

d'où :

$$dv = -\frac{v}{mp} dp$$

et alors :

$$(3) \qquad p\,dv = -\frac{v}{m} dp.$$

Extrayant la racine $m^{ième}$ de (2) on a :

$$p^{\frac{1}{m}} v = p_0^{\frac{1}{m}} v_0 = p_1^{\frac{1}{m}} v_1$$

d'où v en fonction de $v_0 p_0$ et $v_1 p_1$

$$v = \left(\frac{p_0}{p}\right)^{\frac{1}{m}} v_0 = \left(\frac{p_1}{p}\right)^{\frac{1}{m}} v_1$$

portant dans (3) les valeurs de v, on a :

$$\int_{p_1}^{p_0} p\,dv = \int_{p_1}^{p_0} - \frac{v_1}{m}\left(\frac{p_1}{p}\right)^{\frac{1}{m}} dp = - \frac{v_1}{m} p_1^{\frac{1}{m}} \int_{p_1}^{p_0} \frac{dp}{p^{\frac{1}{m}}} \quad (^1)$$

dont l'intégrale est :

$$\int_{p_1}^{p_0} p\,dv = - v_1 p_1^{\frac{1}{m}}\left(\frac{1}{m-1}\right)\left[p_0^{\frac{m-1}{m}} - p_1^{\frac{m-1}{m}}\right]$$

ou encore en divisant et multipliant par $\left(p_1^{\frac{m-1}{m}}\right)$ on a :

$$\mathcal{C}_r = - v_1 p_1\left(\frac{1}{m-1}\right)\left[\left(\frac{p_0}{p_1}\right)^{\frac{m-1}{m}} - 1\right]$$

et en changeant de signe les 2 termes du produit qui composent l'intégrale :

$$(a) \qquad \mathcal{C}_r = v_1 p_1\left(\frac{1}{m-1}\right)\left[1 - \left(\frac{p_0}{p_1}\right)^{\frac{m-1}{m}}\right]$$

dans le cas de la détente le travail fourni est positif.

Comme (2) donne :

$$(4) \qquad \left(\frac{v_0}{v_1}\right)^m = \left(\frac{p_1}{p_0}\right)^1$$

on a, en extrayant la racine

$$(5) \qquad \frac{v_0}{v_1} = \left(\frac{p_1}{p_0}\right)^{\frac{1}{m}}$$

Divisant (4) et (5) membre à membre on a :

$$\left(\frac{v_0}{v_1}\right)^{m-1} = \left(\frac{p_1}{p_0}\right)^{\frac{m-1}{m}}$$

donc (a) peut encore s'écrire

$$\mathcal{C}_r = \frac{p_1 v_1}{m-1}\left[1 - \left(\frac{v_1}{v_0}\right)^{m-1}\right]$$

(voir Hirsch et Debize, *Leçons sur les machines à vapeur*, page 211).

---

1. On aurait pu aussi prendre $v_0 p_0$ au lieu de $v_1 p_1$.

En fonction de $v_0 p_0$ on aurait toujours dans le cas d'un compresseur :

$$(a_1) \qquad \mathcal{C}_r = v_0 p_0 \left(\frac{1}{m-1}\right)\left[\left(\frac{p_1}{p_0}\right)^{\frac{m-1}{m}} - 1\right]$$

en fonction de $v_1 p_1$ nous avons vu que l'on avait page 153 dans le cas de la détente adiabatique :

$$\mathcal{C}_r = v_1 p_1 \left(\frac{1}{m-1}\right)\left[1 - \left(\frac{p_0}{p_1}\right)^{\frac{m-1}{m}}\right].$$

Exercice de calcul. — Refoulement dans un réservoir fermé

    Température de l'air extérieur .... 15°
    Pression barométrique............................... 768,5
    Volume du réservoir................................. 147 litres
    Manomètre et thermomètre dans le réservoir.

Il faut appliquer la formule (a_1) ci-dessus dans laquelle :

    $\mathcal{C}_r$ est le travail en .... kilogrammètres
    $p_0 p_1$ les pressions........................... $p_0 = 10\,330$
    $m = \dfrac{C}{c} = 1{,}41$ .... (gaz parfait)

V_0 dans la formule sera le nombre de mètres cube par seconde.

si on désigne par A le volume du réservoir ou de l'air comprimé et par t sa température et si l'on désigne par B le volume de l'air pris à l'extérieur à t_0 degrés, les lois de Mariotte et Gay-Lussac nous enseignent que :

$$\frac{B}{A} = \frac{p_1}{p_0} \quad \text{et} \quad \frac{V_0}{B} = \frac{1 + \alpha t_0}{1 + \alpha t} \quad \text{d'où} \quad V_0 = A \times \frac{p_1}{p_0} \times \frac{1 + \alpha t_0}{1 + \alpha t}$$

porté dans (a_1) donne :

$$(b) \qquad \mathcal{C}_r = A p_1 \left(\frac{1 + \alpha t_0}{1 + \alpha t}\right)\left(\frac{1}{m-1}\right)\left[\left(\frac{p_1}{p_0}\right)^{\frac{m-1}{m}} - 1\right]$$

$$\text{et le rendement} = \frac{\mathcal{C}_r \text{ recueilli}}{\text{travail dépensé}}$$

ou encore.

$$\mathcal{C}_r = A p_1 \frac{T_0}{T}\left(\frac{1}{m-1}\right)\left[\left(\frac{p_1}{p_0}\right)^{\frac{m-1}{m}} - 1\right]$$

    $\mathcal{C}_r$ travail en kilogrammètres
    pression barométrique $= 1$ kg 03656
    p_0 et $p_1 = $ pressions absolues en kg par m².

Admettant que le réservoir de 147 litres se soit rempli en 51″,2 d'air à 7 kg absolus aux températures initiale 20°,5 et finale 51° (b) donne :

$$\mathcal{C}_r \text{ en kg-m/sec.} = \frac{0,147}{51,2} \times 70000 \times 0,906 \times 2,44 \times 0,743$$
$$= 330 \text{ kg. m. ou 4 ch. 4.}$$

Rendement mécanique. — C'est le quotient du travail fourni par la dynamo et du travail recueilli :

$$\frac{4,4}{5,1} = 86 \%.$$

Rendement volumétrique est donné par :

$$V_0 = 0,147 \times \frac{7}{1,03656} \times 0,906 = 899^{\text{lit}},4.$$

L'air passé au compresseur en une seconde est :

$$\frac{899.4 - 147}{51,2} = \frac{752,4}{51,2} = 141.7$$

or le compresseur développe par seconde 16 l. 26 soit :

$$\frac{14,7}{16,26} = 90 \% \text{ (voir courbe fig. 134).}$$

Exemple d'essai d'un compresseur. — L'exemple suivant va donner une application des différents cas de compression dont nous venons de parler ainsi que la conduite des calculs.

Essai d'un compresseur au Laboratoire d'Essais du Conservatoire National des Arts et Métiers. *Objet de l'essai* — L'essai avait pour objet de déterminer le rendement d'un compresseur fonctionnant à différentes vitesses et pressions dans les conditions indiquées plus loin.

Description sommaire du compresseur. — Le compresseur se composait de 6 cylindres verticaux de 100 millimètres d'alésage et de 127 mm. de course disposés parallèlement et formant un groupe monobloc. Le mouvement de rotation de l'arbre du compresseur était réduit de vitesse dans le rapport de 5 à 2 par un engrenage, et transformé en mouvement alternatif par un dispositif convenable comportant un croisillon de cardan et un plateau à mouvement louvoyant muni de manetons sphériques, qui le transmettaient aux pistons se mouvant dans les cylindres. Les soupapes d'admission et de refoulement comportaient des portées coniques à 45° et leur diamètre maximum était de 30 mm.

Description de l'installation. — Le compresseur a été accouplé au moyen d'un joint élastique (plateau à broches et courroie) à une dynamo-dynamométrique de 30 kilowatts du Laboratoire. Cette dynamo, fonctionnant comme réceptrice sur le secteur, permettait de mesurer directement au moyen de pesées et de mesures de vitesse les puissances qu'elle transmettait à l'arbre du compresseur.

Le compresseur refoulait l'air dans un réservoir en fonte de 144 litres, préalablement jaugé.

Les pressions étaient mesurées à l'aide d'un manomètre gradué en mètres d'eau, et étalonné avant et après les expériences.

Les températures étaient mesurées au moyen de deux thermomètres, placés l'un en bas du réservoir (près de l'arrivée d'air), l'autre en haut. On admettait que la température moyenne de l'air dans le réservoir était la moyenne arithmétique des températures lues sur les deux thermomètres.

Les nombres de tours étaient déterminés au moyen d'un compte-tours à main étalonné.

Le compresseur était conduit par les soins du demandeur sous la surveillance du personnel du Laboratoire.

Description de l'essai. — Il a été effectué sur le compresseur deux séries d'essais :

1re *série d'essais* : La 1re série d'essais avait pour objet de déterminer le rendement du compresseur travaillant de manière à remplir d'air comprimé le réservoir clos mentionné ci-dessus.

On a adopté pour le rendement du compresseur la définition suivante : rapport du travail interne (changé de signe) effectué par l'air au cours d'une compression que l'on admet être adiabatique et se réaliser suivant les lois des gaz parfaits au travail dépensé sur l'arbre du compresseur par la dynamo.

Pour déterminer le travail moteur, on a procédé de la façon suivante : on a mis le compresseur en marche, et on a ouvert un robinet fixé au réservoir de façon à permettre l'évacuation de l'air comprimé. Dans ces conditions, un régime ne tardait pas à s'établir ; on notait la pression et on mesurait à la dynamo-dynamomètre la puissance correspondante : c'était la puissance absorbée par le compresseur pour comprimer à la pression observée.

En opérant ainsi pour différentes ouvertures du robinet et pour différentes vitesses du compresseur, on est parvenu à établir plusieurs régimes, correspondant à des pressions et à des puissances différentes.

Les résultats ainsi obtenus ont permis de tracer la courbe des puissances nécessaires à la compression en fonction des pressions réalisées (voir fig. 134).

On a ensuite, au cours d'une autre expérience, fermé complètement le réservoir, et, faisant fonctionner le compresseur, on a noté les temps au bout desquels la surpression dans le réservoir, qui croissait constamment, passait par les valeurs de 5 mètres d'eau, 10, 20, 30. On a ainsi procédé au remplissage du réservoir jusqu'à une surpression de 60 mètres d'eau, correspondant à une pression absolue de 7 kilogrammes environ par cm². Ces mesures ont permis de tracer la courbe des pressions en fonction des temps (fig. 134).

A l'aide de cette courbe et de la précédente, qui donnait les puissances en fonction des pressions, on a tracé la courbe des puissances en fonction des temps, pour le remplissage du réservoir à 7 kilogrammes (fig. 134).

En planimétrant l'aire de cette courbe, on a évalué le travail moteur total pour comprimer l'air dans ce réservoir, depuis la pression atmosphérique jusqu'à 60 mètres d'eau de surpression.

Le travail de compression a été calculé au moyen de la formule de Laplace, connaissant les conditions initiales et finales (c'est-à-dire avant et après la compression) de pression et volume. Le volume initial a été calculé au moyen de la formule de Gay-Lussac, connaissant les conditions initiales et finales de température et pression, et le volume à fin de compression, qui n'était autre que le volume du réservoir.

Le rapport des deux travaux ainsi calculés a fourni le chiffre de rendement cherché.

On a également déterminé le rendement volumétrique du compresseur, c'est-à-dire le rapport du volume d'air aux conditions initiales qui a passé dans les cylindres, au volume engendré dans leur déplacement par les pistons dans les cylindres. Le volume engendré par les pistons a été déterminé en comptant le nombre de tours total du compresseur pendant la compression.

Quant au volume de l'air qui a passé par les cylindres, il était égal au volume de l'air total pris dans les conditions initiales et contenu dans le réservoir à la fin de la compression, diminué du volume de ce réservoir; en effet, avant le commencement de l'expérience le réservoir était plein d'air à la pression atmosphérique; cet air, qui s'y trouvait au début de l'opération, a été comprimé et s'y retrouve à la fin, mais il n'a pas passé par les cylindres.

Les résultats des expériences et des calculs effectués comme il vient d'être indiqué sont résumés dans le tableau « A ».

2e *série d'essais*. — La 2me série d'essais avait pour objet de déterminer le rendement du compresseur débitant de l'air comprimé en régime constant.

La définition admise pour le rendement était la même

que précédemment, à cette différence près que, au travail de compression de l'air, il a fallu ajouter le travail correspondant au refoulement de l'air comprimé dans le réservoir.

Quand le compresseur fonctionne, on peut, en effet, diviser en deux parties le travail qu'il effectue : d'une part il comprime l'air depuis la pression atmosphérique jusqu'à une pression donnée, et d'autre part, il refoule cet air comprimé dans un réservoir où règne cette pression.

Le travail correspondant à ce refoulement est égal au produit du volume d'air comprimé refoulé dans le réservoir par la surpression, différence entre la pression qui règne dans le réservoir et qui agit sur l'une des faces du piston et la pression atmosphérique, qui agit sur l'autre face.

Dans la première série d'essais, ce travail de refoulement était utilisé à comprimer l'air contenu dans le réservoir, et on en tenait compte en considérant le travail total de la compression. Mais il n'en est plus ainsi quand le compresseur débite de l'air à pression constante. L'air n'augmente plus de pression dans le réservoir, et le travail de compression correspond ici uniquement à la compression dans les cylindres. Le travail de refoulement nécessaire au débit constant, et que le compresseur fournit effectivement, doit donc lui être ajouté.

Dans cette seconde série d'essais, on a procédé comme dans les premières expériences de la série précédente, en remplaçant le robinet d'écoulement de l'air comprimé par des orifices en mince paroi, préalablement calibrés, dont on sait calculer le débit, connaissant la pression et la température d'amont et la pression d'aval.

On a ainsi fonctionné pour quatre régimes différents correspondant à quatre vitesses du compresseur et à quatre pressions finales différentes.

En régime constant, la masse d'air comprimé en une seconde par le compresseur était égale à la masse d'air que l'orifice débitait pendant le même temps.

TABLEAU A. — *Première série d'essais*

Désignations		Unités	Résultats
Pressions			
Pression initiale (atmosphérique)....	p_1	kg/cm²	1,037
Pression finale........................	p_2	kg/cm²	7,037
Surpression...........................	$p_2 - p_1$	kg/cm²	6,000
Volumes			
Volume initial........................	v_1	litres	884,5
Volume final.........................	v_2	litres	144
Volume débité par le compresseur....	$V = v_2 - v_1$	litres	740,5
Volume engendré par le compresseur.	v'	litres	833
Températures			
(comptées à partir de la température de la glace fondante)			
Température initiale...................	t_1	degrés C	20,5
(température de l'atmosphère)			
Température finale....................	t_2	degrés C	31
Travaux			
Travail interne (changé de signe) de compression adiabatique de l'air...	T	kgm	16,727
Travail moteur fourni par la dynamo.	T'	kgm	19,495
Rendements			
Rendement mécanique (¹).............	$R = \dfrac{T}{T'}$	%	86
Rendement volumétrique..............	$r = \dfrac{V}{v'}$	%	89
Puissance motrice moyenne...........	—	chev./vapeur	5,077
Durée du remplissage................	—	secondes	51,2
Vitesse de rotation de l'arbre du compresseur...........................	—	tours/min.	407,6

1. Tel qu'il a été défini précédemment.

TABLEAU « B ». —

Désignations	
Numéro des expériences	
Diamètre des orifices employés	
Vitesse de rotation de l'arbre du compresseur	
Pressions	
Pression initiale (atmosphérique)	p_1
Pression finale	p_2
Surpression	$p = p_2 - p_1$
Volumes	
Volume initial (débité par seconde)	v_1
Volume final (id.)	v_2
Volume engendré par seconde par le compresseur	v'
Températures comptées à partir de la glace fondante	
Température initiale (température de l'atmosphère)	t_1
Température finale	t_2
Puissances	
Puissance de compression adiabatique de l'air (puissance interne, changé de signe) développée par l'air	T_c
Puissance de refoulement	$T_r = p V_2$
Puissance utile totale	$T = T_c + T_r$
Puissance motrice fournie par la dynamo	T'
Rendements	
Rendement mécanique	$R = \dfrac{T}{T'}$
Rendement volumétrique	$r = \dfrac{V_1}{V}$

Deuxième série d'essais

Unités	Résultats				Observations
	1	2	3	4	Les débits ont été déterminés à l'aide d'orifices circulaires en mince paroi de 4 mm. de diamètre pour l'expérience n° 1 et de 8 mm. pour les expériences 2, 3 et 4.
mm.	4	8	8	8	
tours/minute	408	484	492	545	
kg/cm²	1,037	1,037	1,037	1,037	
id.	6,392	2,302	2,307	2,502	
id.	5,355	1,265	1,270	1,465	
litres	12,19	16,86	16,85	18,43	
litres	2,24	8,525	8,56	8,72	
litres	16,25	19,32	19,62	21,75	
degrés C	20,5	20,5	20,5	20,5	
degrés C	53	56,5	59	62	
chevaux/vapeur	2,87	1,48	1,48	1,81	
chevaux/vapeur	1,60	1,44	1,45	1,70	
chevaux/vapeur	4,47	2,92	2,93	3,51	
id.	6,46	4,07	4,06	4,88	
%	69	72	72	72	
%	75	87	86	85	

Le travail de compression de cette masse d'air a été calculé comme dans la première série d'expériences.

On a également calculé pour ces différents régimes, le rendement volumétrique du compresseur. Il était égal au rapport du volume de cette masse d'air, ramené aux conditions initiales, au volume engendré par les pistons du compresseur.

Les résultats des calculs et des expériences, effectués comme il vient d'être dit, sont résumés dans le tableau « B ».

Essai d'un ventilateur. — *Technique des essais.* — Dans le cas d'un ventilateur de gros débit et devant fonctionner sans pression importante on effectue souvent les mesures à la sortie de la conduite et sans réservoir.

Il y a lieu dans ce cas de terminer la conduite par un cône de convergence ou une buse bien profilée tels, que la vitesse de l'air à la sortie soit, autant que possible, constante dans tout le plan de la buse, mais surtout de manière à éviter toute contraction.

On peut se servir utilement dans ce cas des tuyères profilées représentées aux figures 144, qui sont disposées soit pour se fixer sur la paroi plane d'un réservoir, soit pour prolonger la conduite même du ventilateur.

Comme on le voit, on peut donc opérer avec ou sans réservoir de refoulement, mais dans les deux cas il faut toujours mesurer le débit fourni par le ventilateur.

Dans le cas de la conduite ou du réservoir muni d'une buse ou tuyère convenablement disposée, il suffira de connaître la vitesse d'écoulement en mesurant les pressions dynamiques dans le plan de sortie de la tuyère à l'aide du tube de Pitot-Darcy, précédemment décrit et d'appliquer la formule simple :

$$v = k\sqrt{h}$$

que nous avons exposée.

Dans le cas du ventilateur devant fournir une pression

élevée, on le fera refouler dans un réservoir où l'on mesurera
la pression statique et ce réservoir sera muni d'un orifice
calibré, qui donnera le débit, soit au moyen du coefficient

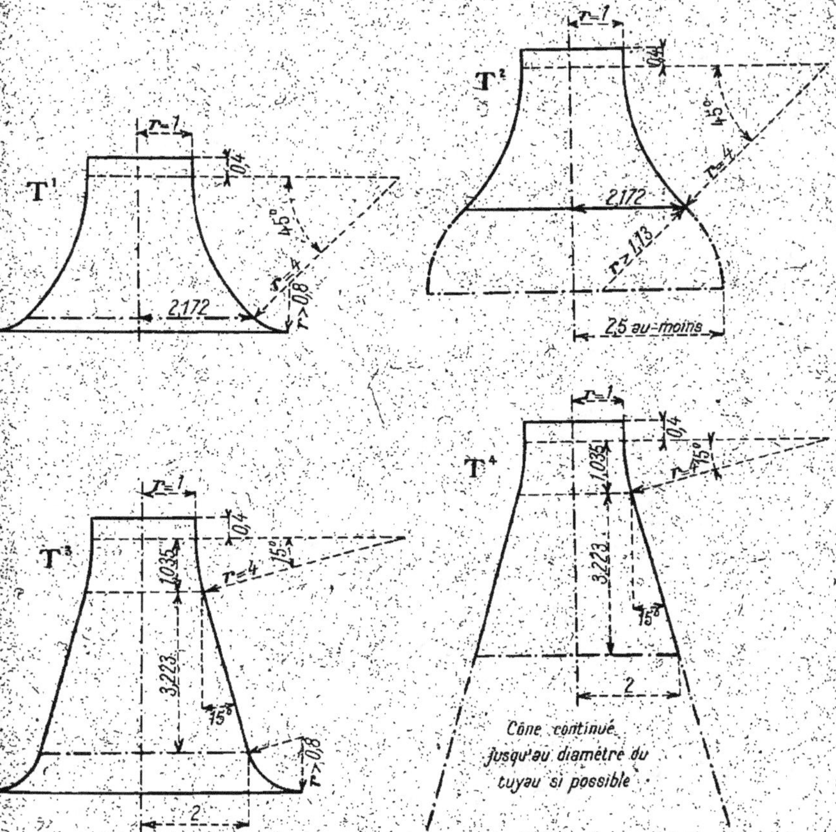

Fig. 144. — Profil de tuyères ayant un coefficient de contraction se rapprochant
de l'unité.

N. B. — Tourné intérieurement et faces bien polies.

connu ou vérifié de l'orifice, soit en pratiquant la mesure
de la vitesse de l'air à la sortie.

Nous donnons ci-contre une série de profils de tuyères
(fig. 144) qui peuvent avantageusement être utilisés dans
le cas des essais de ventilateurs. Il y a lieu évidemment
d'employer autant que possible dans ces essais un orifice
sans contraction, c'est-à-dire dont le coefficient de débit se
rapproche de l'unité ; les mesures seront d'autant plus précises que l'on se sera rapproché le plus possible de ce déside-
rata.

Les tuyères T_1 et T_2 sont disposées pour être adaptées à
la paroi plane d'un réservoir de refoulement ; les tuyères
T_3 et T_4 sont profilées pour être montées à la suite d'une
conduite de diamètre correspondant. Celles qui sont tron-
coniques sont évidemment plus faciles à exécuter, mais elles
sont peut-être un peu moins rationnelles que celles
dont les raccords sont en courbes continues et sans angles
vifs.

Nous donnerons plus loin un exemple de calcul d'un tel
essai qui mettra bien au courant de la manière d'opérer.

Rendement. — Les essais dont nous venons de donner
la technique générale doivent aboutir au rendement du
ventilateur. Ce rendement devra se calculer comme suit
suivant le dispositif expérimental adopté.

Si la mesure de la vitesse est faite à la sortie de la conduite de refoulement, le travail fourni par le ventilateur est
égal à la demi force vive $\left(\frac{1}{2}\,mv^2\right)$, car la vitesse étant prise
à la sortie de la conduite, il n'y a plus aucune pression sta-
tique ; cette dernière est entièrement transformée en
vitesse.

Si la mesure était faite dans la conduite dans laquelle il
règne forcément une certaine pression statique, il faudrait
à la demi force vive ajouter le travail dû à la pression statique.

$$\tau = \frac{1}{2}\,mv^2 + \text{travail de la pression statique}$$

1er cas. *Exemple de calcul*. (Mesure faite à l'orifice de sortie).

Lecture du Pitot....................	8mm98 d'eau (moyenne)
Charge du bras de levier du dynamomètre.	0k815
Nombre de tours par minute...........	1056
Ouverture (orifice carré)............	160 × 160mm
Bras de levier du dynamomètre........	911mm

Formule à employer :

$$V = \sqrt{2gh\,(\text{air})} = 11 \text{ mètres } 835 \text{ par seconde.}$$

On sait que

$$h_{air} = h_{eau} \times \frac{1\,000}{1,293} \qquad \text{ou mieux} = h_{eau} \times \frac{1\,000}{\delta_{air}}.$$

Le volume débité est donc :

$$\text{volume} = SV = 0\,m^3\,303 \text{ par seconde}$$

et le travail en kilogrammètres est donné par :

$$\mathcal{C}_r \text{ en kgm} = \frac{1 \times d_{air}}{2g}\,SV^3 = 0,286 \text{ kgm.}$$

V, h et S doivent être exprimés en mètres et dans le calcul ci-dessus on a pris d air = 1, 2579 densité vers 10°.

La densité à 20° serait 1, 205 et le calcul donnerait alors :

$$h_{air} \text{ en mètres} = 7 \text{ m. } 48$$
$$V \text{ en mètres par seconde} = \sqrt{2g \times 7,48} = 12 \text{ m. } 2$$
$$\text{et } SV = 0\,m^3\,313$$

N.B.—D'une manière générale la vitesse à la sortie se calculera avec la formule donnée au chapitre précédent :

$$v_{air} = K\sqrt{h}\,\text{mm. d'eau}$$

en prenant la valeur de K dans l'abaque à double entrée, température et pression barométrique (voir chap. XI page 273, fig. 138) en particulier K = 4 pour 15° et 760.

2e cas. *Exemple de calcul*. — Le ventilateur est dans ce cas un appareil destiné à donner de la pression tout en débitant un certain volume d'air sous cette pression.

Dans ce cas on refoule dans un grand réservoir d'où l'on laisse l'air s'échapper à travers un orifice de dimension telle, que l'on ait dans le réservoir la pression sous laquelle doit débiter le ventilateur en essai :

Dans ces conditions, on applique par exemple la formule de débit dite « de la Marine ».

$$(1) \qquad Q = S \times 0{,}64 \times 396 \sqrt{\frac{h(1 + \alpha t)}{H + h}}$$

dans laquelle :

Q est le débit en mètres cubes ;

S est la section de l'orifice en mètres carrés ;

h la pression de refoulement en mm. d'eau, mesurée en un point de la caisse où l'air est tranquille ;

α le coefficient de dilatation 0,00367 ;

t la température de l'air prise à la sortie de l'orifice ;

H la pression atmosphérique en mm. d'eau.

Le travail fourni par le ventilateur est alors

$$\mathcal{C}_u = Q \times p$$

p étant la pression à l'intérieur du réservoir, exprimée en kilogrammes par m².

Le rendement est :

$$\rho = \frac{\mathcal{C}_u}{\mathcal{C}_m} \cdot$$

on pourrait aussi appliquer la formule simple

$$Q = \varphi S \sqrt{2gh}.$$

Exemple de ce calcul. — Essai d'un ventilateur à pression débitant dans une caisse munie d'un orifice de 0 m², 0099.

<table>
<tr><td rowspan="9">Expérience n° 13
Voir tableau C ci-contre</td><td>Tours par minute...........</td><td>2585 t/m</td><td rowspan="9">Résultats</td></tr>
<tr><td>Pression au réservoir........</td><td>0ᵐ442 (mètres d'eau)</td></tr>
<tr><td>Pression barométrique....</td><td>10ᵐ405 (mètres d'eau)</td></tr>
<tr><td>Température sortie du réservoir..............</td><td>21 degrés</td></tr>
<tr><td>Débit m³/seconde ....</td><td>0,5254</td></tr>
<tr><td>T_u en kgm/sec ....</td><td>232,22</td></tr>
<tr><td>T_m »   »   ....</td><td>516,6</td></tr>
<tr><td>Rendement ....</td><td>0,448</td></tr>
</table>

N. B. — Le calcul a été fait avec la formule (1) ci-dessus, voir les résultats complets consignés au tableau C.

ESSAIS COMPLETS D'UN VENTILATEUR MONTÉ SUR CHAMBRE DE REPOS

Tableau des résultats (C)

	I					II								III					IV						V					VI				VII			
Numéro de l'essai	1	2	3	4	5	6	7	8	9	10	11	12	13	14	15	16	17	18	19	20	21	22	23	24	25	26	27	28	29	30	31	32	33	34	35	36	37
Nombre de tours par minute du ventilateur	[illegible]	[illegible]	[illegible]	[illegible]	[illegible]	[illegible]	[illegible]	[illegible]	[illegible]	[illegible]	[illegible]	[illegible]	[illegible]	[illegible]	[illegible]	[illegible]	[illegible]	[illegible]	[illegible]	[illegible]	[illegible]	[illegible]	[illegible]	[illegible]	[illegible]	[illegible]	[illegible]	[illegible]	[illegible]	[illegible]	[illegible]	[illegible]	[illegible]	[illegible]	[illegible]	[illegible]	[illegible]
Section de l'orifice (mètres carrés)	0,009001	id.	id.	id.	id.	0,0095	id.	id.	id.	id.	id.	id.	id.	0,01155	id.	id.	id.	id.	0,013901	id.	id.	id.	id.	id.	id.	id.	0,017325	id.	id.	id.	0,02455	id.	id.	id.	0,025055	id.	id.
Pression au réservoir (mètres d'eau)	[illegible]	[illegible]	[illegible]	[illegible]	[illegible]	[illegible]	[illegible]	[illegible]	[illegible]	[illegible]	[illegible]	[illegible]	[illegible]	[illegible]	[illegible]	[illegible]	[illegible]	[illegible]	[illegible]	[illegible]	[illegible]	[illegible]	[illegible]	[illegible]	[illegible]	[illegible]	[illegible]	[illegible]	[illegible]	[illegible]	[illegible]	[illegible]	[illegible]	[illegible]	[illegible]	[illegible]	[illegible]
Pression barométrique (mètres d'eau)	[illegible]	[illegible]	[illegible]	[illegible]	[illegible]	[illegible]	[illegible]	[illegible]	[illegible]	[illegible]	[illegible]	[illegible]	[illegible]	[illegible]	[illegible]	[illegible]	[illegible]	[illegible]	[illegible]	[illegible]	[illegible]	[illegible]	[illegible]	[illegible]	[illegible]	[illegible]	[illegible]	[illegible]	[illegible]	[illegible]	[illegible]	[illegible]	[illegible]	[illegible]	[illegible]	[illegible]	[illegible]
Température à la sortie du réservoir (en degrés)	23	21	19	29,5	31,5	17,5	15,3	19	20	29,5	19	21	21	19	20	21	29,5	21	19,5	19	20	21	23	23	24	19	19	20	22	25	24	18,5	20	13	17,5	19,5	20
Débit en mètres cubes par seconde	[illegible]	[illegible]	[illegible]	[illegible]	[illegible]	[illegible]	[illegible]	[illegible]	[illegible]	[illegible]	[illegible]	[illegible]	[illegible]	[illegible]	[illegible]	[illegible]	[illegible]	[illegible]	[illegible]	[illegible]	[illegible]	[illegible]	[illegible]	[illegible]	[illegible]	[illegible]	[illegible]	[illegible]	[illegible]	[illegible]	[illegible]	[illegible]	1,0068	[illegible]	[illegible]	1,1167	1,1882
Travail utile en kilogrammètres/seconde	[illegible]	[illegible]	[illegible]	[illegible]	[illegible]	[illegible]	[illegible]	[illegible]	[illegible]	[illegible]	[illegible]	[illegible]	[illegible]	[illegible]	[illegible]	[illegible]	[illegible]	[illegible]	[illegible]	[illegible]	[illegible]	[illegible]	[illegible]	[illegible]	[illegible]	[illegible]	[illegible]	[illegible]	[illegible]	[illegible]	[illegible]	[illegible]	[illegible]	[illegible]	[illegible]	335,82	482,79
Travail moteur en kilogrammètres/seconde	[illegible]	[illegible]	[illegible]	[illegible]	[illegible]	[illegible]	[illegible]	[illegible]	[illegible]	[illegible]	[illegible]	[illegible]	[illegible]	[illegible]	[illegible]	[illegible]	[illegible]	[illegible]	[illegible]	[illegible]	[illegible]	[illegible]	[illegible]	[illegible]	[illegible]	[illegible]	[illegible]	[illegible]	[illegible]	[illegible]	[illegible]	[illegible]	[illegible]	[illegible]	[illegible]	1026,2	[illegible]
Rendement du ventilateur	[illegible]	[illegible]	[illegible]	[illegible]	[illegible]	[illegible]	[illegible]	[illegible]	[illegible]	[illegible]	[illegible]	[illegible]	[illegible]	[illegible]	[illegible]	[illegible]	[illegible]	[illegible]	[illegible]	[illegible]	[illegible]	[illegible]	[illegible]	[illegible]	[illegible]	[illegible]	[illegible]	[illegible]	[illegible]	[illegible]	[illegible]	[illegible]	[illegible]	[illegible]	[illegible]	0,323	0,316

Tableau des résultats (C).

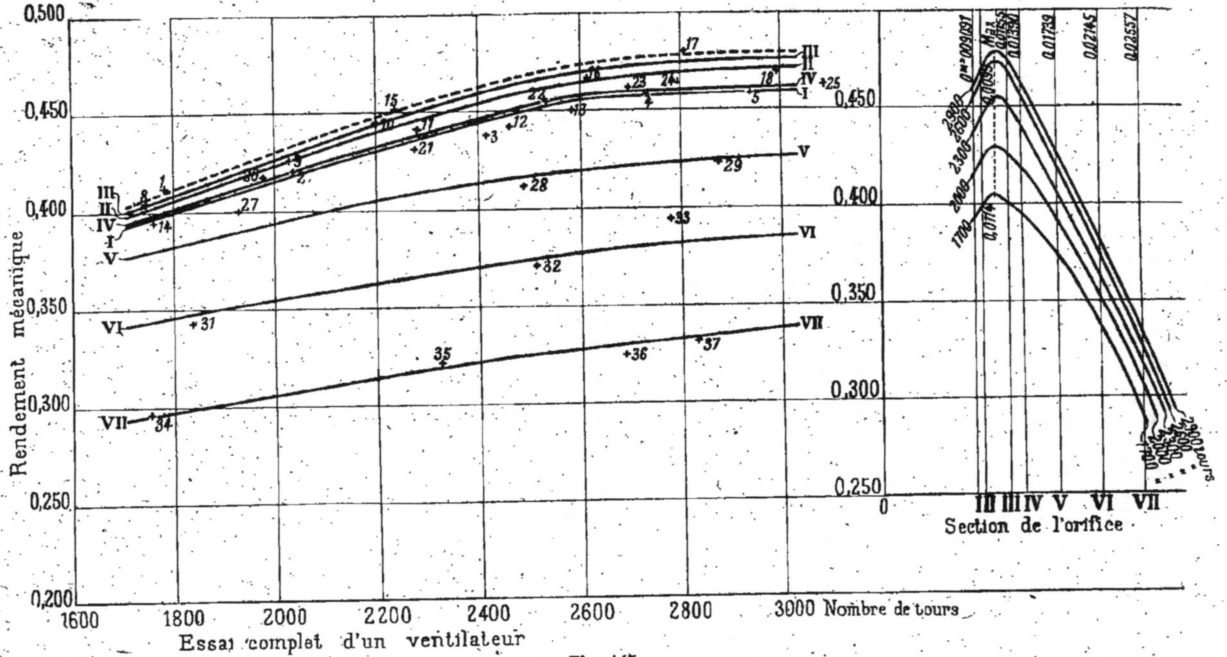

Rendement mécanique
0,500
0,450
0,400
0,350
0,300
0,250
0,200
1600
1800
2000
2200
2400
2600
2800
3000 Nombre de tours
Essai complet d'un ventilateur
III
II
IV
I
V
VI
VII
Section de l'orifice
III III IV V VI VII
0
0,250
0,300
0,350
0,400
0,450
Q = 0,09091
0,0114
0,01390
0,01739
0,02145
0,02557
1700
2000
2300
2600
2900
Fig. 145.

En calculant le débit Q, le travail T_u et ρ par les formules que nous venons de donner, on pourra vérifier les résultats ci-dessus.

(Voir figure 145, page 309 les courbes de rendement de ce ventilateur pour différentes ouvertures et vitesses, 37 expériences).

Conclusion. — On a pu remarquer combien sont variées dans ce dernier chapitre les formules que nous avons employées pour le calcul des essais des ventilateurs et des compresseurs. C'est à dessein que nous avons ainsi varié les formules dans ces applications pour bien montrer, comme nous l'avons dit au début du chapitre, combien était encore peu assise l'entente entre expérimentateurs et constructeurs sur la technique expérimentale à appliquer à ce genre de machines.

Mais précisément la variété des exemples que nous avons donnés, permet d'employer telle ou telle manière d'opérer que l'on aura choisie d'accord avec les constructeurs.

TABLE DES MATIÈRES

Préambule v

Sommaire général des Livres I et II........................... vi

LIVRE PREMIER
Générateurs de vapeur

CHAPITRE PREMIER
DÉFINITIONS. CLASSIFICATIONS

Chaudières, accumulateurs et condenseurs.................... 1
Générateurs de vapeur.. 2
Réservoirs d'eau et de vapeur................................... 2
Dôme de vapeur.. 2
Surface de chauffe.. 2
Manomètres 3
Indicateurs de niveau... 3
Soupapes de sûreté.. 3
Rondelle fusible... 3
Bouchon fusible.. 4
Clapet de retenue... 4
Prise de vapeur... 4
Alimentation 4
Foyer. Carneaux et cheminée..................................... 4
Détermination des dimensions principales d'un générateur... 5
Massif de générateurs.. 5
Exemple chiffré... 5
Classement des générateurs de vapeur........................... 6
Ebullition de l'eau. Vaporisation.............................. 6
Pression absolue.. 6
Pression effective.. 6
Ebullition de l'eau... 7
Calorie 7
Chaleur nécessaire pour vaporiser l'eau......................... 7

Etat liquide... 9
Etat gazeux... 9
Vapeurs 9
Poids spécifique d'un fluide... 9
Densité 9
Volume spécifique d'un fluide.. 9
Densité de la vapeur.. 9
Vapeur surchauffée.. 11
Vapeur d'eau saturée, poids du m³ et densité tabulaire...................... 12
Condenseurs. — Pression dans un condenseur................................. 12
Condenseurs par mélange et par surface..................................... 13
Transmission de la chaleur à travers une surface........................... 13
Mesure de la pression dans un condenseur................................... 15
Vide au condenseur... 17
Exemple 17

CHAPITRE II

MANOMÈTRES. ALIMENTATION. APPAREILS ACCESSOIRES

Manomètres 19
Presse de Georges Marié.. 20
Presse de Amagat... 21
Manomètre de Richard... 21
Balance de Bourdon... 23
Pompes 24
Séparateur de liquide.. 25
Manomètres à mercure... 26
Manomètres métalliques 26
Construction des manomètres métalliques.................................... 27
Perturbations des manomètres... 28
Précautions dans le montage.. 29
Manomètres différentiels... 29
Manomètres différentiels métalliques....................................... 30
Alimentation 31
Proportions à donner aux injecteurs.. 31
Théorie du Giffard... 33
Essai des injecteurs... 36
Accessoires divers indispensables aux essais............................... 37
Dynamomètres à ressorts et à liquides...................................... 37
Purgeur à flotteur... 37
Purgeur Cleuet 38
Sécheurs de vapeur ou séparateurs d'eau entraînée.......................... 39
Séparateurs cloisonnés... 40
Séparateurs centrifuges.. 40
Détendeur 41
Eau de primage... 43

CHAPITRE III
QUALITÉ D'UNE VAPEUR

Eau de primage.. 43
Titre d'une vapeur... 43
Procédés de mesure... 44
Calorimètre à Baril.. 44
Calorimètre de Hirn.. 46
Appareil de Linde.. 47
Appareil de Barrus... 48
Calorimètre par détente.. 49
Appareil de M. Rateau.. 51
Etalonnage de l'appareil... 54

CHAPITRE IV
ÉCOULEMENT DES FLUIDES

Écoulement de la vapeur.. 57
Débit dans le cas des tuyères.................................... 58
Formules de la vitesse... 59
Débit en poids... 62
Détermination du titre de la vapeur.............................. 62
Calcul du débit d'une tuyère convergente à vapeur................ 63
Calcul du débit en vapeur d'un orifice en mince paroi............ 64
Compteur de vapeur... 66
Compteur de vapeur du Laboratoire d'Essais des Arts et Métiers .. 66
Écoulement de l'air. — Calcul du débit d'un orifice avec l'air... 68
Compteur de M. Piette.. 69
Mesure des débits.. 70
Manomètre donnant la valeur de h.............................. 71

CHAPITRE V
LA COMBUSTION

Le foyer... 72
Carneaux 72
De la combustion... 74
Proportions des carneaux... 74
Calcul de la dépression d'une cheminée........................... 75
Application 75
Tirage réglé par le registre..................................... 76
Application à l'exemple déjà donné............................... 77

Types de foyers... 77
Types de cheminées... 77
Combustibles... 79
Pouvoir calorifique... 79
Bombe de Mahler... 80
Calorimètre de Junkers... 81
Appareil d'Orsat... 81
Burette de Bunte... 82
Analyses des combustibles... 82
Etude de la combustion... 83
Combustibles élémentaires... 83
Calcul des calories emportées par les produits de la combustion, d'après l'analyse des gaz brûlés... 91
Calcul du volume des fumées... 91
Raisonnant sur les fumées... 92
Teneur en eau du combustible... 93
Exemple de bilan calorifique... 94
Bilan thermique d'un générateur... 94
Essai d'un générateur... 95
A. Exemple de calcul d'un bilan thermique. Application à un essai de chaudière de chauffage à eau chaude... 98
Calcul du volume des fumées... 102
Détermination du poids du M^3 et de la chaleur spécifique des fumées... 103
Chaleur emportée par l'eau... 105
Oxyde de carbone non brûlé... 105
B. Exemple d'un essai de chaudière à eau chaude chauffée au gaz de ville. 107
Description de l'installation d'essai... 107
Calcul de l'excès d'air dans les fumées... 112
Conduite de l'essai... 113
Résultats... 113
Etude de la non condensation... 114
Conditions de condensation dans les fumées... 115
Calcul du bilan thermique de la chaudière... 115
Bilan thermique de la chaudière... 116

LIVRE II

Les essais de machines

CHAPITRE VI

DES UNITÉS MÉCANIQUES

Symboles... 117
Système C. G. S... 118
Applications... 118

Exercice 118
Problème 119
Lignes trigonométriques 120
Des unités légales.. 121
Exercice 121
Travail 122
Travail moteur.. 122
Travail résistant... 122
Travail d'un fluide... 122
Représentation graphique...................................... 123
Indicateur de Watt.. 123
Pression moyenne 124
Diagramme de Clapeyron.. 125
Exemple chiffré... 127
Effets de l'inertie... 127
Forces d'inertie tangentielle et forces d'inertie centrifuge.. 129
Mesure directe de l'accélération.............................. 133
Théorème des forces vives..................................... 133
Ce qui s'énonce... 134
Moment d'inertie.. 134
Rayon de giration... 135
Applications aux volants...................................... 135
Des résistances passives...................................... 136

CHAPITRE VII

RAPPEL DES PRINCIPES DE THERMODYNAMIQUE

Premier Principe fondamental de la Thermodynamique............ 138
Deuxième Principe fondamental................................. 138
Conséquence du Deuxième principe fondamental.................. 139
Application 140
Démonstration du deuxième principe............................ 142
Application aux gaz permanents................................ 144
Extension à un cycle fermé réversible quelconque.............. 144
Equation de Clausius.. 145
Gaz permanents.. 145
Détente élémentaire... 147
Calcul de la chaleur spécifique sous volume constant.......... 147
Détente isothermique.. 148
Travail dans la détente isothermique.......................... 149
Détente adiabatique... 150
Travail dans la détente adiabatique........................... 151
Exercice 153
Écoulement d'un gaz en régime permanent adiabatique à travers un ori-
    fice 155

Calcul de l'intégrale.. 157
Le débit en volume d'un fluide à la température et à la pression régnant
    dans la veine contractée.. 158
Construction de la courbe de Rateau... 161
Exercice de calcul.. 162
Applications 163

CHAPITRE VIII

ENTROPIE

Diagramme entropique... 166
Remarque. Analogie.. 166
Diagramme entropique du kilogramme d'eau.................................. 167
Construction du diagramme entropique....................................... 167
Applications 169
Applications 172
Cycle théorique du travail de la vapeur...................................... 172
Utilisation de la vapeur dans les machines.................................. 174
Conclusion 175
Récapitulation 178

CHAPITRE IX

LES FREINS

Les freins.. 179
Freins de Prony.. 180
Equation d'équilibre du frein.. 180
Calcul des parties essentielles d'un frein................................... 181
Précautions à observer... 182
Détails de montage... 183
Différentes manières de disposer un frein................................... 184
Calcul des organes principaux d'un frein.................................... 184
Calcul du bras de levier d'un frein.. 187
Emploi de la dynamo à courant continu comme frein ou moteur c'est-à-
    dire comme dynamomètre de transmission................................. 188
Dynamodynamomètres ou dynamodynamométriques 190
Comment cet appareil réalise une mesure correcte........................... 191
Dynamodynamométriques avec changement de vitesse....................... 193
Frottements dans l'air de l'induit.. 193
Approximation dans la mesure.. 194
Application 194
Freins hydrauliques.. 195
Frein Rateau... 195

Calcul des vitesses a_0 et a_1 197
Exercice 198
Ouverture normale.. 201
Remarque 202
Quelques freins existants.. 203
Exemple d'un frein Rateau.. 205
Pompe Schabaver... 205
Freins Froude.. 206
Exemple de calcul.. 212
Freins Charles Renard.. 213
Détermination et calcul des dimensions d'un moulinet............................... 216
Données de construction relatives aux moulinets.................................... 216
Formule du moulinet.. 218
Balance du colonel Renard.. 220
Loi de similitude.. 221
Applications pratiques... 222
Différentes formules du moulinet... 223
Construction des abaques... 224
Ponts-balances 235
Précautions à prendre.. 236

CHAPITRE X

DES TRANSMISSIONS PAR COURROIES

Coefficient de frottement.. 240
Equilibre dynamique d'une courroie sur une poulie.................................. 242
Calcul d'une courroie.. 244
Mesure de la perte de puissance dans une transmission par courroie................. 244
1° Glissement fonctionnel.. 245
2° Glissement propre... 246
3° Raideur 246
4° Frottement des coussinets des paliers... 246
Appareil de mesure des pertes d'une courroie....................................... 248
Signification de l'exposant.. 251
Applications. Enrouleur Leneveu.. 255
Travail du cuir d'une courroie... 257
Application.. 257
Application 258
Exemple 259

CHAPITRE XI

MESURE DES DÉBITS HYDRAULIQUES
MESURE DE LA VITESSE D'UN COURANT GAZEUX
MESURE DES ACCÉLÉRATIONS
FORMULE DE LA PUISSANCE D'UN MOTEUR A 4 TEMPS

Débits hydrauliques.. 261
Hectolitres jaugeurs... 261
Bâches à orifices.. 261
Ajutage venturi... 263
Déversoir en mince paroi.................................... 265
Erreur relative... 266
Cas d'un déversoir à contractions latérales................. 267
Jaugeage dans un canal de fuite............................. 267
Moulinet.. 267
Tube de Pitot-Darcy... 268
Mesure du débit... 268
Méthode volumétrique de M. Bellet........................... 268
Jaugeage des conduites forcées.............................. 270
Méthode des ondes colorées.................................. 270
Méthode chimique.. 270
Mesure de la vitesse d'un courant gazeux.................... 270
Tube de Pitot-Darcy... 271
Théorie de l'appareil....................................... 271
Étalonnage.. 272
Formule générale de la vitesse lue avec cet appareil et correction due à la
　densité du fluide et à la pression du jour................. 272
Accéléromètre à maxima...................................... 274
Plateforme d'essai des automobiles.......................... 277
Mesure fournie par l'accéléromètre.......................... 278
Moteurs à explosions.. 282
Différentes formules de construction........................ 282

CHAPITRE XII

ESSAIS DE MACHINES HYDRAULIQUES, DES COMPRESSEURS ET DES VENTILATEURS

Applications.. 284
Essais des machines à vapeur................................ 285
Quelques chiffres pratiques de rendement.................... 285
Exemple d'essai d'une machine demi-fixe compound à surchauffe...... 286
Essais des machines thermiques en général................... 286
Les compresseurs. — Technique des essais.................... 287

Dispositif expérimental.. 287
Formules de débit... 289
Ecoulement adiabatique 289
Autre dispositif d'essai... 290
Rendement sous débit constant... 292
Travail d'un compresseur.. 293
Exercice de calcul.. 295
Rendement mécanique... 296
Exemple d'essai d'un compresseur... 296
Essai d'un compresseur au Laboratoire d'Essais du Conservatoire National
   des Arts et Métiers... 296
Description sommaire du compresseur.. 296
Description de l'installation.. 297
Description de l'essai... 297
Essai d'un ventilateur... 304
Rendement... 306
Conclusion 310

ACHEVÉ D'IMPRIMER
LE 18 FÉVRIER 1927
PAR R. BUSSIÈRE
SAINT-AMAND (CHER)

www.ingramcontent.com/pod-product-compliance
Lightning Source LLC
LaVergne TN
LVHW050313060726
842525LV00002B/528